‖‖‖‖‖‖‖ **この本の特色としくみ**

JN084416

　本書は, 中学で学ぶ地理の内容を3段階のレベルに分けた, ハイレベルな問題集です。各単元は, Step A (標準問題) とStep B (応用問題) の順になっていて, 内容のまとまりごとにStep C (難関レベル問題) があります。また, 巻末には「テーマ別問題」「総合実力テスト」を設けているため, 総合的な実力を確かめることができます。

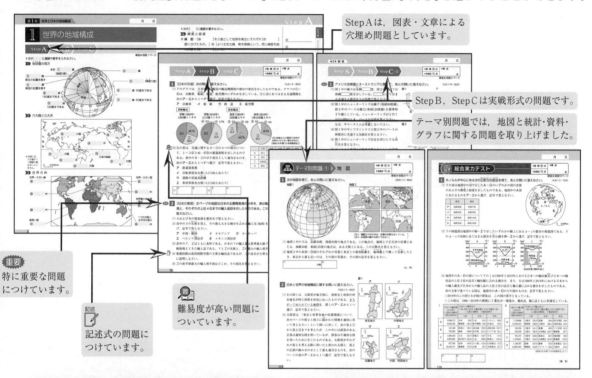

> **Step A**は, 図表・文章による穴埋め問題としています。

> **Step B**, **Step C**は実戦形式の問題です。

> **テーマ別問題**では, 地図と統計・資料・グラフに関する問題を取り上げました。

重要 特に重要な問題につけています。

記述 記述式の問題につけています。

難 難易度が高い問題についています。

📋 CONTENTS ‖‖‖‖‖‖‖‖‖‖‖‖ **目 次** ‖‖‖‖‖‖‖‖‖‖‖‖‖‖‖‖

💻 本書に関する最新情報は, 小社ホームページにある**本書の「サポート情報」**をご覧ください。(開設していない場合もございます。)
　なお, この本の内容についての責任は小社にあり, 内容に関するご質問は直接小社におよせください。

1 世界の地域構成

Step A 〉 Step B 〉 Step C

解答▶別冊1ページ

▶次の　　　に適語や数字を入れなさい。

1 地球儀の見方

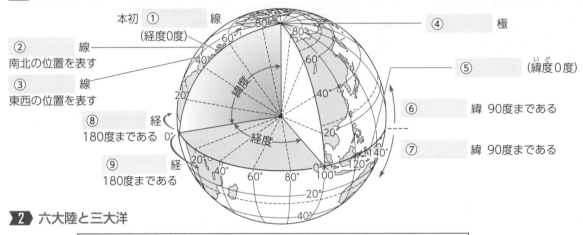

本初 ① 　　　線
（経度0度）

② 　　　線
南北の位置を表す

③ 　　　線
東西の位置を表す

④ 　　　極

⑤ 　　　（緯度0度）

⑥ 　　　緯 90度まである

⑦ 　　　緯 90度まである

⑧ 　　　経
180度まである 0°

⑨ 　　　経
180度まである

2 六大陸と三大洋

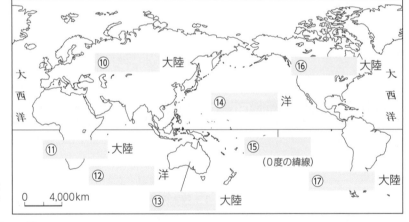

⑩ 　　　大陸

⑯ 　　　大陸

⑭ 　　　洋

⑪ 　　　大陸

⑮ 　　　（0度の緯線）

⑫ 　　　洋

⑰ 　　　大陸

⑬ 　　　大陸

＊右図には，六大陸の1つ南極大陸は示していません。

0　　4,000km

3 世界の州

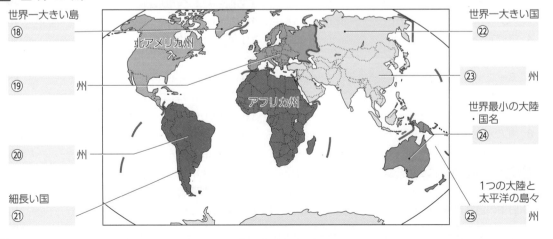

世界一大きい島
⑱

北アメリカ州

アフリカ州

世界一大きい国
⑫

⑲ 　　　州

⑳ 　　　州

⑳ 　　　州

世界最小の大陸・国名
㉔

細長い国
㉑

1つの大陸と
太平洋の島々
㉕ 　　　州

▶次の[　]に適語を書きなさい。

4　緯度と経度

① 緯　度…[㉖　　　　]を０度として地球を南北にそれぞれ[㉗　　　　]
度に分けたもの。[㉖]より北を北緯，南を南緯という。同じ緯度を結
んだ線を[㉘　　　　]という。

② 経　度…北極点からイギリスの首都ロンドンの旧グリニッジ天文台を通
り，南極点までを結ぶ[㉙　　　　]を０度として，地球を東西にそれぞ
れ[㉚　　　　]度に分けたもの。[㉙]より東を東経，西を西経という。
同じ経度を結んだ線を[㉛　　　　]という。

5　大陸と海洋の分布

① 陸と海…地球の陸地と海洋の面積の比はおよそ[㉜　　：　　]。

② 六大陸…大陸は，中国やフランスがある[㉝　　　　]大陸，エジプトや
ケニアがある[㉞　　　　]大陸，アメリカ合衆国やカナダがある北アメ
リカ大陸，ブラジルやアルゼンチンがある南アメリカ大陸，１つの大陸
が１つの国になっている[㉟　　　　]大陸，氷でおおわれた南極大陸の
六大陸からなっている。

③ 三大洋…海洋は，最も広い[㊱　　　　]，ユーラシア大陸の西に広がる
大西洋，アフリカ大陸の東に広がる[㊲　　　　]の三大洋と，それらに
付属した小さな海に分けられる。

6　地球儀と世界地図

① 地球儀…地球を縮小した模型。距離・[㊳　　　　]・方位・角度が正し
く表される。

② 世界地図…図の中心からの距離と[㊴　　　　]が正しい正距方位図法，
[㊵　　　　]が正しいメルカトル図法，面積が正しいモルワイデ図法な
どがある。使う目的に合わせて，さまざまな地図が用いられる。

7　世界の国々と地域区分

① 面積に特徴がある国…世界で面積が最も大きい国は[㊶　　　　]で，最
も小さい国は[㊷　　　　]である。

② 人口に特徴がある国…世界で最も人口が多い国は中華人民共和国で，第
２位は[㊸　　　　]である。

③ 地域区分…世界は，アジア州，ヨーロッパ州(ユーラシア大陸)，アフリ
カ州(アフリカ大陸)，北アメリカ州(北アメリカ大陸)，南アメリカ州(南
アメリカ大陸)，[㊹　　　　]州(オーストラリア大陸と太平洋の島々)
の６つの州に分けられる。

④ アジア州…アジア州はさらに，日本や中国をふくむ東アジア，タイやマ
レーシアをふくむ[㊺　　　　]，インドをふくむ南アジア，イラクをふ
くむ[㊻　　　　]，中央アジア，シベリア地方に分けられる。

㉖

㉗

㉘

㉙

㉚

㉛

㉜

㉝

㉞

㉟

㊱

㊲

㊳

㊴

㊵

㊶

㊷

㊸

㊹

㊺

㊻

Step A 〉 Step B 〉 Step C

●時 間 35 分　　●得 点

●合格点 75 点　　　　　　点

解答▶別冊 1 ページ

重要 **1** [世界地図] 東京を中心に東京からの距離（きょり）と方位が正しくなるようにつくった次の地図Ⅰを見て，あとの問いに答えなさい。

(5点×6−30点)

(1) 東京から見た地図Ⅰの X の都市のおよその方位を，8 方位で答えなさい。

(2) 地図Ⅰのロンドン，カイロ，ペキン，ケープタウンの 4 つの都市のうち，2 つの都市は東京からの距離がほぼ同じである。その 2 つの都市の名を答えなさい。

(3) 地図Ⅰの A 〜 C の線は 3 つの緯線（いせん）を示しており，そのうちの 1 つは緯度（いど）0 度の緯線である。緯度 0 度の緯線を示すものを A 〜 C から選び，記号で答えなさい。また，その緯線の名称（めいしょう）を答えなさい。

地図Ⅰ

ロンドン　　　　　　　　　　　　　　A

　　　　　　　　　　　　　　　　　　B

　　　　　　　　　　　　　　　　　　C

カイロ

ペキン　　　　　　　　　　　　　　　X

ケープタウン

(4) 右の表Ⅰは，世界の 6 つの州のうち，ある州についてまとめたものの一部である。□□□□にあてはまる州の名を答えなさい。

表Ⅰ

	☐☐州	
面積	約2,200万km²（2019年）	
人口	約 7 億4,700万人（2019年）	
自然	アルプス山脈があり，ライン川が流れている。	
政治・経済	1993年にEUが発足した。 多くの国でユーロという共通の通貨が使われている。	
生活・文化	パスタやパン，ピザがよく食べられている。	

(1)					
(2)			(3)	記号	名称
(4) 　　　　　　　州					

〔北海道一改〕

2 [世界地図] 経線は30度間隔（かんかく），緯線は50度間隔で引かれた次の地図を見て，あとの問いに答えなさい。

(6点×2−12点)

(1) 地図中の経線のうち，本初子午線を表したものはどれか。地図中の **ア** 〜 **エ** のなかから 1 つ選び，記号で答えなさい。

(2) 地図中の鹿児島の位置を北緯31度33分，東経130度33分とすると，鹿児島から見て，ちょうど地球の反対側にあたる点を地図中の **A** 〜 **D** から 1 つ選び，記号で答えなさい。

地図

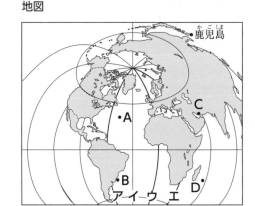

鹿児島（かごしま）

　　　　　　　C

・A

・B

　　　D・

ア イ ウ エ

(1)	(2)

〔鹿児島〕

3 [世界のすがた] 次の地図は緯線と経線が直角に交わったものであり、地図中の X ～ Z は、それぞれ20度間隔で引いた緯線と経線に囲まれた範囲を示している。これを見て、あとの問いに答えなさい。

(7点×4−28点)

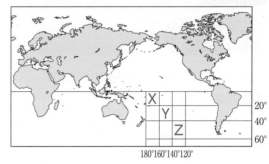

(1) X には、サモアやトンガなどの島国がある。世界を6つの州に分けたとき、 X はどの州に含まれるか。その州の名称を答えなさい。

(2) X の地球上の正反対の範囲には、六大陸のうちの1つと、三海洋（三大洋）のうちの1つがある。その大陸と海洋（大洋）の名称を、それぞれ答えなさい。

(3) X ～ Z の地球上における実際の面積について述べた文として正しいものを、次のア～エから1つ選び、記号で答えなさい。

ア X の面積が最も小さい。　　イ Y の面積が最も小さい。
ウ Z の面積が最も小さい。　　エ X , Y , Z の面積はすべて同じである。

(1)		(2)	大陸		海洋		(3)	
	州							

〔静岡―改〕

4 [世界地図] 右の地図は、東経45度の経線を中央の経線として描かれたものである。これを見て、あとの問いに答えなさい。

(6点×5−30点)

(1) 本初子午線は地図中のどれか。ア～エから1つ選び、記号で答えなさい。

(2) 地図中のAの大洋名を答えなさい。

(3) 日本の本州が位置するのは、地図中のa～eの緯線のうち、どれとどれの間か。次のア～エから1つ選び、記号で答えなさい。

ア aとbの間
イ bとcの間
ウ cとdの間
エ dとeの間

(注) 経線・緯線は15度間隔で引いてある。一部の島などは省略している。

📝(4) 地図中の▨で示した大陸は何というか、答えなさい。また、この大陸の多くの国々はヨーロッパ諸国の植民地であった。そのことがうかがわれることの1つに国境線の引きかたがある。国境線の引きかたに見られる特徴を書きなさい。

(1)		(2)		(3)	
(4)	大陸		特徴		

〔山口―改〕

月　　日

2 日本の地域構成

Step A ＞ Step B ＞ Step C

解答▶別冊 1 ページ

▶次の　　　に適語や数字を入れなさい。

1 日本の国土のようす

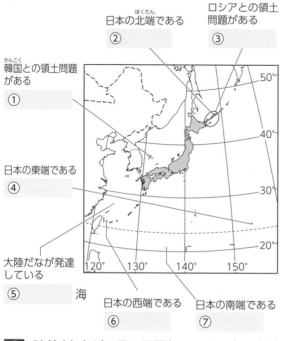

日本の北端である
② _____

ロシアとの領土
問題がある
③ _____

韓国との領土問題
がある
① _____

日本の東端である
④ _____

大陸だなが発達
している
⑤ _____ 海

日本の西端である
⑥ _____

日本の南端である
⑦ _____

2 領域

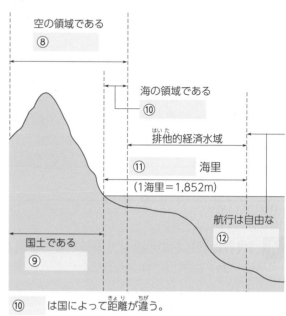

空の領域である
⑧ _____

海の領域である
⑩ _____

排他的経済水域
⑪ _____ 海里
（1海里＝1,852m）

航行は自由な
⑫ _____

国土である
⑨ _____

⑩ _____ は国によって距離が違う。

日本は ⑬ _____ 海里である。

3 時差（東京が 1 月 1 日正午のときの主な都市の時間）

イギリスのロンドン
を通る経線
⑭ _____ 線

日本の標準時子午線
⑮ _____ 度

経度180度にほぼ
沿っている
⑯ _____ 線

4 日本の地域区分

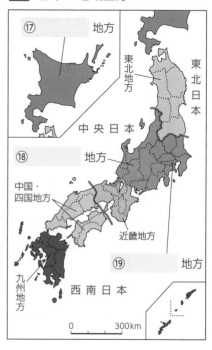

⑰ _____ 地方

⑱ _____ 地方

⑲ _____ 地方

▶次の[　]に適語を書きなさい。

5 日本の国土

① **日本の位置**…[⑳　　　　　]大陸と太平洋の間に弓型に約3,000kmにわたってのびる列島である。

② **日本の国土**…北端（ほくたん）は[㉑　　　　　]島で，北方領土の一部である。東端は[㉒　　　　　]島，西端は[㉓　　　　　]島である。南端は[㉔　　　　　]島で，水没（すいぼつ）しないように周りをコンクリートで固められている。

③ **領土問題**…北方領土と呼ばれる国後（くなしり）島，[㉑]島，色丹島，歯舞群島（はぼまい）は，現在ロシア連邦（れんぽう）の管理下にあり，日本は返還（へんかん）を要求している。また，韓国（こく）との間では日本海の[㉕　　　　　]島で，中国や台湾（たいわん）との間では東シナ海の[㉖　　　　　]諸島で問題が生じているが，いずれも日本の領土である。

6 国家の領域

① **領　土**…国家の主権がおよぶ陸地のこと。

② **領　海**…国家の主権がおよぶ海域のことで，多くの国が沿岸から[㉗　　　　　]海里と定めている。また，沿岸から[㉘　　　　　]海里までの[㉙　　　　　]水域では，沿岸国が水産資源や海底資源を管理することができると定められている。

③ **領　空**…国家の主権がおよぶ領土と領海の上空のこと。

7 標準時と時差

① **標準時**……世界標準時はイギリスのロンドンを通る[㉚　　　　　]線を基準とする時刻。日本の標準時子午線は東経[㉛　　　　　]度で，兵庫県の明石市（あかし）を通る。日本の標準時はイギリスより9時間進んでいる。

② **時　差**…地球は1日（24時間）で1回転（360度）している。したがって，360度÷24時間＝15，経度15度で[㉜　　　　　]時間の時差がある。

③ **日付変更線**（へんこう）…経度180度にほぼ沿っている。人々の生活の影響（えいきょう）を少なくするため太平洋上を通っている。この線を西から東にこえるときは，日付を1日[㉝　　　　　]せる。また，東から西へこえるときは日付を1日進める。

8 日本の地域区分

① **都道府県**…地方の政治を行うための基本の単位。1都（東京），1道（北海道），2府（大阪府と[㉞　　　　　]），43県がある。

② **3地方区分**…日本列島を，西南日本（西日本）・中央日本・東北日本（東日本，北日本）に分ける分けかた。

③ **7地方区分**…日本列島を，[㉟　　　　　]，中国・四国，[㊱　　　　　]，中部，関東，[㊲　　　　　]，北海道の7地方に分ける分けかた。中国・四国地方を，中国地方，四国地方と分けて8地方に分ける場合もある。（[㉟]～[㊲]は南西から順に答える。）

⑳ _____
㉑ _____
㉒ _____
㉓ _____
㉔ _____
㉕ _____
㉖ _____
㉗ _____
㉘ _____
㉙ _____
㉚ _____
㉛ _____
㉜ _____
㉝ _____
㉞ _____
㉟ _____
㊱ _____
㊲ _____

Step A 〉 Step B 〉 Step C

●時 間 35 分	●得 点
●合格点 75 点	点

解答▶別冊2ページ

重要 1 [世界から見た日本] 次の地図を見て，あとの問いに答えなさい。　　　(6点×7−42点)

(1) 地図中Aの大陸名を答えなさい。

(2) 地図中B，Cの国名を答えなさい。

(3) 地図中Dの地域名を答えなさい。

(4) 地図中Eは，日本の最北端に位置する島である。Eの島名を答えなさい。

(5) 地図中Fは，日本の標準時子午線となっている経線である。この線の経度を答えなさい。

(6) 地図中Gの線は，北緯何度の緯線か。次のア〜エから1つ選び，記号で答えなさい。

　　ア　北緯35度　　イ　北緯40度
　　ウ　北緯45度　　エ　北緯50度

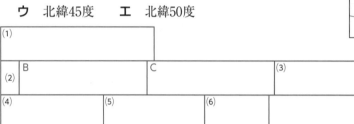

(1)		
(2) B	C	(3)
(4)	(5)	(6)

2 [日本のすがた] 次の問いに答えなさい。　　　(6点×4−24点)

(1) 日本の最西端である沖縄県与那国島と東京(都庁)の距離として最も近いものを，次のア〜エから1つ選び，記号で答えなさい。

　　ア　1,000 km　　イ　2,000 km　　ウ　3,000 km　　エ　4,000 km

(2) 北海道北部にある宗谷岬と東京(都庁)の緯度の差として最も近いものを，次のア〜エから1つ選び，記号で答えなさい。

　　ア　5度　　イ　10度　　ウ　15度　　エ　20度

(3) 日本の最東端の南鳥島は最西端の与那国島よりも，1年を通して日の出の時刻がどのくらい早いか。最も適切なものを，次のア〜エから1つ選び，記号で答えなさい。

　　ア　1時間　　イ　1時間30分　　ウ　2時間　　エ　2時間30分

(4) 日本の最南端の沖ノ鳥島のようすについて述べた文として最も適切なものを，次のア〜エから1つ選び，記号で答えなさい。

　　ア　無人島となっており，波の侵食から守るため消波ブロックやコンクリートで島の周辺が保護されている。

　　イ　一般の住民はいないが，自衛隊や気象庁の施設があり，それらの職員が常に滞在している。

　　ウ　約2,000人の住民がおり，サトウキビの栽培や馬の放牧，漁業などを行っている。

　　エ　約500人の住民がおり，世界自然遺産に登録されたことから観光業が盛んである。

(1)	(2)	(3)	(4)

〔東京学芸大附高〕

3 [日本のすがた] 次の図を見て，あとの問いに答えなさい。 (6点×4－24点)

(1) 図1を見て，東京(日本)と
カイロ(エジプト)の時差を
答えなさい。なお，日本は
東経135度の経線を，エジ
プトは東経30度の経線を，
それぞれ標準時子午線とし
ている。

図1

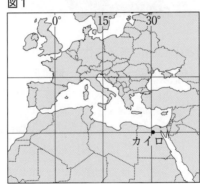

図2

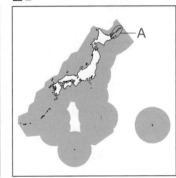

(2) ある年の11月5日午後9時
に成田(なりた)国際空港を出発し，
14時間かけてカイロに到着(とうちゃく)した。カイロに到着したときの現地の日時を，午前・午後のどちら
かを明らかにしたうえで答えなさい。

(3) 図2に■で示した水域は，船の航行は自由であるが，水域内の水産資源や地下資源などを管
理する権利は日本がもっている。このような水域を何というか。漢字7字で答えなさい。

(4) 図2のAには国後島(くなしり)，択捉島(えとろふ)，歯舞群島(はぼまい)，色丹島(しこたん)の島々がある。現在，ロシアによる占領(せんりょう)が続
いているこれらの島々は，あわせて何と呼ばれるか答えなさい。

(1)		(2)	
(3)		(4)	

〔茨城一改〕

4 [日本のすがた] 2021年の東京オリンピック・パラリンピックの会場予定地を示した次の略地
図と，各都道府県の会場予定地をまとめた資料を見て，あとの問いに答えなさい。 (5点×2－10点)

(1) 略地図中の太線
——は，都道府
県を基準にして
日本を7地方に
分けたときの地
方区分を示す線
の一部である。
略地図に，関東
地方と中部地方
との地方区分を
示す線を書き入
れなさい。

略地図

●東京オリンピックや
東京パラリンピックの
会場予定地

(注)東京都の会場予定地は3か所以上あるため
省略してある。

資料

	会場予定地
北海道	札幌市
宮城県	利府町
福島県	福島市
茨城県	鹿嶋市
千葉県	千葉市，一宮町
埼玉県	さいたま市，川越市
東京都	新宿区，他多数
神奈川県	横浜市，藤沢市
静岡県	伊豆市，小山町

(注)東京都の会場予定地は3か所以上あるため「他多数」
と示してある。

(東京オリンピック・パラリンピック競技大会組織委員
会ホームページ)

(2) 資料を見ると，会場予定地に北海道庁のある札幌市(さっぽろ)と東京都庁のある新宿区(ふく)が含まれているこ
とがわかる。残る7県に関して，会場予定地に県庁所在地が含まれている県の数を答えなさい。

(1) (図中に記入)	(2)

〔宮城一改〕

Step A ▷ Step B ▷ Step C-①

●時 間 35 分	●得 点
●合格点 75 点	点

解答▶別冊 2 ページ

重要 **1** 次の地図や資料を見て，あとの問いに答えなさい。 (8点×5−40点)

(1) 地図Ⅰ中に示した首都①〜④を，東京からの距離（きょり）が短い順に並べ，番号で答えなさい。

地図Ⅰ

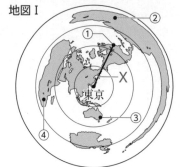

(2) 地図Ⅰにᵡで示した東京と首都①を直線で結んだ―――を，地図Ⅱ中に表したい。このとき，地図Ⅱにおいて┈┈┈で示した**ア〜エ**のうち，ᵡが通るものはどれか。**ア〜エ**から１つ選び，記号で答えなさい。

(3) 資料Ⅰ中のa〜dは，地図Ⅱ中のA〜Dのいずれかの国について，それぞれ人口，面積，１人あたりの国民総所得，牛肉生産量，鶏肉生産量を示したものである。表中のbにあたる国を，地図中のA〜Dから選び，記号で答えなさい。また，その国名を答えなさい。

(4) 資料Ⅱは，日本が３月10日の午前９時のときの，地図Ⅲ中のC国の首都とe，fの都市の現地時間を表したものである。このことに関して述べた次の文中の□□□□にあてはまる言葉を答えなさい。

地図Ⅱ

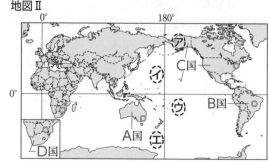

注1：地図Ⅰは東京からの距離と方位が正しい地図であり，地図Ⅱは緯線と経線が直角に交わる地図である。
注2：地図Ⅰ中の①〜④は，地図Ⅱ中のA〜D国のいずれかの首都の位置に対応している。
注3：地図Ⅱ中の◎は，首都の位置を示している。
注4：地図Ⅱ中の各地図の縮尺は同じではない。

資料Ⅰ

	人口 (万人) (2020年)	面積 (万km²)	1人あたりの国民総所得 (ドル)	牛肉生産量 (万t)	鶏肉生産量 (万t)
a	5,931	122	6,168	100	176
b	21,256	852	8,785	990	1,492
c	2,550	769	56,396	222	—
d	33,100	983	63,704	1,222	1,957

（注）—は，あてはまる数字のないことを示す。
(2018年) (2020/21年版「世界国勢図会」)

資料Ⅱ

	現地時間
首都	3月9日午後7時
e	3月9日午後4時
f	3月9日午後3時

地図Ⅲ

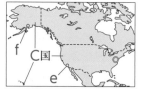

注：◎は，首都の位置を示している。

日本が３月10日の午前９時のときに，C国の首都とe，fの都市の現地時間がそれぞれ異なるのは，C国の国土が東西に長いため，複数の□□□□が定められているからです。

(1)	(2)	(3)	記号	国名	(4)

〔山形一改〕

2 次のページの地図は，2016年に日本で開催（かいさい）された伊勢志摩（いせしま）サミットに参加した７か国（アメリカ合衆国，イギリス，イタリア，カナダ，ドイツ，日本，フランス）を示したものである。これを見て，あとの問いに答えなさい。 (8点×4−32点)

(1) 世界を６州に区分したとき，日本以外の６か国はどの州に属するか。州の名前を２つ答えなさい。

(2) 地図から，伊勢志摩サミットに参加した７か国は，海に面した国である点と，□□□□□に

Step **C**

第1章
第2章
第3章
第4章
テーマ別問題
総合実力テスト

位置した国である点で共通していることがわかる。［　　　　　］にあてはまる適切な語句を答えなさい。

(3) 地図中の経線は，15度ごとに引かれており，経線Aは，アメリカ合衆国の首都ワシントンD.C.の標準時子午線である。東京とワシントンD.C.との時差は何時間か，答えなさい。

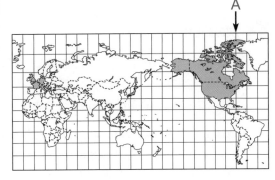

(1)			州		州
(2)		(3)			

〔石川—改〕

---

3 次の問いに答えなさい。

((1)8点，他5点×4—28点)

地図1

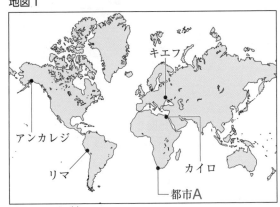

地図2

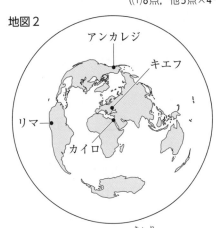

(1) 地図1は緯線と経線が直角に交わった地図であり，地図2はカイロからの距離と方位が正しい地図である。地図から読み取れることを述べた文として正しいものを，次の**ア〜エ**から1つ選び，記号で答えなさい。

ア アンカレジは，カイロから見てほぼ北の方向にある。

イ リマは，カイロから見てほぼ東の方向にある。

ウ カイロとキエフは，ほぼ同緯度にある。

エ カイロとリマは，ほぼ同緯度にある。

(2) 右の表は，日本を訪れた外国人旅行者の国・地域別の構成比である。これらの国・地域に関する①〜④の文章について，正しければ○，誤っていれば×を書きなさい。

① 表にある国・地域は，地球を赤道で二分したとき，すべてが北半球に位置している。

② 表にある国・地域は，地球を東経・西経で二分したとき，国土がその両方にまたがるものはない。

③ 表にある国・地域で，日本より人口が多いものは2つである。

④ 表にある国・地域で，日本より面積が広いものは2つである。

(2019年)(%)

中国	30.1
韓国	17.5
台湾	15.3
香港	7.2
アメリカ合衆国	5.4
タイ	4.1
オーストラリア	1.9
シンガポール	1.5
イギリス	1.3
カナダ	1.2

(令和2年版「観光白書」)

(1)		(2)	①	②	③	④

〔愛媛—改〕

Step A 〉 Step B 〉 Step C-②

●時　間 35 分	●得　点
●合格点 75 点	点

解答▶別冊 3 ページ

重要 **1** 次の問いに答えなさい。　(8点×4－32点)

世界には，わが国と同じように四方を海に囲まれた国がある。それらのうち，地図Ⅰはわが国を，地図Ⅱはアフリカ州に属するマダガスカルを，地図Ⅲはオセアニア州に属するニュージーランドを示したものである（縮尺は地図により異なる）。

(1) 地図Ⅰ中のAの島には，わが国の北端(ほくたん)がある。Aの島の名称(しょう)を次のア～エから1つ選び，記号で答えなさい。

　ア　国後島(くなしり)　イ　与那国島(よなぐに)
　ウ　択捉島(えとろふ)　エ　色丹島(しこたん)

(2) 地図Ⅱ中のXの海洋は，世界の三大洋の1つである。Xの海洋の名称(めいしょう)を答えなさい。

(3) 地図Ⅱ中のBは何度の緯線(いせん)か。次のア～エから1つ選び，記号で答えなさい。

　ア　北緯15度　イ　0 度
　ウ　南緯15度　エ　南緯30度

地図Ⅰ
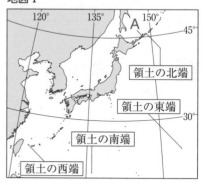

(4) 資料Ⅰは，ニュージーランドとオーストラリア，カナダ，日本のそれぞれの国土面積を100としたときの，領海と排他的経済水域(はいた)の合計面積を示したものであり，グラフ中のa～cは，オーストラリア，カナダ，日本のいずれかの国にあたる。地図Ⅰ，地図Ⅲを参考にして，日本にあたるものをa～cから1つ選び，記号で答えなさい。

資料Ⅰ
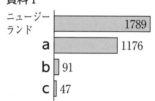

ニュージーランド	1789
a	1176
b	91
c	47

（水産庁）

地図Ⅱ

マダガスカル

地図Ⅲ
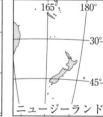
ニュージーランド

(1)	(2)	(3)	(4)

〔奈　良〕

2 次の地図を見て，あとの問いに答えなさい。　(8点×4－32点)

難 (1) 地図Ⅰのように，球体である地球を平面で表そうとすると，距離(きょり)や面積，方位，形などを一度に正しく表すことができない。距離や面積，方位，形などをほぼ正確に表すことができる，地球を小さくした模型(もけい)は一般(いっぱん)に何と呼ばれるか。その呼び名を答えなさい。また，その模型は，地球の自転軸(じく)が公転面の垂直方向に対し，少し傾(かたむ)いていることも表している。この傾きの角度として最も近い角度を，次のア～エから1つ選び，記号で答えなさい。

地図Ⅰ
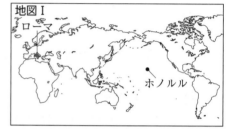
ローマ
ホノルル

　ア　約15度　イ　約25度　ウ　約35度　エ　約45度

(2) 地図中のホノルルは，西経150度の経線を標準時子午線としている。東京が3月10日午前9時

であるとき，ホノルルの日時は３月何日の何時であるか。その日時を午前，午後の区別をつけて答えなさい。

(3) 地図Ⅰの●は，イタリアの首都ローマの位置を示している。右の地図Ⅱは東京からの距離と方位が正しい地図である。東京からローマまでのおよその距離を**ア〜エ**から，東京から見たローマのおよその方位を**オ〜ク**からそれぞれ１つずつ選び，記号で答えなさい。

ア 5,000 km 　**イ** 10,000 km 　**ウ** 15,000 km

エ 20,000 km

オ 北 東 　**カ** 北 　**キ** 北 西 　**ク** 西

地図Ⅱ

(1)	呼び名		記号		(2)			(3)	距離	方位

〔香川一改〕

---

3 次の地図や資料を見て，あとの問いに答えなさい。

((4)12点，他8点×3－36点)

(1) 地図Ⅰの経線は何度ごとに示されているか，答えなさい。

(2) 写真Ⅰが撮影された地域として最も適当なものを，地図Ⅰ中の**ア〜エ**から１つ選び，記号で答えなさい。

地図Ⅰ
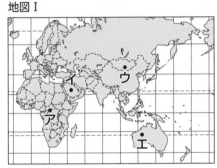

写真Ⅰ
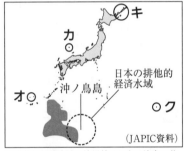

(3) 日本固有の領土であるが，隣国による不法な占拠が続いている地域を，地図Ⅱ中の**オ〜ク**から１つ選び，記号で答えなさい。なお，この地域について，日本政府は国際司法裁判所に提訴することを提案しているが，隣国はこれに応じず，現在に至っている。

地図Ⅱ

日本の排他的経済水域

沖ノ鳥島

(JAPIC資料)

※排他的経済水域の境界線は日本の法令に基づくもので，沖ノ鳥島周辺のみ示してある。
※沖ノ鳥島周辺の色のついた部分は，ある海底資源の分布域を示している。

記述
(4) 地図Ⅱ中の沖ノ鳥島が，海面上昇などにより領土でなくなった場合の影響について，資料Ⅰ，資料Ⅱを参考にし，「沖ノ鳥島周辺の〜」の書き出しに続けて，40字以内で答えなさい。ただし，「排他的経済水域」「権利」という２つの語句を用いること。

資料Ⅰ

(沖ノ鳥島) 　　　　(護岸工事がほどこされた北小島)

資料Ⅱ　海洋法に関する国際連合条約　第56条

　1　沿岸国は，排他的経済水域において，次のものを有する。
　　a　海底の上部水域並びに海底及びその下の天然資源(中略)の探査・開発・保存及び管理のための主体的権利(後略)

※主体的権利とは，探査・開発などの優先権を意味する。(外務省)

(1)	(2)	(3)	(4) 沖ノ鳥島周辺の

〔島根一改〕

3 世界の人々の生活と環境

Step A 〉 Step B 〉 Step C 〉

解答▶別冊3ページ

▶次の　　　に適語を入れなさい。

1 世界のさまざまな気候

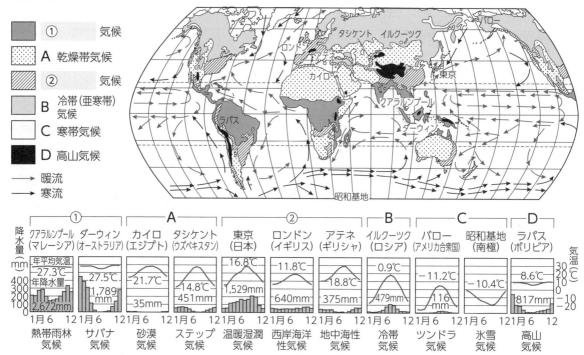

- ① 　　　気候
- A 乾燥帯気候
- ② 　　　気候
- B 冷帯(亜寒帯)気候
- C 寒帯気候
- D 高山気候
- ⟶ 暖流
- ⟶ 寒流

	①		A		②		B		C		D
	クアラルンプール(マレーシア)	ダーウィン(オーストラリア)	カイロ(エジプト)	タシケント(ウズベキスタン)	東京(日本)	ロンドン(イギリス)	アテネ(ギリシャ)	イルクーツク(ロシア)	バロー(アメリカ合衆国)	昭和基地(南極)	ラパス(ボリビア)
年平均気温	27.3℃	27.5℃	21.7℃	14.8℃	16.8℃	11.8℃	18.8℃	0.9℃	−11.2℃	−10.4℃	8.6℃
年降水量	2,672mm	1,789mm	35mm	451mm	1,529mm	640mm	375mm	479mm	116mm		817mm
	熱帯雨林気候	サバナ気候	砂漠気候	ステップ気候	温暖湿潤気候	西岸海洋性気候	地中海性気候	冷帯気候	ツンドラ気候	氷雪気候	高山気候

※昭和基地は降水量の測定はしていない。

(2020年版「理科年表」など)

2 世界各地の民族衣装

だいかんみんこく
大韓民国の
③

インドの
④

ペルーのポンチョ

3 世界のいろいろな住居

モンゴルのゲル

北アフリカ・西アジアなどの
⑤　　　の家

東南アジアの
⑥　　　の家

4 主食の分布

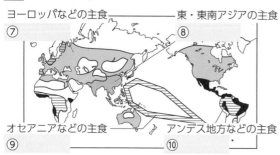

ヨーロッパなどの主食
⑦

東・東南アジアの主食
⑧

オセアニアなどの主食
⑨

アンデス地方などの主食
⑩

5 宗教の分布

インドに多い
⑪　　　教

ヨーロッパ・アメリカに多い
⑫　　　教

北アフリカ・西アジアに多い
⑬　　　教

東・東南アジアに多い
⑭　　　教

S t e p A

第1章

第2章

第3章

第4章

テーマ別配列

総合実力テスト

▶次の[　]に適語を書きなさい。

6　世界のさまざまな気候

① **熱　帯**…１年中気温が高い。１年を通して降水量が多い[⑮　　　　]気候と，雨季と乾季がある[⑯　　　]気候とがある。

② **乾燥帯**…ほとんど雨が降らず，砂や岩の砂漠が広がる[⑰　　　]気候と，わずかに降水量があり，草原が広がる[⑱　　　]気候とがある。

③ **温　帯**…四季の区別がある。降水量が多い温暖（温帯）湿潤気候，降水量が少なく，夏と冬の気温差が小さい[⑲　　　]気候，夏は高温で乾燥し，冬に降水がある[⑳　　　]気候がある。

④ **冷帯（亜寒帯）**…夏は気温が上がるが，冬の寒さが非常に厳しい。ロシアのシベリア地方やカナダには[㉑　　　]と呼ばれる針葉樹林が広がる。

⑤ **寒　帯**…１年中気温が低い。１年を通して氷や雪でおおわれる氷雪気候と，夏に地表の氷がとけ，こけ類などが育つ[㉒　　　]気候とがある。

⑥ **高山気候**…標高の高い地域の気候。赤道に近いアンデス地方では，１年を通して気温の変化が少ないが，昼と夜の気温差は大きい。

7　世界のさまざまなくらし

① **寒い地方のくらし**…カナダの北極海沿岸では，[㉓　　　]と呼ばれる人々が，カリブーやあざらしなどを追う狩猟生活をしてきた。１年中凍った土である[㉔　　　]が広がるシベリアでは，住居の窓は二重窓で，壁を厚くするなどのくふうをして，厳しい寒さに備えている。

② **暑い地域のくらし**…熱帯林の広がるインドネシアでは，暑さや湿気を防ぐため，竹や木，やしの葉などを使った[㉕　　　]の住居がつくられる。南太平洋のフィジーでは，タロいもやヤムいもなどの[㉖　　　]類を主食としている。

③ **乾燥した地域のくらし**…広大な砂漠が広がるアラビア半島では，水が得られる[㉗　　　]のまわりに人々がくらす。木が少ないため，伝統的な住居は土をこねてつくった[㉘　　　]でつくられる。また，乾燥に強いらくだややぎなどの[㉙　　　]が行われる。

④ **高地のくらし**…昼夜の気温差が大きいアンデス地方では，着脱に便利なポンチョをまとう。リャマや[㉚　　　]の放牧を行い，[　㉚　]の毛は衣服の材料となる。主食はじゃがいもやとうもろこしである。

8　くらしと宗教

① **キリスト教**…ヨーロッパやアメリカなどに広がる。日曜日に教会で礼拝が行われる。クリスマスやイースター（復活祭）などの行事がある。

② **イスラム教**…西アジアや北アフリカなどに広がる。信徒は１日５回，聖地[㉛　　　]に向かって礼拝する。

③ **仏　教**…東アジアや東南アジアなどに広がる。

④ **ヒンドゥー教**…主に[㉜　　　]で信仰される。牛が神の使いとされる。

⑮ _____

⑯ _____

⑰ _____

⑱ _____

⑲ _____

⑳ _____

㉑ _____

㉒ _____

㉓ _____

㉔ _____

㉕ _____

㉖ _____

㉗ _____

㉘ _____

㉙ _____

㉚ _____

㉛ _____

㉜ _____

Step A 〉 Step B 〉 Step C

重要 **1** [世界各地の生活と環境] 次の地図を見て，あとの問いに答えなさい。　((4)12点，他4点×4－28点)

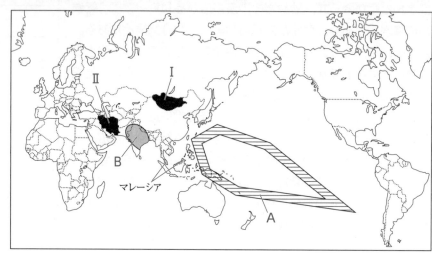

(1) 地図中のⅠ・Ⅱのそれぞれの国に見られる伝統的住居にあてはまるものを，次の**ア〜ウ**から1つずつ選び，記号で答えなさい。

ア

小さな窓で夏の日差しや熱気を防ぐ石造りの住居

イ

羊の毛のフェルトを使った遊牧民の移動式の住居

ウ

寒さを防ぐための対策を行っている住居

(2) 地図中のAの地域で主食としているものは何か。次の**ア〜エ**からふさわしいものを1つ選び，記号で答えなさい。

ア 米　**イ** 小麦　**ウ** 魚類・肉類　**エ** いも類

(3) 地図中のBの地域に住む人々が多く信仰している宗教を，次の**ア〜エ**から1つ選び，記号で答えなさい。

ア 仏教　**イ** イスラム教　**ウ** ヒンドゥー教　**エ** キリスト教

記述 (4) 右のグラフは，地図中のマレーシアの気候の特色をよく表したものである。マレーシアの住居には，この国の気候に適応した建て方のくふうがなされているが，それはどのようなくふうか。グラフに表れているこの国の気候の特色に触れながら，簡単に書きなさい。

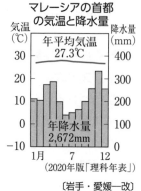

マレーシアの首都の気温と降水量

〔2020年版「理科年表」〕

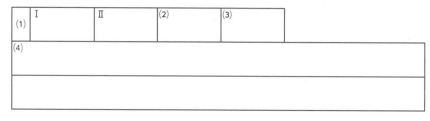

〔岩手・愛媛―改〕

2 [世界の人々の生活と環境] 次の図を見て，あとの問いに答えなさい。 (8点×4−32点)

(1) 図1は，世界の宗教別人口の割合を表したものである。このうちイスラム教にあたるものを図1の**ア〜エ**から1つ選び，記号で答えなさい。また，イスラム教の聖地であるメッカのある国を，図2に⬭で示した**A〜D**から1つ選び，記号で答えなさい。

図1

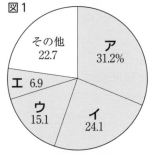

その他 22.7
ア 31.2%
エ 6.9
ウ 15.1
イ 24.1

(2020/21年版「世界国勢図会」)

図2

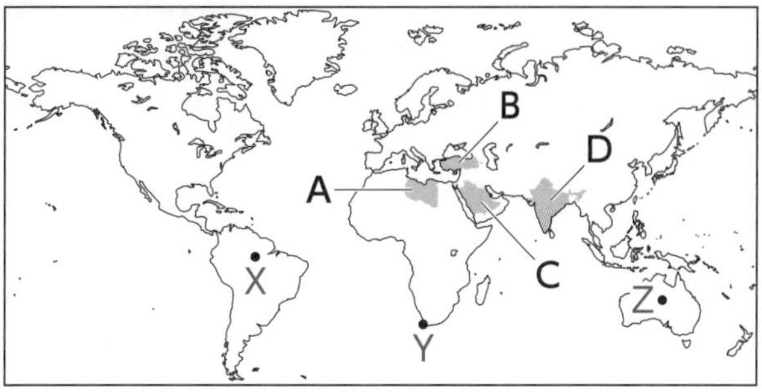

(図省略)

図3

(気温・降水量のグラフ：ア，イ，ウ)

気温 (℃) 降水量 (mm)

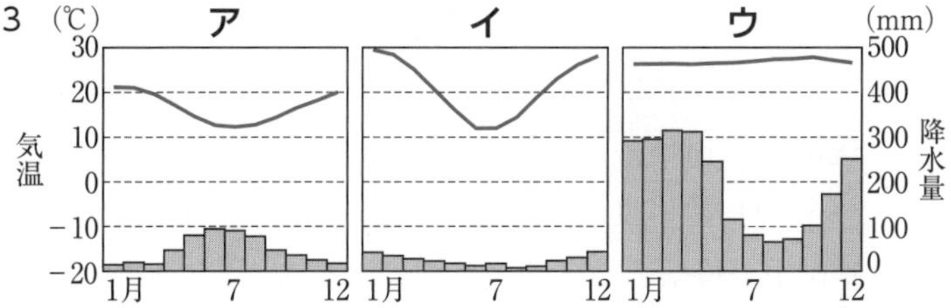

(2020年版「理科年表」)

(2) 図3の**ア〜ウ**は，図2に●で示した**X，Y，Z**の各都市の気温と降水量を表したものである。このうち，**X**と**Y**にあたるものを**ア〜ウ**からそれぞれ1つずつ選び，記号で答えなさい。

(1)	記号		国		(2)	X		Y	

〔熊本一改〕

3 [世界の人々の生活と環境] 次の図を見て，あとの問いに答えなさい。 (5点×8−40点)

(地図省略)

資料

ア 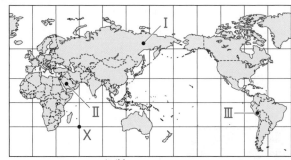 イ  ウ

(1) 上の地図では緯線と経線が直角に交わっており，緯線は緯度30度ごとに，経線は経度30度ごとに引かれている。地図上に**X**で示した地点の緯度と経度を答えなさい。

(2) 地図中の**Ⅰ〜Ⅲ**の地域について，その地域で用いられている特色のある衣服とそれに合う説明文はどれか。衣服は資料の**ア〜ウ**から，説明文は次の**A〜C**からそれぞれ1つずつ選び，記号で答えなさい。

A 日中の強い日ざしや砂ぼこりから身を守るため，長袖で丈の長い服を着る。

B アルパカの毛で衣服やつばのついた帽子を作り，高地の強い紫外線や寒さを防いでいる。

C 冬になると厚いコートや毛皮で作った防寒着や帽子を身につける。

(1)	緯度		経度			
(2)	Ⅰ衣服	説明文	Ⅱ衣服	説明文	Ⅲ衣服	説明文

〔富山一改〕

Step A ＞ Step B ＞ Step C-①

●時 間 35 分	●得 点
●合格点 75 点	点

解答▶別冊 4 ページ

1 次の資料や地図を見て，あとの問いに答えなさい。

((4)9点，他8点×8－73点)

(1) 資料のポスターA～Cは，地図中の**ア～エ**のいずれかの地域に見られる住居である。それぞれ記号で答えなさい。

(2) 地図中のXとYの経度(東経)の組み合わせとして正しいものを，次の**ア～エ**から1つ選び，記号で答えなさい。

	ア	イ	ウ	エ
X	100	100	120	120
Y	140	150	140	150

(3) 地図中の緯線Zとほぼ同じ緯度の都市を，次の**ア～エ**から1つ選びなさい。

ア カイロ　　　**イ** ニューヨーク
ウ ロンドン　　**エ** ストックホルム

記述 (4) ポスターAの□□□にあてはまることがらを，「被害」という語句を用いて，簡潔に書きなさい。

(5) ポスターBの(　　)に入る最も適切な語句を漢字2字で答えなさい。

重要 (6) ポスターA～Cは，いずれも気候に適した住居になっている。このことに関連して，下の写真はマレーシアの伝統的な住居である。これについて説明した次の文中の(　　)にあてはまる語句を，(　①　)は漢字で，(　②　)はカタカナで答えなさい。

　　赤道近くに位置するマレーシアはほとんどの地域が(　①　)気候に属し，1年を通してほぼ毎日，午後には(　②　)と呼ばれる夕立が降り，降水量は多い。植生が豊かな(　①　)が広がり，生息する動物の数や種類も多い。写真の住居のように風通しをよくしたり，動物の侵入を防いだりする目的で床を高くしているものもある。

資料　気候と住居

ポスターA

石垣に囲まれて平屋建てとなっている。また，屋根瓦は漆喰でしっかりと固められており，夏から秋にかけての□□□のためのくふうがされている。

ポスターB

組み立て式のテントとなっている。羊，やぎ，らくだなどを伴って，季節とともに水や草を求めて移動する(　　)民の生活に適している。

ポスターC

鉄筋の建物で高床となっている。冬の寒さが大変厳しく暖房を使用するため，室内から伝わる熱で凍った土がとけ，住居が傾くことを防いでいる。

地図

(1)	A		B		C		(2)		(3)	
(4)										
(5)			(6)	①			②			

〔大分・洛南高一改〕

2 次の問いに答えなさい。

(1) 右の表は，1人あたりの国民総所得が日本と同規模の国々についてまとめたものである。(A)〜(C)は，アラブ首長国連邦，イスラエル，フランスのいずれかを示している。次の①〜③について答えなさい。

国	1人あたり国民総所得(ドル)(2017年)	主な言語	主な宗教(％)	主要輸出品(2018年)
(A)	37,440	ヘブライ語 アラビア語	(D)教 76 (E)教 17	ダイヤモンド，機械類，医薬品
日本	38,520	日本語	神道，仏教	機械類，自動車，精密機械
(B)	38,160	(B)語	(F)教	機械類，自動車，航空機
(C)	39,130	アラビア語	(E)教 62 ヒンドゥー教 21	機械類，(G)，石油製品

(2020年版「データブック オブ・ザ・ワールド」)

① (D)〜(F)にあてはまる語句を答えなさい。

② (D)〜(F)の3つの宗教の聖地がある都市の位置を，地図中のア〜オから1つ選び，記号および都市名を答えなさい。

③ (G)の多くは日本へは専用船で運ばれている。その主要な航路となっている海峡を右の地図中のX〜Zから1つ選び，記号および海峡名を答えなさい。

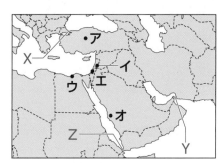

(2) アジアの各地域で信仰されている宗教について述べた文として適当でないものを，次のア〜エのうちから1つ選び，記号で答えなさい。

ア 三大宗教のキリスト教・イスラム教・仏教はアジアで生まれ，世界各地に広まった。

イ 世界で最も多くの人が信仰するキリスト教は，フィリピンでは最も信者数の多い宗教となっている。

ウ 豚肉を食べないなどのきまりのあるイスラム教は，西アジアや中央アジアに信仰する人が多いが，インドネシアでも最も信者数の多い宗教となっている。

エ 中国や朝鮮半島を通して日本にも広まった仏教は，マレーシアでは最も信者数の多い宗教であり，出家して僧侶として経験をつむ男性が多い。

(3) 下の表のア〜エは，米・小麦・茶・じゃがいものいずれかの生産上位国とその割合(2018年)を示している。インドでカレーなどと合わせて食べられるチャパティの原料となるものを，ア〜エのうちから選び，記号で答えなさい。

	ア		イ		ウ		エ	
1位	中国	(41.2%)	中国	(17.9%)	中国	(24.5%)	中国	(27.1%)
2位	インド	(21.2%)	インド	(13.6%)	インド	(13.2%)	インド	(22.1%)
3位	ケニア	(7.8%)	ロシア	(9.8%)	ウクライナ	(6.1%)	インドネシア	(10.6%)
4位	スリランカ	(4.8%)	アメリカ合衆国	(7.0%)	ロシア	(6.1%)	バングラデシュ	(7.2%)
5位	ベトナム	(4.3%)	フランス	(4.9%)	アメリカ合衆国	(5.6%)	ベトナム	(5.6%)

(2020/21年版「日本国勢図会」)

(1)	①	D		E		F			
	②	記号	都市名			記号	海峡名	(2)	(3)
					③				

〔開成高〕

4 アジア

StepA 〉 StepB 〉 StepC

解答▶別冊4ページ

▶次の　　　　に適語を入れなさい。

1 自然・農業

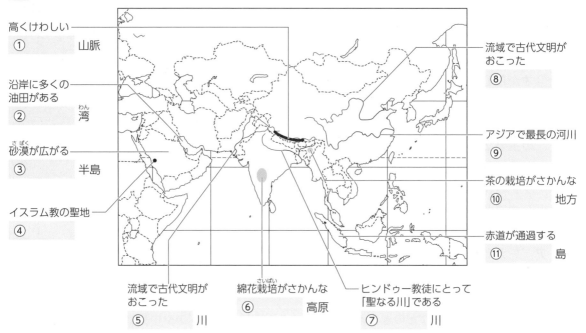

高くけわしい
① 　　　　山脈

沿岸に多くの
油田がある
② 　　　　湾

砂漠が広がる
③ 　　　　半島

イスラム教の聖地
④

流域で古代文明が
おこった
⑤ 　　　　川

綿花栽培がさかんな
⑥ 　　　　高原

ヒンドゥー教徒にとって
「聖なる川」である
⑦ 　　　　川

流域で古代文明が
おこった
⑧

アジアで最長の河川
⑨

茶の栽培がさかんな
⑩ 　　　　地方

赤道が通過する
⑪ 　　　　島

2 アジアが上位の農産物の生産量

⑫ 　　　　(78,200万t)

中　国 27.1%	インド 22.1	インドネシア 10.6	バングラデシュ 7.2	ベトナム 5.6	タイ 4.1	その他

小麦 (73,405万t)

中　国 17.9%	インド 13.6	ロシア 9.8	アメリカ合衆国 7.0	フランス 4.9	カナダ 4.3	その他

茶 (634万t)

中　国 41.2%	インド 21.2	ケニア 7.8	スリランカ 4.8	ベトナム 4.3	トルコ 4.3	その他

⑬ 　　　　(2,419万t)

中　国 25.2%	インド 19.4	アメリカ合衆国 16.6	パキスタン 6.9	ブラジル 6.7	その他

(2018年)　　　　　　　　　　　　(2020/21年版「日本国勢図会」)

3 東南アジア諸国の輸出品の変化

マレーシア

1980年
129億ドル

原油 23.8%	天然ゴム 16.4	木材 14.1	機械類 10.8	8.9	すず 8.9	その他 17.1

2018年
2,473億ドル

機械類 42.2%	石油製品 7.3	精密機械3.6	その他 39.1

液化天然ガス4.0　原油3.8

タイ

1980年
65億ドル

米 14.7%	野菜・果実 14.2	天然ゴム 9.3	すず 8.5	とうもろこし5.4	その他 42.8

2018年
2,525億ドル

機械類 31.2%	自動車 12.1	プラスチック4.7	繊維品5.1	その他 45.4

石油製品3.7　ゴム製品2.9

インドネシア

1980年
219億ドル

原油 53.3%	石油ガス 13.2	木材 8.3	石油製品5.4	その他 19.8

2018年
1,802億ドル

石炭 13.3%	パーム油 9.2	8.2	自動車4.2	衣類5.0	その他 60.1

機械類

(2020/21年版「日本国勢図会」など)

▶次の[　]に適語を書きなさい。

4 東アジア

① **アジアの気候**…南アジアや東アジアでは，季節によって向きが逆になる[⑭　　　]（モンスーン）の影響を強く受ける。西アジアや内陸部には[⑮　　　]帯の地域が広がり，牧畜やかんがい農業が行われる。

② **中国の人口と民族**…人口は約[⑯　　　]億人（2019年）で世界一。人口増加を抑えるため，2015年まで[⑰　　　]政策が行われていた。約9割が漢民族であるが，50以上の少数民族が住み，自治区も設けられる。

③ **中国の農業**…降水量の多い南部では[⑱　　　]作が，降水量の少ない北部では，小麦やとうもろこしなどの[⑲　　　]作が盛んである。

④ **中国の工業**…1980年代以降，沿岸部に[⑳　　　]を設け，外国企業を誘致。現在は世界中に工業製品を輸出し，[㉑　　　]と呼ばれる。一方で，大気汚染などの環境問題や，都市部と農村部の経済格差が課題に。政府は，地域間格差の解消のため，2000年ごろから西部大開発を行う。

⑤ **韓国と台湾**…工業化が進み，経済が急速に発展したことから，香港（ホンコン）などとともにアジア[㉒　　　]と呼ばれる。特にコンピュータや半導体，携帯電話などの[㉓　　　]産業が盛ん。

5 東南アジア

① **国々と住民**…ほとんどの国が[㉔　　　]（ASEAN）に加盟し，経済的に結びつく。[㉕　　　]と呼ばれる中国系住民が商業や貿易で活躍。

② **農業**…稲作が中心で，二期作も行われる。植民地時代に開発された大型農園である[㉖　　　]では，輸出用の作物が生産される。

③ **近代化と課題**…多くの外国企業が進出し経済が発展したが，都市への人口集中により[㉗　　　]と呼ばれる貧民街ができるなどの問題も発生。

6 南アジア

① **人口と宗教**…インドの人口は14億人近くに達し，出生率も高い。インドには[㉘　　　]教徒，パキスタンとバングラデシュには[㉙　　　]教徒，スリランカには仏教徒が多い。

② **気候と農業**…降水量の多いガンジス川下流域では稲作，降水量の少ないインダス川流域などでは小麦の栽培が盛ん。インドのアッサム地方やスリランカの[㉚　　　]，デカン高原の綿花は世界中に輸出される。

③ **工業**…インドでは，英語や数学の教育水準の高さを背景に[㉛　　　]技術（ICT）関連産業が発展している。南部の[㉜　　　]はその中心地である。

7 西アジア・中央アジア

① **西アジア**…住民の大部分が[㉝　　　]教徒。石油の産出量が多く，産油国は[㉞　　　]（石油輸出国機構）を結成して原油価格などを決定。

② **中央アジア**…多くの国が1991年，ソ連の解体とともに独立。石油や石炭，天然ガス，[㉟　　　]（希少金属）などの鉱産資源に恵まれる。

⑭ ___
⑮ ___
⑯ ___
⑰ ___
⑱ ___
⑲ ___
⑳ ___
㉑ ___
㉒ ___
㉓ ___
㉔ ___
㉕ ___
㉖ ___
㉗ ___
㉘ ___
㉙ ___
㉚ ___
㉛ ___
㉜ ___
㉝ ___
㉞ ___
㉟ ___

Step A 〉 Step B 〉 Step C

●時　間 35分　　●得　点
●合格点 75点　　　　　　　点

解答▶別冊 4 ページ

重要 **1** [アジア] 次の地図を見て，あとの問いに答えなさい。　　((2)12点，他8点×5－52点)

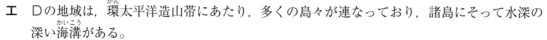

(1) 次の文は，地図中のA～Dの地域について述べたものである。地域の特色として適当でないものを，次の**ア～エ**から1つ選び，記号で答えなさい。

ア　Aの地域は，長い間，造山活動がなく，なだらかになった山脈があり，アジアとヨーロッパの境界になっている。

イ　Bの地域は，安定大陸にあたり，非常に長い年月の間に侵食（しんしょく）や風化によってなだらかな地形となり，広大な砂漠（さばく）が広がっている。

ウ　Cの地域は，アルプス＝ヒマラヤ造山帯にあたり，高くけわしい山があり，地震（じしん）や火山帯が活発である。

エ　Dの地域は，環太平洋（かん）造山帯にあたり，多くの島々が連なっており，諸島にそって水深の深い海溝（かいこう）がある。

(2) 地図中のEの地域には，標高 3,000 m をこえる高原が広がっている。この高原を何というか，答えなさい。

(3) 地図中の★の都市には，外国の資本や技術を導入するために，税金などの面で優遇（ゆうぐう）された地域がある。★の都市を含（ふく）めて中国に5つあるこのような地域は何と呼ばれるか。漢字で答えなさい。

(4) 地図中の●は，ある家畜（かちく）を飼育している主な分布地域を示している。あてはまる家畜を，次の**ア～エ**から1つ選び，記号で答えなさい。

　ア　羊　　**イ**　馬　　**ウ**　牛　　**エ**　豚（ぶた）

(5) 右のグラフは，アジアで生産（さか）んな茶・コーヒー豆・綿花の生産量の割合を示している。作物の組み合わせとして正しいものを，次の**ア～カ**から1つ選び，記号で答えなさい。

①
その他 35.8　ブラジル 34.5%
コロンビア 7.0　ベトナム 15.7　7.0 インドネシア
(2018年)

②
トルコ 4.0　その他 21.2　中国 25.2%
ブラジル 6.7　インド 19.4
6.9　16.6
パキスタン　アメリカ合衆国

③
スリランカ
その他 25.0　中国 41.2%
4.8
ケニア 7.8　インド 21.2
(2020/21年版「世界国勢図会」)

ア　①茶　②コーヒー豆　③綿花　　**イ**　①茶　②綿花　③コーヒー豆

ウ　①コーヒー豆　②茶　③綿花　　**エ**　①コーヒー豆　②綿花　③茶

オ　①綿花　②茶　③コーヒー豆　　**カ**　①綿花　②コーヒー豆　③茶

(6) 次ページのグラフは，インドネシア・タイ・マレーシアの輸出品の内訳とその割合を示している。④～⑥と国名の組み合わせとして正しいものを，あとの**ア～カ**から1つ選び，記号で答えなさい。

ア　④インドネシア　⑤タイ　⑥マレーシア
イ　④インドネシア　⑤マレーシア　⑥タイ
ウ　④タイ　⑤インドネシア　⑥マレーシア
エ　④タイ　⑤マレーシア　⑥インドネシア
オ　④マレーシア　⑤インドネシア　⑥タイ
カ　④マレーシア　⑤タイ　⑥インドネシア

（2018年）　　　　　　　　　　　　　（2020/21年版「日本国勢図会」）

(1)	(2)		(3) 高原	(4)
(5)	(6)			

〔清風南海高一改〕

2 [東南アジア] 東南アジアについて，次の問いに答えなさい。　　　（(2)各6点，他8点×3－48点）

(1) 地図中ア～オの緯線のうち，赤道にあたるものを1つ選び，記号で答えなさい。

(2) 地図中の①～④の都市を首都とする国を説明した文として正しいものを，次のア～オから1つずつ選び，記号で答えなさい。

　ア　東南アジアの中で最も人口が多い国で，総人口と国土面積は日本の2倍以上である。

　イ　国民の過半数が仏教の信者であり，チャオプラヤ川という大河が流れている。

　ウ　キリスト教の信者が多く，バナナの生産および輸出が盛んな国として有名である。

　エ　大規模な開発により油やし農園がつくられ，パーム油の生産が盛んである。

　オ　内戦や圧政で荒廃したが，各国の支援で復興しつつあり，アンコールワットは世界遺産に登録されている。

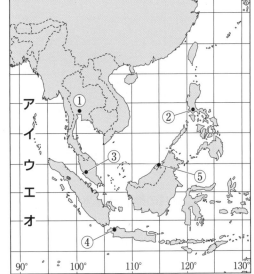

（注）●はその国の首都の位置を示す。

(3) 地図中の⑤を首都とする国は，世界標準時より7時間ずれている。日本が2月12日午後1時のとき，⑤の都市の時刻を，次のア～エから1つ選び，記号で答えなさい。

　ア　午前10時　　イ　午前11時　　ウ　午後3時　　エ　午後4時

(4) ASEAN（東南アジア諸国連合）に加盟していない国を次のア～オから1つ選び，記号で答えなさい。

　ア　ベトナム　　　イ　ラオス　　　ウ　バングラデシュ
　エ　カンボジア　　オ　ミャンマー

(1)	(2) ①	②	③	④
(3)	(4)			

〔大阪教育大附高（平野）一改〕

5 ヨーロッパ ①

 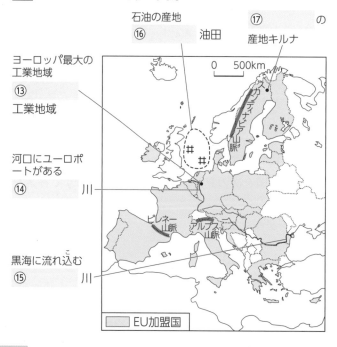 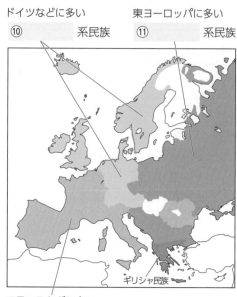 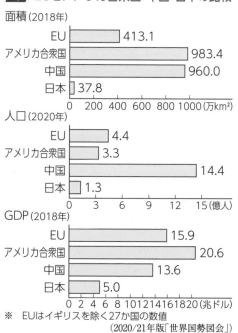

Step A ＞ Step B ＞ Step C

解答▶別冊 5 ページ

▶次の　　　　に適語を入れなさい。

1 ヨーロッパの国々

海岸はフィヨルドの地形
⑦

社会福祉（ふくし）政策の
進んだ国
⑧

森と湖の国
⑨

酪農（らくのう）が盛んな国
①

国土の4分の1が
干拓地（かんたく）
②

ヨーロッパ最大
の工業国
③

EUの本部のある国
④

イベリア半島の
大半を占（し）める
⑤

ヨーロッパ最大
の農業国
⑥

2 ヨーロッパの民族分布

ドイツなどに多い
⑩　　　系民族

東ヨーロッパに多い
⑪　　　系民族

フランスなどに多い
⑫　　　系民族

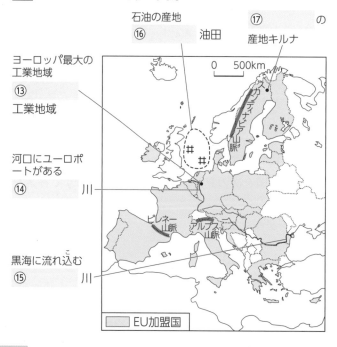

3 ヨーロッパの地形と資源

石油の産地
⑯　　　油田

⑰　　　の
産地キルナ

ヨーロッパ最大の
工業地域
⑬　　　工業地域

河口にユーロポ
ートがある
⑭　　　川

黒海に流れ込（こ）む
⑮　　　川

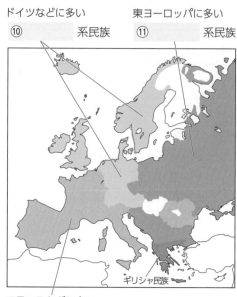

EU加盟国

4 EUとアメリカ合衆国・中国・日本の比較（ひかく）

面積（2018年）

EU	413.1
アメリカ合衆国	983.4
中国	960.0
日本	37.8

0 200 400 600 800 1000 (万km²)

人口（2020年）

EU	4.4
アメリカ合衆国	3.3
中国	14.4
日本	1.3

0 3 6 9 12 15 (億人)

GDP（2018年）

EU	15.9
アメリカ合衆国	20.6
中国	13.6
日本	5.0

0 2 4 6 8 10 12 14 16 18 20 (兆ドル)

※　EUはイギリスを除く27か国の数値
（2020/21年版「世界国勢図会」）

▶次の[　]に適語を書きなさい。

5 ヨーロッパの気候

① 北西部…気温の年較差が小さい[⑱　　　　　]気候。暖流の[⑲　　　　　]海流と[⑳　　　　　]風の影響で，高緯度のわりに温和。

② 地中海沿岸…夏に乾燥し，冬に降水がある[㉑　　　　　]気候。

③ 冷　帯…緯度が高い[㉒　　　　　]半島の大部分の地域や，内陸に位置する東ヨーロッパの国々。冬の寒さが厳しい。

6 ヨーロッパの文化

① 宗　教…住民の多くがキリスト教徒。南部では[㉓　　　　　]，北西部では[㉔　　　　　]，東部では正教会が，主に信仰されている。トルコやアフリカ各地から働きに来る人々には，イスラム教徒が多い。

② 言　語…北西部では[㉕　　　　　]系，南部では[㉖　　　　　]系，東部ではスラブ系の言語が話される。同じ系統の言語には似ているものが多いが，ギリシャやフィンランドのように独自の言語を使う国もある。

7 ヨーロッパの産業

① 農　業…北西部や東部では，小麦などの穀物の栽培と家畜の飼育を組み合わせた[㉗　　　　　]農業が，地中海沿岸では，乾燥する夏にオリーブやぶどうなどの果実を，降水のある冬に小麦を栽培する[㉘　　　　　]式農業が盛ん。オランダやデンマークなどでは，乳牛を飼育し牛乳や乳製品を生産する[㉙　　　　　]が盛んである。

② 工　業…18世紀以降，イギリス・フランス・ドイツを中心に近代工業が発展。特にドイツの[㉚　　　　　]工業地域では鉄鋼などの重工業が盛んであった。近年はハイテク産業や航空機産業などが成長。また，地価や人件費が安い東ヨーロッパ諸国に多くの工場が進出している。

8 EU(ヨーロッパ連合)

① あゆみ…第二次世界大戦後，戦争に対する反省と，アメリカ合衆国などの大国に対抗する必要性から，経済統合の気運が高まる。1967年にフランスなど6か国が[㉛　　　　　](ヨーロッパ共同体)を結成。その後，加盟国が増え，1993年，マーストリヒト条約が発効し13か国によるEU(ヨーロッパ連合)が成立した。本部はベルギーの首都[㉜　　　　　]に置かれる。加盟国は28か国まで増えたが，2020年1月に[㉝　　　　　]が正式に脱退した。

② 経済と生活の変化…加盟国間では輸入品に[㉞　　　　　]がかからない。国境をこえた通勤や買い物が自由であり，共通通貨[㉟　　　　　]に加盟している国では両替の必要もない。

③ 課　題…加盟国間で[㊱　　　　　]が大きく，財政不安をかかえる国に対する支援などの負担が大きい。ドイツなどでは，国外から安い労働力が入ってくることで[㊲　　　　　]者が増えるという問題も生じている。環境問題の対策では，再生可能エネルギーを利用した発電や都市では[㊳　　　　　]を導入し，自動車渋滞や大気汚染を抑えている。

⑱＿＿＿＿＿＿
⑲＿＿＿＿＿＿
⑳＿＿＿＿＿＿
㉑＿＿＿＿＿＿
㉒＿＿＿＿＿＿
㉓＿＿＿＿＿＿
㉔＿＿＿＿＿＿
㉕＿＿＿＿＿＿
㉖＿＿＿＿＿＿
㉗＿＿＿＿＿＿
㉘＿＿＿＿＿＿
㉙＿＿＿＿＿＿
㉚＿＿＿＿＿＿
㉛＿＿＿＿＿＿
㉜＿＿＿＿＿＿
㉝＿＿＿＿＿＿
㉞＿＿＿＿＿＿
㉟＿＿＿＿＿＿
㊱＿＿＿＿＿＿
㊲＿＿＿＿＿＿
㊳＿＿＿＿＿＿

第1章
第2章
第3章
第4章
テーマ別問題
総合実力テスト

Step**A** 〉 Step**B** 〉 Step**C**

重要 **1** [ヨーロッパ] ヨーロッパに関する次のA〜Cの文を読んで，あとの問いに答えなさい。

((1)〜(3)各8点，他9点×4−76点)

> A ヨーロッパの自然環境は，（　①　）山脈を境として，大きく南北に分けることができる。この（　①　）山脈より北側には，北ドイツ平原や東ヨーロッパ平原などの平原やなだらかな丘陵が広がり，a ライン川などが流れている。これらの河川は，流れが緩やかで水運に適しており，その多くが運河で結ばれている。そのため，流域を結ぶ交通路として重要な役割を果たしてきた。さらに北部のスカンディナビア半島には，氷河によって削られた谷に海水が入り込んだ（　②　）などの氷河地形が見られる。

(1)（　①　），（　②　）にあてはまる語句を答えなさい。

(2) 下線部aのような，複数の国の流域を流れ，条約によって航行の自由が認められている河川は何と呼ばれるか。漢字で答えなさい。

> B 本校ではマルタ共和国で語学研修を行っている。この国は，イタリアのシチリア島の南に位置する。

(3) マルタは，ギリシャ・イタリア・フランス・スペインなどの地中海沿岸地域と同じく地中海性気候にあたる。次の文は地中海性気候の説明をしたものであるが，bとcの｛　｝のうち，正しいものをそれぞれ選び，記号で答えなさい。

　　夏に雨がb｛**ア** 多く　**イ** 少なく｝，冬に雨が比較的c｛**ウ** 多い　**エ** 少ない｝という特徴がある。

(4) マルタの首都は，バレッタである。次の**ア**〜**エ**の都市は，バレッタと同じ緯度(北緯35°)付近に位置しているが，1つだけ誤っているものがある。その都市を選び，記号で答えなさい。

ア テヘラン　**イ** 東　京　**ウ** ラスベガス　**エ** ベルリン

> C イギリス・フランス・ドイツはヨーロッパの中で人口が多く，経済や文化においても中心的な役割を果たしている。

(5) イギリスについて述べた次の文のうち，誤っているものを1つ選び，記号で答えなさい。
ア 一年を通して降水があるので牧草がよく育ち，羊の放牧などの牧畜が盛んである。
イ 日本と同じく島国のため，陸地で国境を接している国はない。
ウ 2016年，EU離脱をめぐり国民投票が行われ，離脱に賛成する票が過半数を占めた。
エ 公用語は，ゲルマン系言語の英語である。

(6) フランスについて述べた次の文のうち，誤っているものを1つ選び，記号で答えなさい。
ア 農業がさかんで小麦の自給率は100%を大きく上回っており，小麦輸出量は世界一である。
イ 首都パリは札幌(北海道)よりも緯度が高いが，最も寒い月の平均気温は札幌よりも高い。
ウ イタリアと同じくEC発足時(1967年)の加盟国である。
エ 公用語は，ラテン系言語のフランス語である。

(7) ドイツについて述べた次の文のうち，正しいものを1つ選び，記号で答えなさい。
ア EU諸国の中心的役割を担っており，航空産業では，トゥールーズにEU各国の企業が共同で設立した航空機メーカーであるボーイング社の組み立て工場がある。

イ　農業では，南部を中心にオレンジなどの果実や小麦を栽培（さいばい）する混合農業が行われている。

ウ　自動車工業が発達しているので，世界的な自動車メーカーの本社がこの国にいくつもある。

エ　旧東ドイツ地域は，経済発展がめざましく，旧西ドイツ地域との格差は完全に解消した。

(1)	①		②		(2)		
(3)	b	c		(4)	(5)	(6)	(7)

〔近畿大附高―改〕

2 [ヨーロッパ] ヨーロッパについて，次の問いに答えなさい。 (8点×3－24点)

(1) 図1の**ア**～**エ**は，図2のA～Dのいずれかの都市の雨温図である。このうちAの都市にあてはまるものを1つ選び，記号で答えなさい。

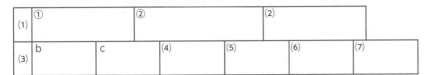
図1　(2020年版「理科年表」)

図2

(2) イタリア，フランス，オランダ，イギリスの穀類（こくるい），牛乳・乳製品，果実類の自給率(2013年)を調べ，図3にまとめた。このうちイタリアにあてはまるものを**ア**～**エ**から1つ選び，記号で答えなさい。

図3

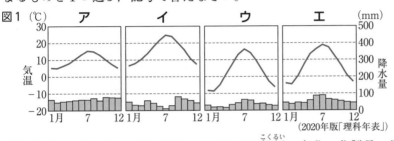

（農林水産省）

(3) ヨーロッパ州の言語と宗教の分布の特徴（とくちょう）について知るために，主な国の言語（公用語の属する言語の系統）とキリスト教の主な宗派（人口の60%以上を占（し）めるもの）について調べ，資料1を作成し，資料2にまとめた。資料2の（　①　）～（　④　）にあてはまる語の組み合わせとして正しいものを，あとの**ア**～**エ**から1つ選び，記号で答えなさい。

資料1

	スラブ語系	ラテン語系	ゲルマン語系
プロテスタント			ノルウェー スウェーデン イギリス
カトリック	ポーランド	スペイン フランス イタリア	オーストリア
正教会	ウクライナ セルビア ブルガリア	ルーマニア	

資料2

　主に地中海沿岸地域には（　①　）の信者が多く，（　②　）語系が多く分布する。スカンディナビア半島など北海周辺の地域には（　③　）の信者が多く，ゲルマン語系が多く分布する。東ヨーロッパには正教会の信者が多く，（　④　）語系が多く分布する。

ア　①正教会　②スラブ　③カトリック　④ラテン

イ　①正教会　②ラテン　③カトリック　④スラブ

ウ　①カトリック　②スラブ　③プロテスタント　④ラテン

エ　①カトリック　②ラテン　③プロテスタント　④スラブ

(1)	(2)	(3)

〔栃　木〕

27

6 ヨーロッパ②, アフリカ

Step A ＞ Step B ＞ Step C

解答▶別冊5ページ

▶次の　　に適語を入れなさい。

1 ロシア連邦とその周辺

小麦が栽培される
① 　　　　地帯

ヨーロッパとアジアを分ける
② 　　　　山脈

針葉樹林がしげる
③

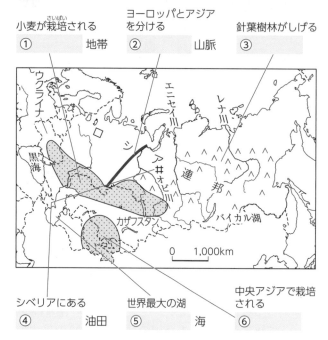

シベリアにある
④ 　　　　油田

世界最大の湖
⑤ 　　　　海

中央アジアで栽培される
⑥

2 ロシアとアフリカ諸国の輸出品

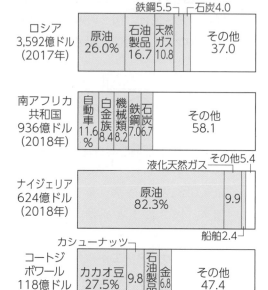

(2020/21年版「世界国勢図会」)

3 アフリカの国々

ピラミッドの遺跡がある
⑪

コーヒーの栽培が盛ん
⑫

「自由」という意味の国名
⑦

カカオの生産が1位
⑧

カカオの生産が2位
⑨

アフリカで人口が最も多い国
⑩

アパルトヘイトが長く続いた
⑬

赤道直下の国
⑭

4 アフリカの自然・地形, 地下資源

世界最長の河川
⑲ 　　　　川

台地状の地形である
⑳ 　　　　高原

世界最大の
⑮ 　　　　砂漠

砂漠化の進む
⑯

ナイジェリアに流れ込む
⑰ 　　　　川

北アフリカ・ナイジェリアで産出される
⑱

コンゴ川が流れる
㉑ 　　　　盆地

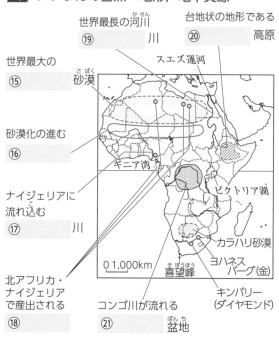

▶次の[　　]に適語を書きなさい。

5 ロシア連邦

① あらまし…[㉒　　　　　]山脈をはさんでヨーロッパとアジアにまたがる。
国土面積は世界一で，日本の約[㉓　　　　　]倍。国土の大部分が冷帯で，
シベリアには[㉔　　　　　]と呼ばれる広大な針葉樹林が広がる。かつて
は周辺の国々とともに社会主義国のソビエト連邦（ソ連）を構成していた
が，1991年に連邦は解体された。

② 産　業…南西部に広がる肥沃な土地（黒土地帯）では小麦やライ麦などを
栽培。地下資源が豊かで，[㉕　　　　　]を使ってＥＵ諸国に石油や天然
ガスを輸出している。

③ 日本との関係…近年，貿易額は増加する傾向があるが，[㉖　　　　　]の
問題が未解決のままである。

6 アフリカの自然

① 地　形…台地状の大陸で，東部には[㉗　　　　　]高原やアフリカ最高峰
のキリマンジャロ山がある。また北部には世界最大の[㉘　　　　　]砂漠
が広がっている。現在[㉘　　]砂漠の南部地域は干ばつのため，砂漠化が
進んでおり，この地域は[㉙　　　　　]といわれている。

② 気　候…赤道付近は熱帯の熱帯雨林気候と[㉚　　　　　]気候，この南北
にそれぞれ乾燥帯である[㉛　　　　　]気候と砂漠気候が広がる。さらに，
南端・北端には地中海性気候，西岸海洋性気候が見られる。

7 アフリカの産業

① 農牧業…植民地時代に開発された[㉜　　　　　]を中心として商品作物を
栽培。コートジボアールやガーナの[㉝　　　　　]，ケニアの茶や切り花
（バラ），エチオピアのコーヒー豆などは重要な輸出品となっている。北ア
フリカの乾燥地帯では，家畜とともに移動する[㉞　　　　　]が行われる。

② 地下資源…ナイジェリアの[㉟　　　　　]，ザンビアの銅などは重要な輸
出品。近年はコバルトなどの[㊱　　　　　]（希少金属）が注目されている。

8 アフリカのあゆみ

① 歴　史…16世紀以降，ヨーロッパ人により多くの人々が[㊲　　　　　]と
してアメリカ大陸に連れていかれる。その後，ほぼ全域がヨーロッパ諸国
の植民地となったが，第二次世界大戦後，多くの国々が独立。2002年に
は[㊳　　　　　]（アフリカ連合）が結成され，地域統合が進められている。

② 南アフリカ共和国…少数の白人が黒人を支配する[㊴　　　　　]（人種隔
離政策）を行ってきたが1991年に廃止された。

③ 産業・経済…特定の一次産品の生産や輸出に偏った[㊵　　　　　]経済の
状態にあるため，生産量や価格の変動による影響を受けやすく，不安定
な経済になりやすい。近年，スマートフォンの利用者の急増もあり，ケ
ニアなどでは，モバイル送金サービス（「M-PESA」）が急速に普及してい
る。

㉒
㉓
㉔
㉕
㉖
㉗
㉘
㉙
㉚
㉛
㉜
㉝
㉞
㉟
㊱
㊲
㊳
㊴
㊵

Step A　Step B　Step C

●時 間 35 分	●得 点
●合格点 75 点	点

解答▶別冊 6 ページ

重要 **1** ［アフリカの自然と産業］ 次の問いに答えなさい。なお，地図1は，緯線（いせん）と経線が直角に交わった地図であり，地図1の中のA～Dは国を，a～cは都市を，それぞれ示している。

（(2)②問題点・(4)各13点，他6点×4―50点）

(1) グラフ1の**ア**～**ウ**は，地図1のa～cのいずれかの都市の，気温と降水量を示したものである。グラフ1の**ア**～**ウ**の中から，aの都市の，気温と降水量を示したものを1つ選び，記号で答えなさい。

グラフ1

ア
イ
ウ
(℃)
(mm)
気温
降水量
30
20
10
0
−10
−20
500
400
300
200
100
0
1月
7
12

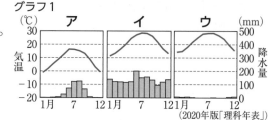

（2020年版「理科年表」）

(2) グラフ2は，近年のA～Dの，輸出総額に占（し）める品目別の輸出額の割合を示している。グラフ3は，2000年から2016年における，原油，銅，カカオ豆の国際価格の推移を，2000年を100として示している。このことに関する①，②の問いに答えなさい。

地図1

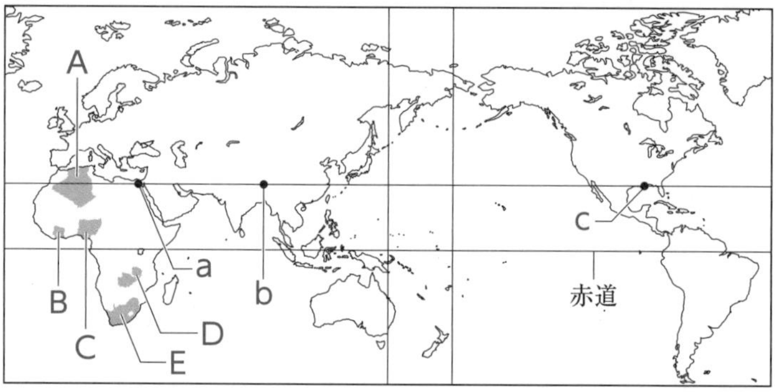

A
B
C
D
E
a
b
c
赤道

①グラフ2のBにあたる国を，次の**ア**～**エ**の中から1つ選び，記号で答えなさい。

ア　アルジェリア　　**イ**　ザンビア

ウ　ナイジェリア　　**エ**　コートジボワール

グラフ2

A
(2017年)
原油
天然ガス
石油製品
その他
B
(2018年)
カカオ豆
野菜・果実
石油製品
その他
C
(2018年)
原油
その他
液化天然ガス
船舶
D
(2018年)
銅
その他
0
100%

（2020/21年版「世界国勢図会」）

記述 ②グラフ2から，近年のA～Dは，特定の鉱産資源や農産物の輸出が多いことがわかる。このような，特定の鉱産資源や農産物の輸出に頼（たよ）る経済は何と呼ばれるか。その名称（めいしょう）を書きなさい。また，このような経済によって生じる，その国の国家財政における問題点を，グラフ3からわかることに関連づけて，簡単に書きなさい。

グラフ3

500
400
300
200
100
0
銅
原油
カカオ豆
2000
05
10
15
16
(年)

（2020年版「世界の統計」）

(3) 地図中Eの国は，レアメタルと呼ばれる他の地域では産出量の少ない金属を多く産出している。一般（いっぱん）にレアメタルと呼ばれないものはどれか。次の**ア**～**オ**から1つ選び，記号で答えなさい。

ア　白　金　　**イ**　クロム　　**ウ**　バナジウム　　**エ**　鉛（なまり）　　**オ**　マンガン

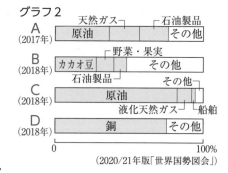

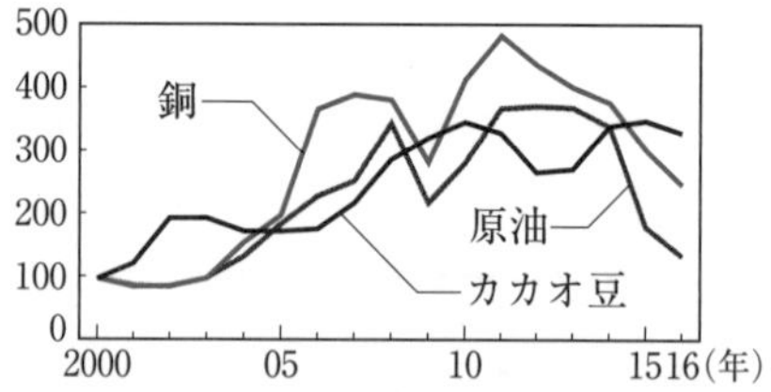

記述 (4) アフリカのほとんどの地域は，19世紀末までに，ヨーロッパの植民地となった。第二次世界大戦後に，その多くは独立したが，国境線は，植民地時代に引かれた境界線をそのまま使っているところが多い。多くの民族が暮（く）らしているアフリカで，独立後も，各地で民族間の対立が続いている理由を，植民地時代の境界線の引かれ方に関連づけて，簡単に書きなさい。

Step **B**

第1章
第2章
第3章
第4章
テーマ別編
総合実力テスト

(1)		(2)	①		名称		問題点
			②				

| (4) | | | | | | (3) | |

〔静岡—改〕

2 [ロシア連邦とまわりの国々] あとの問いに答えなさい。　(5点×2—10点)

(1) 地図中の**A〜D**は，ロシア連邦とまわりの国々の主な工業地域を示している。次の文で述べている地域はどこか。**A〜D**から1つ選び，記号で答えなさい。

> この地域は，豊かな森林，鉱産資源に恵まれている。バム鉄道の建設や炭田・油田などの開発により，ハバロフスクの周辺には工業地域が形成されている。

(2) 地図中の**ア〜エ**は，じゃがいも地域，綿花地域，森林地域，放牧地のいずれかを示している。地図中の**ア〜エ**のうち，じゃがいもの生産地域はどこか。1つ選び，記号を答えなさい。

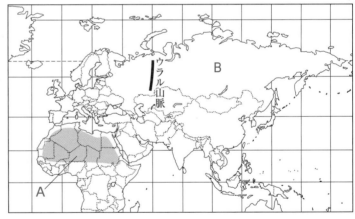

(1)	(2)

〔岩手—改〕

3 [北アフリカ・シベリア] 次の地図を見て，あとの問いに答えなさい。　(8点×5—40点)

(1) 地図中の**A**について，次の問いに答えなさい。

① **A**は，アフリカ大陸の北部に広がる世界最大の砂漠である。この地域の南側は何と呼ばれているか，答えなさい。

② この地域に居住する人々の多くが信仰する宗教は何か。

③ ②の宗教の説明として正しいものを，次の**ア〜エ**から1つ選び，記号で答えなさい。

ア 神の使いである牛は神聖な動物であり，その肉を食べることは固く禁じられている。

イ 豚肉や豚からとったスープを食べることは固く禁じられ，また，多くの国では酒を飲むことも認められていない。

ウ バチカン市国にあるサン＝ピエトロ寺院を総本山とし，12億人以上の信者がいる。

エ 紀元前5世紀ころに生まれたとされ，世界三大宗教の中で最も古い宗教である。

(2) 地図中の**B**について，次の問いに答えなさい。

① **B**の，ウラル山脈の東側に広がるシベリア地方で見られる針葉樹の森林を何というか。

② シベリア地方の北部は，北極海に面し，地下には永久凍土がある。この夏だけ地表の雪や氷がとけて，草やこけ類などが育つ地域を何というか，答えなさい。　〔帝塚山学院泉ヶ丘高—改〕

	①	②	③		①	②
(1)				(2)		

Step A 〉 Step B 〉 Step C-②

●時　間 35分　　●得　点
●合格点 75点　　　　　　点

解答▶別冊6ページ

1 アフリカに関する次の文章を読み，あとの問いに答えなさい。　((1)(2)(5)各8点，他9点×4−60点)

　　アフリカ大陸の北西部には，ａ東西に続く山脈(図1中のA)がある。また，アフリカ大陸北東部には，ｂ世界的に有数な長さを誇る河川(図1中のB)が流れている。
　　アフリカでは，鉱産資源に恵まれており，金や銅，ダイヤモンドなどが採掘され，ｃさまざまな国に輸出されている。また，農作物においても，カカオや茶，コーヒー豆などが輸出用の作物として栽培され，その国の経済を支えている。また，アフリカの多くの国は，かつてｄヨーロッパ諸国の植民地であった影響で，現在でも多くの国でさまざまな言語が話されている。

(1) 図1中の経線ア〜カのうち，経度0度の線(本初子午線)はどれか，1つ選び，記号で答えなさい。

(2) 下線部ａの山脈名を答えなさい。

(3) 下線部ｂの河川名を答えなさい。

(4) 図1中の3つの都市(ケープタウン・ダルエスサラーム・カイロ)は，図2の3つの雨温図C〜Eのいずれかに該当する。組み合わせとして正しいものを，次のア〜カから1つ選び，記号で答えなさい。

	ア	イ	ウ	エ	オ	カ
ケープタウン	C	C	D	D	E	E
ダルエスサラーム	D	E	C	E	C	D
カイロ	E	D	E	C	D	C

図1

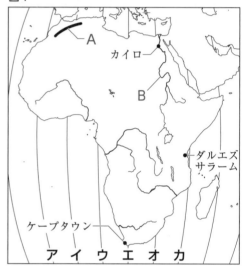

(5) 下線部ｃにおいて，次の図3のF〜Hは，ケニア，ザンビア，ナイジェリアの主要輸出品上位5つを示したものである。それぞれに該当する組み合わせとして正しいものを，次のア〜カから1つ選び，記号で答えなさい。

図2

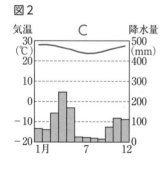

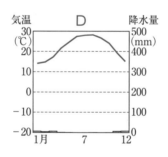

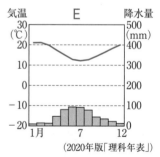

(2020年版「理科年表」)

図3

F	G	H
原油	茶	銅
液化天然ガス	野菜と果実	化学薬品
船舶	切り花	切手
石油ガス	石油製品	機械類
液化石油ガス	衣類	金属製品

(2018年)　　(2020年版「データブック オブ・ザ・ワールド」)

	ア	イ	ウ	エ	オ	カ
ケニア	F	F	G	G	H	H
ザンビア	G	H	F	H	F	G
ナイジェリア	H	G	H	F	G	F

(6) 下線部 d において，コンゴ民主共和国は1914年時点でどこの国の植民地であったか，答えなさい。

(7) 下線部 d と関連して，1914年時点で独立していた国で右の国旗の国を答えなさい。

（※印刷の都合上，ここでは赤白黒となっている）

(1)	(2)	(3)	(4)
(5)	(6)	(7)	

〔大阪教育大附高（池田）〕

要 **2** 中華人民共和国(中国)とインドについて，あとの問いに答えなさい。 (8点×5−40点)

(1) 図1の**ア〜ク**のうち，両国の首都の位置を示しているものはどれか，それぞれ1つずつ選び，記号で答えなさい。

(2) 中国とインドでは，さまざまな家畜・農作物が生産されている。次の問いに答えなさい。

①表1は羊・豚・牛の頭数上位5か国を示している。A〜Cにあてはまる組み合わせとして正しいものはどれか，次の**ア〜カ**から1つ選び，記号で答えなさい。

ア [A 羊　B 豚　C 牛]
イ [A 羊　B 牛　C 豚]
ウ [A 豚　B 羊　C 牛]
エ [A 豚　B 牛　C 羊]
オ [A 牛　B 羊　C 豚]
カ [A 牛　B 豚　C 羊]

②図1の 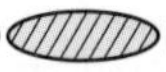 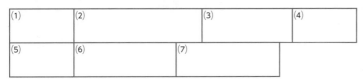 は，ある農作物の栽培が盛んな地域を示している。この農作物の名称として正しいものはどれか，次の**ア〜エ**から1つ選び，記号で答えなさい。

ア さとうきび　**イ** 綿花
ウ バナナ　**エ** 茶

③表2は，さとうきび・綿花・バナナ・茶のいずれかの農作物量上位5か国と生産量世界合計を示したものである。②で選んだ農作物を示したものはどれか，**ア〜エ**から1つ選び，記号で答えなさい。

図1

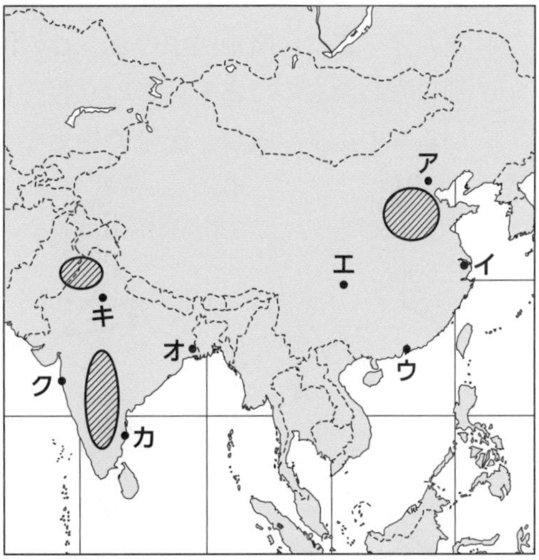

表1

	1位	2位	3位	4位	5位
A	中国	オーストラリア	インド	ナイジェリア	スーダン
B	ブラジル	インド	アメリカ合衆国	中国	エチオピア
C	中国	アメリカ合衆国	ブラジル	スペイン	ベトナム

(2018年) (2020/21年版「世界国勢図会」)

表2

	1位	2位	3位	4位	5位	生産量世界合計(万t)
ア	中国	インド	ケニア	スリランカ	トルコ	633.8
イ	ブラジル	インド	中国	タイ	パキスタン	190,702.5
ウ	インド	中国	インドネシア	ブラジル	エクアドル	11,573.8
エ	中国	インド	アメリカ合衆国	パキスタン	ブラジル	2,419.1

(2018年) (2020/21年版「世界国勢図会」)

(1)	中国	インド	(2)	①	②	③

〔市川高（千葉）一改〕

Step A 〉 Step B 〉 Step C-③

●時 間 35分　●得 点

●合格点 75点　　　　　点

解答▶別冊6ページ

重要 **1** 次の略地図や資料を見て，あとの問いに答えなさい。

((3)10点×2，他6点×5−50点)

(1) 略地図中のXは，経度0度の線を表している。この線を何というか，答えなさい。

(2) 略地図中のノルウェーやフィンランドなどの緯度（いど）の高い地域では，太陽が沈（しず）まない時期や，太陽が沈んだ後も明るい夜が続く時期がある。この現象を何というか，答えなさい。

記述 (3) 資料1は，略地図中のローマと，東京の雨温図を表したものである。ローマと東京は同じ温帯に属しているが，気候の特徴（とくちょう）は異なっている。ローマの気候名と気候の特徴を，資料1を参考にして書きなさい。

(4) 次のア～エは，略地図中のa～dの国の食料自給率を品目別に表したものである。このうち，cの国について表しているものを1つ選び，記号で答えなさい。

略地図

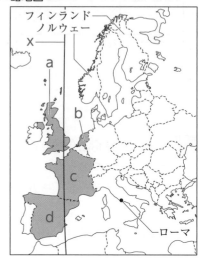

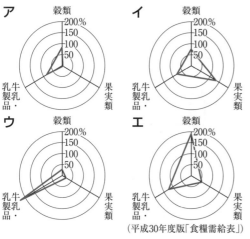

(平成30年度版「食糧需給表」)

資料1

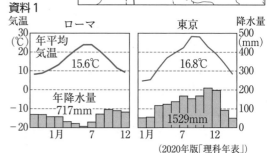

(2020年版「理科年表」)

資料2

3万ドル以上の国		2万ドル以上～3万ドル未満の国		1万ドル以上～2万ドル未満の国	
ルクセンブルク	74,768	キプロス	27,940	スロバキア	19,120
デンマーク	62,659	スロベニア	25,595	リトアニア	18,470
アイルランド	62,295	ポルトガル	22,961	ラトビア	17,544
スウェーデン	56,632	エストニア	22,806	ハンガリー	15,612
オランダ	54,115	チェコ	21,711	ポーランド	14,791
オーストリア	51,090	ギリシャ	20,604	クロアチア	14,023
フィンランド	50,301			ルーマニア	12,026
ドイツ	48,843			1万ドル未満の国	
ベルギー	47,597			ブルガリア	9,475
フランス	42,289				
イタリア	34,762				
スペイン	30,474				
マルタ	30,300				

(2018年)　　　(2020/21年版「世界国勢図会」)

(5) ヨーロッパでは，1993年にヨーロッパ連合(EU)が発足した。次の問いに答えなさい。

① EUで使われている共通通貨を何というか，答えなさい。

記述 ② 資料2は，EU加盟国1人あたりの国民総所得(GNI)をまとめたものである。この資料から読み取ることができる，EUの抱（かか）える課題を書きなさい。

(1)		(2)	
(3)	気候名		特徴
(4)		(5) ①	②

〔青森一改〕

要 **2** 次の文章と地図について，あとの問いに答えなさい。

A この国は，ₐゲルマン語系言語を使用している。総人口はヨーロッパ諸国で最も多い。一部をD国との国境としているライン川の水運と炭田を利用して，ルール地方を中心に工業が発達した。

B この国は，国土の中央部をペニン山脈が走り，暖流の影響で冬でも温暖な気候である。西部に位置する港町のリバプールは，貿易港として発展してきた。

C この国は，ベルギーやルクセンブルクとともにベネルクス三国と呼ばれている。この国にはライン川河口が位置し，ヨーロッパ最大の貿易港であるユーロポートが建設された。

D この国の，小麦の生産や輸出は世界的にも上位に位置し，ₓEU加盟国の中で最大の農業国である。工業では国際分業による航空機生産が行われており，この国では各国から送られてきた部品の組み立てを（　あ　）で行っている。

E この国は，主に南部で꜀乾燥して暑い夏と雨が多くて温暖な冬の気候を利用してぶどうやオリーブの生産が盛んである。北部ではミラノやジェノバなどで工業の発達が見られる。

(1) A〜Eの文章は，EUに現在加盟している4か国と近年，脱退したある国について述べた文章である。A〜Eの国を地図中の**ア〜コ**から選び，それぞれ記号で答えなさい。

(2) 下線部aについて，ゲルマン語系言語に属さないものを，次の**ア〜エ**から1つ選び，記号で答えなさい。

　　ア　スウェーデン語　　**イ**　ノルウェー語
　　ウ　スペイン語　　　　**エ**　デンマーク語

(3) 下線部bに関して，次の問いに答えなさい。

　①EU加盟国間でできることとして誤っているものを，次の**ア〜エ**から1つ選び，記号で答えなさい。

　　ア　多くの国では国境を原則自由に通過することができる。

　　イ　他国の銀行へ自由に預金ができる。

　　ウ　他国の大学の授業を受けても卒業資格がとれる。

　　エ　他国の食料品を輸入する際，自由に関税をかけることができる。

　②EU諸国の多くは，環境問題の解決に積極的で，さまざまな取り組みを行っている。このことについて述べた文として下線部が誤っているものを，次の**ア〜エ**から1つ選び，記号で答えなさい。

　　ア　市の中心部への自動車の乗り入れを規制する<u>パークアンドライド方式</u>を採用している。

　　イ　自転車専用道路を整備し，<u>自転車を利用しやすくして排出ガスの削減</u>を図っている。

　　ウ　環境問題への対策として，<u>貿易風を利用した風力発電</u>に力を入れている。

　　エ　自動車から排出される<u>硫黄酸化物や窒素酸化物を規制し，酸性雨の防止</u>に努めている。

(4) 下線部cについて，このような農業形態を何というか答えなさい。

(5) Dの文章の（あ）にあてはまる都市名を答えなさい。

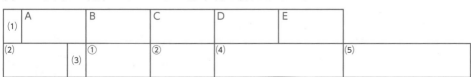

(1)	A	B	C	D	E

(2)		(3)	①	②	(4)		(5)	

〔青雲高一改〕

7 北アメリカ

Step A ▶ Step B ▶ Step C

解答▶別冊7ページ

▶次の　　　に適語を入れなさい。

1 北アメリカの自然

高くてけわしい
① 　　　　山脈

カナダとの国境
にある
⑤

低くてなだらかな
⑥ 　　　　山脈

台地状の平原で
ある
②

広大な草原地帯
である
③

中央低地を流れる
④ 　　　　川

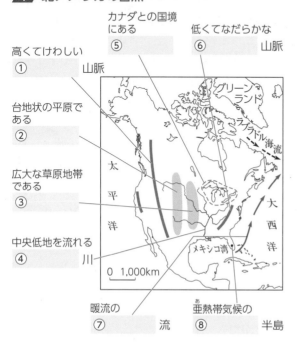

暖流の
⑦ 　　　　流

亜熱帯気候の
⑧ 　　　　半島

2 アメリカ合衆国の農業

春に種をまく
⑨ 　　　　地帯

主に家畜の飼料になる
⑪ 　　　　地帯

プレーリーで栽培される
⑩ 　　　　地帯

乳牛の飼育が盛んな
⑫ 　　　　地帯

放牧
(かんがい農業地帯)

綿花地帯
(コットンベルト)

亜熱帯作物地帯
パイナップル

オレンジ・ぶどう
などを栽培する
⑬ 　　　　地帯

大都市周辺で行われる
⑭ 　　　　地帯

3 アメリカ合衆国の工業

シリコンバレーがある
⑮

自動車工業が盛んな
⑰

鉄鉱石の産地である
⑯ 　　　　鉄山

鉄鋼業が盛んな
⑱

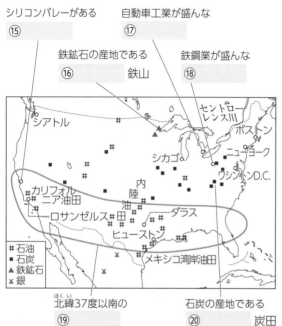

シアトル

セントロー
レンス川

ボストン

ニューヨーク

シカゴ

内陸
油田

ワシントンD.C.

カリフォル
ニア油田

ロサンゼルス

ダラス

ヒューストン

メキシコ湾岸油田

石油
石炭
鉄鉱石
銀

北緯37度以南の
⑲

石炭の産地である
⑳ 　　　　炭田

4 北アメリカの農業生産物に占める割合

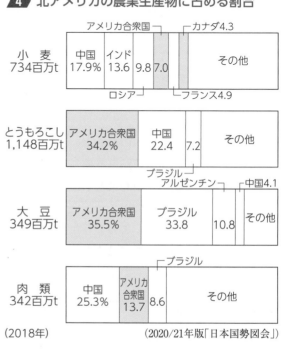

小　麦
734百万t

アメリカ合衆国				カナダ4.3	
中国 17.9%	インド 13.6	9.8	7.0		その他
	ロシア			フランス4.9	

とうもろこし
1,148百万t

| アメリカ合衆国 34.2% | 中国 22.4 | 7.2 | その他 |
| | | ブラジル | |

大　豆
349百万t

| | | アルゼンチン | 中国4.1 |
| アメリカ合衆国 35.5% | ブラジル 33.8 | 10.8 | その他 |

肉　類
342百万t

| | | ブラジル | |
| 中国 25.3% | アメリカ合衆国 13.7 | 8.6 | その他 |

(2018年)

(2020/21年版「日本国勢図会」)

▶次の[　　]に適語を書きなさい。

5 北アメリカの自然と住民

① **地　形**…西部には高くてけわしい[㉑　　　　]山脈があり，東部には低くてなだらかな[㉒　　　　]山脈がある。中央部では[㉓　　　　]川が南へ流れメキシコ湾へ注ぎ込む。[㉓]川の流域には中央平原が広がり，その西側には[㉔　　　　]と呼ばれる豊かな土壌の地域が，さらにその西側には[㉕　　　　]と呼ばれる大平原が広がる。

② **気　候**…熱帯から寒帯までさまざまな気候が見られる。西インド諸島やメキシコ湾沿岸では[㉖　　　　]がしばしば発生し，風水害にみまわれる。

③ **住　民**…先住民の[㉗　　　　]，16世紀以降に移民としてやってきたヨーロッパ系の人々，先祖が奴隷として連れてこられたアフリカ系の人々，20世紀以降に増えたアジア系の人々など，多くの人種や民族が住む。近年は[㉘　　　　]と呼ばれる中南米出身のスペイン語系の人々が急増。

6 アメリカ合衆国の農業

① **特　色**…土地や気候に適した作物を大量に栽培する[㉙　　　　]が進む。広大な農地を大型機械を使って耕作する企業的大規模経営の農家が多い。

② **農業地域**…中央平原やプレーリーでは[㉚　　　　]やとうもろこしの生産が盛ん。グレートプレーンズでは回転式のスプリンクラーを用いた[㉛　　　　]方式によるかんがい農業が行われるほか，肉牛の放牧も盛んで，出荷前の牛を[㉜　　　　]と呼ばれる大規模な飼育場に集め，栄養価の高いえさを与えて肉質を良くしてから出荷する。温暖な南部では[㉝　　　　]の栽培が，五大湖沿岸では酪農が盛んである。

7 アメリカ合衆国の鉱工業

① **鉱産資源**…五大湖西岸のメサビなどでは[㉞　　　　]，アパラチア炭田では石炭，カリフォルニア州やメキシコ湾岸では石油が産出される。近年は，天然ガスの一種である[㉟　　　　]が注目されている。

② **工業地域**…五大湖周辺では重工業が発展し，[㊱　　　　]は鉄鋼業の中心地，[㊲　　　　]は自動車工業の中心地として発展した。近年はドイツやアジア諸国との競争の激化で苦しい立場に置かれている。

③ **新しい工業地域**…北緯37度以南は，安価で広い土地と豊富な労働力を求めて多くの企業が進出し，[㊳　　　　]と呼ばれる工業地域に。サンノゼ郊外の[㊴　　　　]と呼ばれる地域には先端産業の企業が多く集まる。

8 世界との結びつき

① **アメリカの文化**…大量生産・大量消費の生活と文化はアメリカ合衆国から世界に広がる。世界各地で事業を展開する[㊵　　　　]企業も多い。

② **他国との結びつき**…アメリカ合衆国・カナダ・メキシコの３か国はNAFTA（北米自由貿易協定）の再交渉により生まれた[㊶　　　　]（米国・メキシコ・カナダ協定）により経済的な結びつきを強めている。

㉑ _____

㉒ _____

㉓ _____

㉔ _____

㉕ _____

㉖ _____

㉗ _____

㉘ _____

㉙ _____

㉚ _____

㉛ _____

㉜ _____

㉝ _____

㉞ _____

㉟ _____

㊱ _____

㊲ _____

㊳ _____

㊴ _____

㊵ _____

㊶ _____

Step A ▶ Step B ▶ Step C

●時　間 35分　●得　点

●合格点 75点　　　　点

解答▶別冊7ページ

重要 1 [アメリカ合衆国の移民・産業] 次の問いに答えなさい。 (5点×8－40点)

(1) 日本の国土の南北の範囲とおよそ同緯度の範囲を表すものとして最も適切なものを，略地図中のア～エから1つ選び，記号で答えなさい。

(2) 略地図中の主に◯で発生し，西インド諸島，メキシコ湾岸から大西洋沿岸をおそう熱帯低気圧を何というか，答えなさい。

(3) 資料1は，カナダ，アメリカ合衆国，メキシコ，日本の各国の人口，穀物自給率，1人あたりの国民総所得を表している。このうち，カナダと日本について表しているものを，資料1中のア～エの中からそれぞれ1つ選び，その記号を答えなさい。

(4) 略地図中のアメリカ合衆国について，次の問いに答えよ。

① アメリカ合衆国に，メキシコなどからやってきたスペイン語を話す移民を何というか。

② 略地図中のX―Yの断面を模式的に表すものとして最も適切なものを，次のa～dの中から1つ選び，記号で答えなさい。

略地図

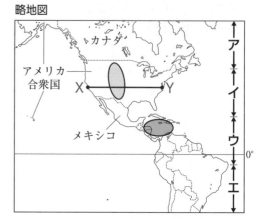

資料1

	人口 (万人)(2020年)	穀物自給率 (％)(2017年)	1人あたりの 国民総所得(ドル) (2018年)
ア	33,100	118	63,704
イ	3,774	179	45,598
ウ	12,648	31	40,529
エ	12,893	70	9,466

(2020/21年版「世界国勢図会」)

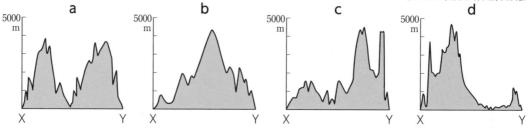

③ アメリカ合衆国の，ほぼ北緯37度より南にある温暖な地域は，コンピュータなどのハイテク(先端技術)産業やインターネットに関連した情報技術産業などが発達している。このような地域を何というか，カタカナ5字で答えなさい。

資料2

④ 資料2は，略地図中の◯のグレートプレーンズで行われている，センターピボット方式の大規模なかんがい農業のようすを表している。資料2を参考にして，この農業の特色について，答えなさい。

(1)	(2)		(3)	カナダ	日本	(4)	①
②	③		④				

〔青森―改〕

2 [自然と産業] 北アメリカの自然や社会について，次の問いに答えなさい。 (5点×12－60点)

(1) 図中の都市A～Cのうち，次の説明文に該当するものを1つ選び，記号で答えなさい。また，あわせて都市名を答えなさい。

> 『かつては，アジアとヨーロッパを結ぶ重要な航空路の中継地として栄えていた。現在では，その役割はほとんどなくなっている。』

(2) 次の写真は，アメリカ合衆国を流れる河川付近に設置されている標識である。この河川に該当するものを，ア～エから1つ選びなさい。

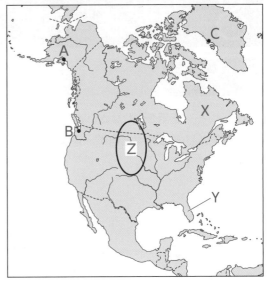

ア テネシー川　　イ リオグランデ川
ウ ミシシッピ川　エ コロンビア川

(3) 地図中のX・Yの半島名を，それぞれ答えよ。あわせて，それぞれの半島に見られる産業を示す最も適切な語句を，ア～カから1つずつ選び，記号で答えなさい。
ア 石炭　イ 宇宙開発　ウ 抑制栽培
エ 鉄鉱石　オ 自動車　カ 遺伝子組換え

(4) 北アメリカの先住民や民族について述べた文として誤っているものを，ア～エから1つ選べ。
ア エスキモーとかつて呼ばれたイヌイットは，現在，定住生活を送る人々が増えてきている。
イ アメリカインディアン（ネイティブアメリカン）と呼ばれる人々は，アジアに起源をもつとされている。
ウ ヒスパニックと呼ばれる移民たちは，人類のるつぼといわれるアメリカ社会で混血が進む原因となっている。
エ カナダのケベック州では，フランス系住民の割合が高く，かつてカナダからの分離独立を目指す動きも見られた。

(5) アメリカ合衆国のアグリビジネスのうち，特に種子の販売や家畜の飼育，農業機械開発などのさまざまな分野に業務を広げて穀物市場を支配している企業を何というか，答えなさい。

(6) アメリカ合衆国の鉱工業について述べた文中の空欄にあてはまる語や数字を答えなさい。

　メサビの鉄鉱石や（　①　）山脈付近の石炭などの豊富な資源，五大湖水運などを背景にして重化学工業が発達した。特にペンシルベニア州の（　②　）は鉄鋼業が発達して「鉄の町」と言われていたが，現在はハイテクの町へと転換した。近年は北緯（　③　）度以南の地域での先端技術産業の集積が特に目立つ。

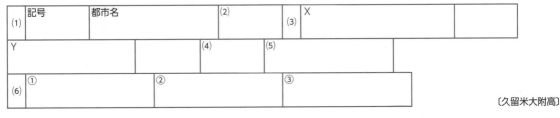

〔久留米大附高〕

8 南アメリカ，オセアニア

Step A ▶ Step B ▶ Step C

解答▶別冊8ページ

▶次の　　　　に適語を入れなさい。

1 南アメリカの国々と自然・産業

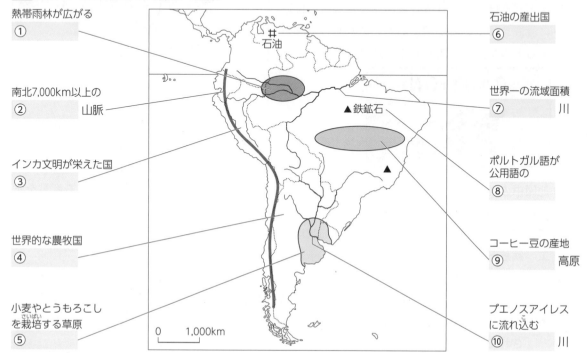

熱帯雨林が広がる
①

南北7,000km以上の
②　　　　　山脈

インカ文明が栄えた国
③

世界的な農牧国
④

小麦やとうもろこし
を栽培(さいばい)する草原
⑤

石油の産出国
⑥

世界一の流域面積
⑦　　　　　川

ポルトガル語が
公用語の
⑧

コーヒー豆の産地
⑨　　　　　高原

ブエノスアイレス
に流れ込む
⑩　　　　　川

〇井 石油
▲鉄鉱石

0　1,000km

2 アンデス地方のくらし

高地の生活で
着脱(ちゃくだつ)に便利な
⑪

家畜(かちく)として飼育される
⑫

荷物の運搬(うんぱん)に使う
⑬

3 オセアニアのあらまし

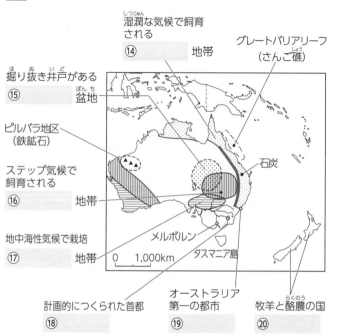

湿潤(しつじゅん)な気候で飼育
される
⑭　　　　　地帯

グレートバリアリーフ
(さんご礁(しょう))

掘(ほ)り抜(ぬ)き井戸(いど)がある
⑮　　　　　盆地(ぼんち)

ピルバラ地区
(鉄鉱石)

ステップ気候で
飼育される
⑯　　　　　地帯

地中海性気候で栽培
⑰　　　　　地帯

石炭

メルボルン

0　1,000km

タスマニア島

計画的につくられた首都
⑱

オーストラリア
第一の都市
⑲

牧羊と酪農(らくのう)の国
⑳

▶次の[ ]に適語を書きなさい。

4 南アメリカの自然

① 地　形…西側には高くてけわしい[㉑　　　]山脈が南北に走る。中央部には流域面積世界一の[㉒　　　]川が流れ，東部にはなだらかなブラジル高原が広がる。

② 気　候…熱帯の地域が多く，[㉒]川流域には世界最大の熱帯林が広がる。標高の高いアンデス山脈中の都市は，温和な[㉓　　　]気候である。

③ 住　民…16世紀以降に進出した[㉔　　　]人やポルトガル人の子孫，先住民のインディオ，白人とインディオの混血であるメスチーソと呼ばれる人々，先祖が奴隷(どれい)として連れてこられたアフリカ系の人々など，さまざまな人種や民族が共存してくらしている。日本からの移民とその子孫である[㉕　　　]も多く，ブラジルには約160万人いるといわれる。

5 南アメリカの産業

① 農　業…ブラジルは，かつては[㉖　　　]豆の輸出(たよ)に頼るモノカルチャー経済であったが，現在は大豆やさとうきびの生産も盛(さか)ん。アルゼンチンのラプラタ川下流域に広がる[㉗　　　]と呼ばれる大草原では，小麦やとうもろこしの生産と肉牛の飼育が盛んである。

② 鉱産資源…ブラジルは世界有数の[㉘　　　]の産出国。ベネズエラは産油国で，OPEC(石油輸出国機構)に加盟している。ボリビアはすず，チリは[㉙　　　]の産出・輸出国として知られる。

6 オセアニア

① 地域区分…オーストラリアとその周辺の島々。ニュージーランドと太平洋の島々は，ミクロネシア・メラネシア・[㉚　　　]に区分される。オーストラリアは安定した大陸であるが，ニュージーランドやパプアニューギニアは火山や地震(じしん)が多く，太平洋にはさんご礁(しょう)の島々が多い。

② 住　民…オーストラリアとニュージーランドは，主にイギリス系の人々により開拓(かいたく)された。オーストラリアの先住民は[㉛　　　]，ニュージーランドの先住民は[㉜　　　]で，近年はその文化が尊重されている。

③ 農牧業…オーストラリアのうち，降水量の多い北部や東部では牧牛が，南部の温帯の地域では小麦の栽培(さいばい)と[㉝　　　]が盛ん。ニュージーランドでは酪農(らくのう)と小麦などの栽培，[㉝]が盛んで，乳製品と肉類の輸出国となっている。

④ 鉱産資源…オーストラリアの北東部では[㉞　　　]が，北西部では鉄鉱石が多く産出される。近年は天然ガスの産出が多い。資源の多くは日本や中国などアジア諸国へ輸出される。

⑤ オーストラリアの社会…1970年まではヨーロッパ以外からの移民を制限する[㉟　　　]主義がとられていたが，現在はアジアからの移民が急増しており，先住民も含(ふく)めた[㊱　　　]社会の形成がめざされている。

㉑ ____　㉒ ____　㉓ ____　㉔ ____　㉕ ____　㉖ ____　㉗ ____　㉘ ____　㉙ ____　㉚ ____　㉛ ____　㉜ ____　㉝ ____　㉞ ____　㉟ ____　㊱ ____

Step A 〉 Step B 〉 Step C

重要 1 [南アメリカの自然と産業] 次の図を見て，さらに南アメリカに関する文章を読み，あとの問いに答えなさい。

(8点×8−64点)

　　南アメリカ大陸は，日本から見て地球の反対側にある大陸です。a 南アメリカ大陸の太平洋側には，6,000 m をこえる高い山々（図中のⅠ）が南北に続いています。また，南アメリカ大陸には，b 世界的に有数の長さを誇り，流域面積が世界最大の川（図中のⅡ）が流れています。この川流域の一部の地域では，c 森林や草原を焼きはらい，その灰を肥料として作物を栽培する農業が営まれています。

　　南アメリカには，インカ帝国などのさまざまな文明が栄えていましたが，ヨーロッパの人々が進出し，ヨーロッパの文化を南アメリカにもちこみました。そのため，d 現在でも多くの国でさまざまな言語が話されています。

(1) 図中の緯線 A〜D のうち，赤道はどれか，記号で答えなさい。

(2) 下線部 a の山脈名を答えなさい。

(3) 下線部 b の河川名を答えなさい。

(4) 下線部 c の農業名を答えなさい。

(5) 下線部 d において，現在のブラジルの公用語を，次のア〜エから1つ選び，記号で答えなさい。
　　ア　英　語　　　イ　スペイン語
　　ウ　フランス語　　エ　ポルトガル語

(6) 現在のブラジルの首都の位置を図中のア〜エから1つ記号で選び，さらにその首都名を答えなさい。

図

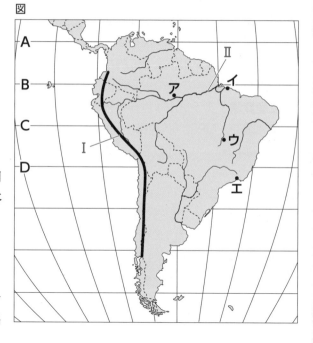

(7) ブラジルにおいて，さとうきびの生産量や収穫面積がともに20年前より増加している。その理由の1つとして，さとうきびを原料とする砂糖の需要拡大があげられるが，それ以外の理由を「ガソリン」という用語を必ず用いて説明しなさい。

(1)	(2)		(3)		(4)	
(5)		位置		首都名		
(6)						
(7)						

〔大阪教育大附高（池田）一改〕

2 [オセアニアの自然や社会] 次の地図を見てあとの問いに答えなさい。

（4点×9−36点）

(1) 地図中A〜Cの地域で多く採（と）れる資源の正しい組み合わせを，表1の**ア〜カ**から1つ選びなさい。

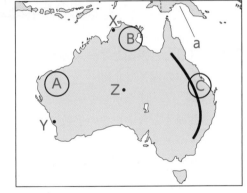

表1

	ア	イ	ウ
A	石炭	石炭	ボーキサイト
B	ボーキサイト	鉄鉱石	石炭
C	鉄鉱石	ボーキサイト	鉄鉱石

	エ	オ	カ
A	ボーキサイト	鉄鉱石	鉄鉱石
B	鉄鉱石	石炭	ボーキサイト
C	石炭	ボーキサイト	石炭

(2) 地図中aの島の西には，アジアとオセアニアの境界がある。この島に領土をもつアジアの国名を答えなさい。

(3) 右の**ア〜エ**は，地図中のX・Y地点とブエノスアイレス，ローマのいずれかの雨温図である。このうち，地点Yの雨温図として最も適切なものを1つ選び，記号で答えなさい。

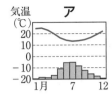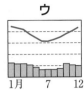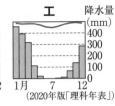

（2020年版「理科年表」）

(4) 地図中Z付近には，通称「地球のへそ」といわれる先住民族の聖地がある。この聖地と先住民族の名称を答えなさい。

(5) オセアニアの島々のくらしについて述べた文のうち正しいものを，**ア〜エ**から1つ選びなさい。

ア トンガでは日本向けのカボチャの生産が盛（さか）んであるが，近年はニュージーランドやメキシコなどとの競争が激しく，カボチャのみに依（い）存してきた農業の形態を見直す時期にきている。

イ ニュージーランドはオーストラリアと同様に多文化主義を採用しているが，公用語を英語に限定している。これは，居住する移民の母国語が多すぎて選定が難しいためである。

ウ 日付変更線（ひづけへんこうせん）より西，赤道よりも南の島々をメラネシアというが，これは「黒い島々」という意味である。ハワイ諸島やツバル，ナウルなどがこの島々に含（ふく）まれている。

エ さんご礁（しょう）からなる島々では，大型のリゾート開発が進んでおり，アジアからの観光客が増加している。大きな港湾（こうわん）の整備も進み，大型クルーズ船の寄港も年々増加している。

(6) 表2は，オーストラリアの貿易相手国（輸出入総額）・輸出品・輸入品の変化についてまとめたものである。空欄（くうらん）Xにあてはまる国名，およびA・Bにあてはまる品目名をそれぞれ答えなさい。

表2

	1960年				2017年（貿易相手国は2018年）		
	第1位	第2位	第3位		第1位	第2位	第3位
貿易相手国	イギリス	アメリカ合衆国	日本	→	X	日本	アメリカ合衆国
輸出品	A	小麦	肉類		鉄鉱石	石炭	液化天然ガス
輸入品	B	自動車	石油		B	自動車	石油製品

（2020/21年版「世界国勢図会」など）

(1)	(2)	(3)	(4) 聖地	先住民族

(5)	(6) X	A	B	

〔久留米大附高〕

Step **A** 〉 Step **B** 〉 Step **C**-④

●時　間 35分　　●得　点
●合格点 75点　　　　　　点

解答▶別冊8ページ

重要 **1** アメリカ合衆国とオーストラリアに関して，あとの問いに答えなさい。　(5点×10－50点)

(1) 図1中の線Xは北緯□□□度，図2中の線Yは南緯□□□度を示している。□□□にあてはまる共通する数字を5の倍数で答えなさい。

(2) 図1中のニューオーリンズは線P（西経90度線），図2中のパースは線Q（東経120度線）を標準時子午線としている。ニューオーリンズが2月7日の14時のとき，パースの日時を答えなさい。なお，サマータイムは考慮しないでよい。

(3) 図1中のサンフランシスコと図2中のパースの両都市に共通する気候区を答えなさい。

(4) 図1中のニューオーリンズ付近を河口とする河川名を答えなさい。

(5) アメリカ合衆国の自動車産業の中心として発展したデトロイトの位置として適当なものを，図1中のa〜eから1つ選びなさい。

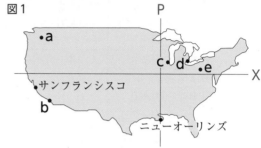

図1

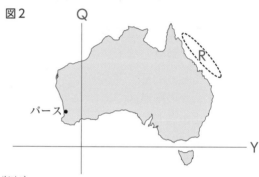

図2

(6) 図2中のR付近に見られる世界最大のさんご礁の名称を答えなさい。

(7) アメリカ合衆国とオーストラリアの先住民や移民などに関して述べた次の文章中の（　①　）と（　②　）にあてはまる語を答えなさい。

　　両国とも，先住民が居住していたが，ヨーロッパ人が入植して先住民は内陸部へと追いやられた。その後，アメリカ合衆国ではヨーロッパ人の入植が進んだが，1950年代以降，スペイン語を話すメキシコなどの国から（　①　）と呼ばれる人々の流入が進展した。オーストラリアでは，20世紀はじめから1970年代まで（　②　）と呼ばれる政策によりヨーロッパ系以外の移民が制限されていたが，政策の撤廃により，現在ではアジアなどからの移民が増加している。

難 (8) 下の表は，アメリカ合衆国とオーストラリアにおける金額別の輸出・輸入上位相手国を示したものである。表中のかときにあてはまる国名を答えなさい。

		1位	2位	3位	4位
アメリカ合衆国	輸出	か	メキシコ	き	く
	輸入	き	メキシコ	か	く
オーストラリア	輸出	き	く	韓国	インド
	輸入	き	アメリカ合衆国	く	ドイツ

（2018年）　　　　　　　　　　　　　　　　　　（2020/21年版「世界国勢図会」）

(1)	(2)	(3)	(4)

(5)	(6)	(7) ①	②

(8) か		き	

〔東海高一改〕

2 次の地図を見て，あとの問いに答えなさい。

((1)15点，他7点×5－50点)

第1章

第2章

第3章

第4章

テーマ別鬼問

総合実力テスト

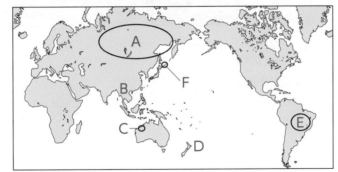

(1) 地図中の**A**で示した地域には永久凍土（とうど）が広がっている。そのためこの地域の建物にはどのようなくふうが見られるか説明しなさい。

(2) 地図中の**B**で示した地域の10か国が集まって，ASEAN（アセアン）（東南アジア諸国連合）が結成されている。ASEANに加盟している国の中で，国内人口に占（し）める中国系住民の割合が最も多い国を次の**ア～エ**から1つ選び，記号で答えなさい。

ア タイ　**イ** マレーシア　**ウ** シンガポール　**エ** ベトナム

(3) 地図中の**C**で示した地域には，ある鉱産資源が豊富に存在し，その産出量がオーストラリア最大となっている。港までの鉄道を日本の企業が整備するなど，日本などの輸出相手国と協力することによって開発が進められてきた。この鉱産資源を答えなさい。

(4) 地図中の**D**のニュージーランドは，主にイギリスからの移民によって国づくりが進められたが，英語とともに先住民の言語が公用語とされている。ニュージーランドの先住民を次の**ア～エ**から1つ選び，記号で答えなさい。

ア イヌイット　**イ** アボリジニー　**ウ** カタルーニャ　**エ** マオリ

(5) 地図中の**E**で示された地域の農業について述べた文として最も適当なものを，次の**ア～エ**から1つ選び，記号で答えなさい。

ア コーヒーのモノカルチャーから脱（だっ）し，農業の多角化が進んでいる。

イ 夏に降水量が少なくなるため，乾燥（かんそう）に強い柑橘系（かんきつけい）の果樹栽培（さいばい）が盛（さか）んである。

ウ 豊富な地下水を利用した大規模なかんがいにより，小麦やとうもろこしが栽培されている。

エ 大規模プランテーションで天然ゴムや油ヤシが生産されてきたが，小規模農家による生産も増えている。

(6) 地図中の**F**で示された北方領土の記述として誤っているものを，次の**ア～エ**から1つ選べ。

ア 北方領土は，江戸（えど）時代から開拓（かいたく）が進められ，日本人が住み続けてきた。

イ ソ連軍によって占領（せんりょう）されたため，第二次世界大戦後は日本人が住めなくなった。

ウ 1956年の日ソ共同宣言では，日本とソ連との間で平和条約が結ばれた後に，歯舞群島（はぼまい）と色丹島（しこたん）（たん）を返還（へんかん）することに合意した。

エ 1993年に日本とロシアとの間で平和条約が結ばれたが，歯舞群島も色丹島も返還されないまま今日に至っている。

(1)					
(2)	(3)		(4)	(5)	(6)

〔土佐高一改〕

Step A ＞ Step B ＞ Step C-⑤

●時　間 35分　●得　点
●合格点 75 点　　　　　点

解答▶別冊9ページ

1 次の表と文章について，あとの問いに答えなさい。

(7点×7−49点)

表1　小麦の生産量(2018年)・輸出量(2017年)

国名	生産量	%	国名	輸出量	%
中国	13,144	17.9	B	3,303	16.8
A	9,970	13.6	アメリカ合衆国	2,730	13.9
B	7,214	9.8	C	2,206	11.2
アメリカ合衆国	5,129	7.0	オーストラリア	2,199	11.2
フランス	3,580	4.9	ウクライナ	1,731	8.8
C	3,177	4.3	フランス	1,523	7.7

(万 t)　　　　　　　　　　　(2020/21年版「日本国勢図会」)

表2　原油(2019年)・石炭(2017年)・鉄鉱石(2017年)の生産量

国名	原油(百万kL)	国名	石炭(百万 t)	国名	鉄鉱石(百万 t)
アメリカ合衆国	710	中国	3,524	オーストラリア	547
B	652	A	675	D	269
サウジアラビア	569	インドネシア	461	中国	223
イラク	273	オーストラリア	416	A	125
C	254	アメリカ合衆国	320	B	61

(2020/21年版「日本国勢図会」)

① この国は，イギリスの植民地であった歴史をもつ。現在は，a アメリカ合衆国と経済的・文化的に強く結びついている。気候が寒冷なため，農業は南部の一部で行われており，メープルシロップの生産地としても有名である。

② この国は，イギリスの植民地であった歴史をもつ。独立後も身分制度による差別などの社会問題が残り，貧困に苦しむ人も多かった。この国の南部にあるバンガロールには，b 情報技術(IT)企業や研究施設が集中しており，この国の「シリコンバレー」と呼ばれている。

③ この国は，この国が属する州最大の経済大国である。経済成長の著しい大西洋岸と内陸部との経済格差が問題になっている。格差を解消するため，(c)川流域で最大の都市であるマナオスに経済特区がつくられ，日本をはじめとする外国企業が進出している。

(1) ①〜③の各文が説明する国を表中のA〜Dからそれぞれ選び，記号で答えなさい。

(2) 下線部aについて，この国とアメリカ合衆国が結んでいる USMCA には，あと1か国参加している。その国名を答えなさい。

(3) 下線部bについて，この国でIT産業が盛んになった理由として誤っているものを，次のア〜エから1つ選び，記号で答えなさい。

ア　英語が普及しているから。

イ　理科系の教育を受けた人が多いから。

ウ　アメリカ合衆国との時差がおよそ12時間であるから。

エ　中国系の移民が多いから。

(4) 文中の(c)に適する語句を答えなさい。

(5) BRICS と呼ばれる国のうち，表1・表2中にない国の名前をすべて答えなさい。

(1)	①	②	③	(2)		
(3)		(4)		(5)		

〔滝　高〕

2 次の地図を見て，あとの問いに答えなさい。 ((9)6点，他5点×9−51点)

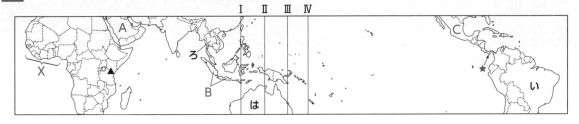

(1) 地図中に引かれたⅠ〜Ⅳの経線のうち，日本の標準時に使われているものを1つ選び，番号で答えなさい。

(2) 地図中に見られない国を，次の**ア〜エ**から1つ選び，記号で答えなさい。

    ア エジプト　**イ** スリランカ　**ウ** モンゴル　**エ** チ リ

(3) 地図中のA〜Cの国の説明として，3か国ともに共通している内容のものを，次の**ア〜エ**から1つ選び，記号で答えなさい。

    ア 多くの油田をもつ，石油の産出国である。
    イ 急速に工業化し，NIES の国といわれている。
    ウ イスラム教を信仰する人々が最も多い国である。
    エ 国土の一部に熱帯雨林の地域がある国である。

(4) 地図中のC国を代表する「タコス」は，ある穀物で作った生地に肉や野菜をのせて食べる料理である。この穀物とは何か答えなさい。

(5) 地図中の▲印は，この大陸の最高峰である。この山の名称を答えなさい。

(6) 地図中の★印は，1914年に運河が開削され輸送ルートの短縮に大きく貢献した地域である。この運河の名称を答えなさい。

(7) 地図中にXで示した海岸に面した国々では，ある農産物の生産が盛んで，世界第1位の生産国もある。この農産物を次の**ア〜エ**から1つ選び，記号で答えなさい。

    ア カカオ　**イ** コーヒー　**ウ** サイザル麻　**エ** 綿花

(8) 下の表は地図中の**い〜は**国などから日本が輸入している品目の金額による割合の1〜4位の上位相手国を示したものである。表中の①と②にあたる品目を，あとの**ア〜オ**からそれぞれ1つずつ選び，記号で答えなさい。

	1位	2位	3位	4位
①	**は** (51.6%)	**い** (28.2%)	カナダ(7.7%)	南アフリカ共和国(3.2%)
②	アメリカ合衆国(25.8%)	**は** (14.3%)	**ろ** (14.3%)	カナダ(10.4%)

(2019年)　　　　　　　　　　　　　　　　　　　　(2020/21年版「日本国勢図会」)

    ア 小 麦　**イ** 肉 類　**ウ** 石 炭
    エ 鉄鉱石　**オ** 銅 鉱

(9) 地図中の**い〜は**国を，人口の多い順番に記号で答えなさい。

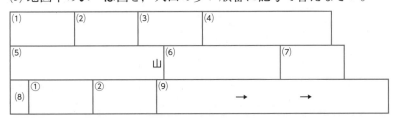

〔東海高一改〕

9 地域調査

Step A 〉 Step B 〉 Step C

解答▶別冊9ページ

▶次の　　　に適語を入れなさい。

1 地図記号

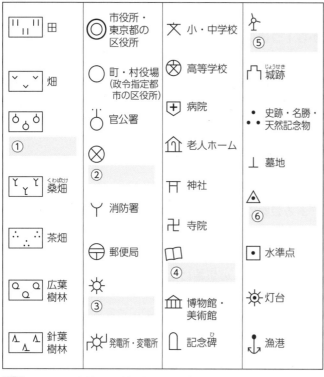

	田	◎	市役所・東京都の区役所	文	小・中学校	杘 ⑤
① 畑	○	町・村役場（政令指定都市の区役所）	⊗	高等学校	城跡
		官公署	⊕	病院	史跡・名勝・天然記念物
②	⊗		老人ホーム		
桑畑		官公署 ②		神社	墓地
茶畑	Y	消防署	卍	寺院	⚲ ⑥
		郵便局	③	水準点 ④	
広葉樹林	☼ ③		博物館・美術館		灯台
針葉樹林		発電所・変電所	⨆	記念碑	漁港

2 等高線

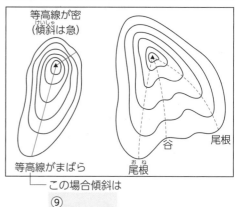

名称	5万分の1	2万5千分の1	表し方
計曲線	100mごと	⑦　ごと	─────
主曲線	⑧　ごと	10mごと	─────
補助曲線	10mごと	5m, 2.5mごと	─────
	5mごと		─────

等高線が密（傾斜は急）

谷　尾根

尾根

等高線がまばら

この場合傾斜は
⑨

3 2万5千分の1地形図の見方

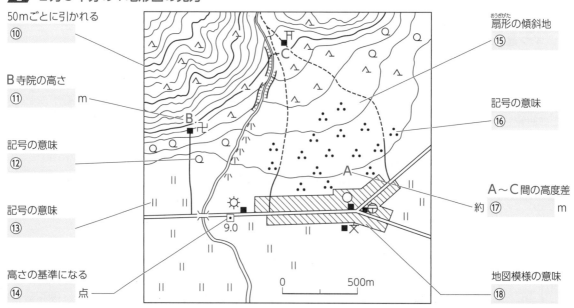

50mごとに引かれる
⑩

B寺院の高さ
⑪　　m

記号の意味
⑫

記号の意味
⑬

高さの基準になる
⑭　　点

扇形の傾斜地
⑮

記号の意味
⑯

A〜C間の高度差
約 ⑰　　m

地図模様の意味
⑱

0　　500m

▶次の［　　］に適語を書きなさい。

4 地形図の種類

① 地形図…[⑲　　　　　]省の[⑳　　　　　]院が発行している。

② 5万分の1地形図…実際の距離を5万分の1に縮小した地形図。2万5千分の1地形図に比べると、[㉑　　　　　]い範囲を示すことができる。

③ 2万5千分の1地形図…実際の距離を2万5千分の1に縮小した地形図。最も基本的な地形図であり、他の縮尺の地図、道路・登山マップ、カーナビなど、さまざまな種類の地図のもととして利用されている。現在は、観測技術衛星のデータも取り入れながら、正確な地図を作成している。

5 地形図の縮尺と方位

① 縮　尺…実際の距離を地図上に縮小したときの割合のこと。地図上の長さから実際の距離を求めるには「地図上の長さ×縮尺の[㉒　　　　　]」と計算する。例えば、5万分の1地形図で、地図上の長さが1cmであれば、実際の距離は、1 (cm)×50,000＝50,000cm＝[㉓　　　　　]mになる。また、2万5千分の1地形図で、地図上の長さが4cmであれば、実際の距離は、4 (cm)×25,000＝100,000cm＝[㉔　　　　　]mになる。

② 方　位…地図は普通、真上が[㉕　　　　　]を示し、真下が[㉖　　　　　]右が[㉗　　　　　]、左が[㉘　　　　　]を表している。ただしこの限りでない場合は、方位記号で北を示している。

6 地形図と等高線・地図記号

① 等高線…[㉙　　　　　]から見て等しい高さの地点を結んだ線のこと。等高線の間隔がせまいところは傾斜が[㉚　　　　　]で、間隔が広いところは傾斜が[㉛　　　　　]といえる。また、等高線が低い方へ凸部を向けているところが[㉜　　　　　]、反対に凸部が高い方に向いているところが[㉝　　　　　]である。

② 主曲線…等高線の基本となる線のこと。2万5千分の1地形図の場合は、[㉞　　　　　]mごと、5万分の1地形図の場合は[㉟　　　　　]mごとに、細い実線で示される。

③ 計曲線…等高線を読み取りやすくするため、[㊱　　　　　]本目ごとに太い線で表した線のこと。2万5千分の1地形図の場合は、[㊲　　　　　]mごと、5万分の1地形図の場合は[㊳　　　　　]mごとに引かれている。

④ 三角点…地図を作成するときの測量の基準になる水平位置を示す点のこと。三角点を結んで測量していくことで、距離や面積を知ることができる。

⑤ 水準点…地表の[㊴　　　　　](標高)を測量するときの基準になる点のこと。国道や県道に沿って、ほぼ2kmごとに置かれている。

7 身近な地域の調査

① 地域調査の手順…調査テーマの決定後、調査の[㊵　　　　　]を立てる。次に調査項目と調査方法を考え、調査計画書を作成する。野外調査（[㊶　　　　　]）を行う場合には[㊷　　　　　]などを事前に作成する。調査活動後は、調査結果を文章や各種地図、グラフにまとめ発表する。

⑲
⑳
㉑
㉒
㉓
㉔
㉕
㉖
㉗
㉘
㉙
㉚
㉛
㉜
㉝
㉞
㉟
㊱
㊲
㊳
㊴
㊵
㊶
㊷

Step A ＞ Step B ＞ Step C

●時 間 35分　●得 点
●合格点 75点　　　　点

解答▶別冊9ページ

1 [地形図の読み取り] 次の地図を見て，あとの問いに答えなさい。

(12点×5−60点)

地図Ⅰ

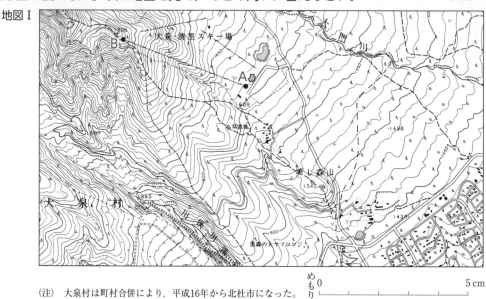

（注）　大泉村は町村合併により，平成16年から北杜市になった。
※実際の試験で使われた地形図を80％に縮小。　（国土地理院平成13年発行　2万5千分の1「八ヶ岳東部」より作成）

地図Ⅱ

図Ⅲ

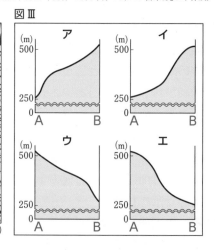

（国土地理院発行　2万5千分の1地形図「東館」より作成）

(1) 地図ⅠのA地点からB地点までの標高差はおよそ何mか，次から1つ選び，記号で答えなさい。

　　ア　220m　　イ　270m　　ウ　320m　　エ　370m

(2) 地図Ⅰの美し森山の三角点から羽衣池に向かって歩くときの登山道とその周辺のようすについて正しく説明しているものを，次のア〜エから1つ選び，記号で答えなさい。

　　ア　美し森山三角点から羽衣池には，北東の方向に向かって歩くことになる。

　　イ　美し森山三角点から羽衣池までの直線距離は，約2kmである。

　　ウ　登山道の周辺には，果樹園が広がっている。

　　エ　最初はゆるやかな道だが，羽衣池の手前で傾斜が増す。

(3) 地図Ⅱの中で，最も広い面積を占めるものを次のア〜エから1つ選び，記号で答えなさい。

　　ア　桑畑　　イ　畑　　ウ　竹林　　エ　広葉樹林

(4) 地図ⅡのA—B間の起伏のようすを表しているものを，図Ⅲの**ア～エ**から１つ選び，記号で答えなさい。

(5) 右の表は，ある農産物について，2018年の生産量の上位５県までを示したものである。この農産物が栽培されているようすを示す地形図を，下の**ア～エ**から１つ選び，記号で答えなさい。

県　名	生産量（ t ）
和歌山	155,600
静岡	114,500
愛媛	113,500
熊本	90,400
長崎	49,700

（2020/21年版
「日本国勢図会」）

ア **イ** 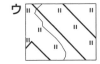 **ウ** 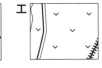 **エ**

（**ア～エ**は，いずれも国土地理院発行地形図より作成）

(1)	(2)	(3)	(4)	(5)

〔千葉―改〕

2 [地形図の読み取り] 次の地形図を見て，あとの問いに答えなさい。　　　　（20点×2－40点）

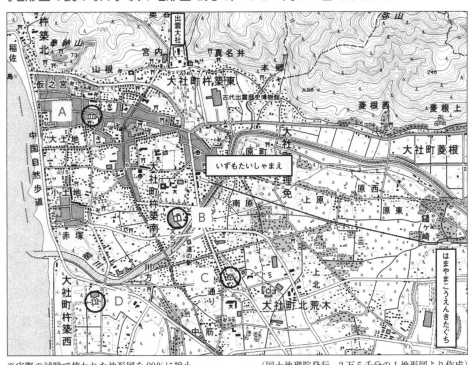

※実際の試験で使われた地形図を90％に縮小。　　　　（国土地理院発行　２万５千分の１地形図より作成）

(1) 地形図中のA～Dの説明として最も適当なものを，次の**ア～エ**から１つ選び，記号で答えなさい。

　　ア　Aの地図記号は工場を示し，周辺には果樹園や神社，寺院が見られる。

　　イ　Bの地図記号は図書館を示し，「出雲大社」から見て南の方角に位置している。

　　ウ　Cの地図記号は郵便局を示し，隣接する西側の道路を南下すると「道の駅」が見える。

　　エ　Dの地図記号は老人ホームを示し，急斜面上にあるため崖くずれの危険性がある。

(2) 地形図の「いずもたいしゃまえ」駅から「はまやまこうえんきたぐち」駅までの長さは，元の図では８cmである。実際の距離は何mか答えなさい。

(1)	(2)
	m

〔佐賀―改〕

10 日本の自然環境

Step A Step B Step C

解答▶別冊10ページ

▶次の　　　に適語を入れなさい。

1 日本の地形

日本一長い
① 　　　　川

十勝平野の西にある
② 　　　　山脈

米作中心の
③ 　　　　平野

牛の放牧が盛んな
④ 　　　　山地

なだらかな
⑤ 　　　　山地

有明海に流れ込む
⑥ 　　　　川

けわしい
⑫ 　　　　山地

林業が盛んな
⑬ 　　　　山地

濃尾平野に流れる
⑭ 　　　　川

りんご栽培が盛んな
⑦ 　　　　半島

盛岡がある
⑧ 　　　　盆地

東北地方を東西に分ける
⑨ 　　　　山脈

日本一流域面積が広い
⑩ 　　　　川

日本アルプスの1つ
⑪ 　　　　山脈

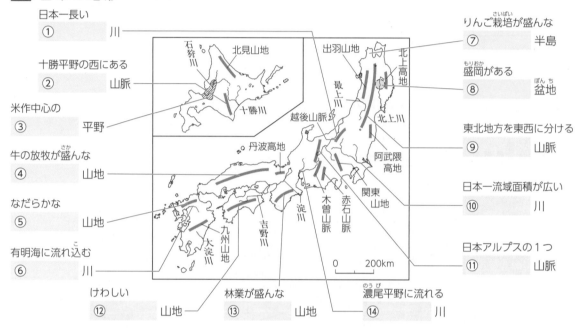

2 日本の気候と海流

冬の季節風
⑮ 　　　　(方角)から吹く

暖流である
⑯ 　　　　海流

暖流である
⑰ 　　　　海流
（黒潮）

夏降水量が多く，
冬乾燥する
　　　　の気候
⑱

寒流である
⑲ 　　　　海流
（親潮）

降水量が少なく，年間
平均気温が低い
⑳ 　　　　の気候

夏の季節風
㉑ 　　　　(方角)から吹く

降水量が少なく温暖
㉒ 　　　　の気候

3 川がつくる地形

扇形の傾斜地
㉓

河口にできる平地
㉔

▶次の[ ]に適語を書きなさい。

4 世界の地形

① **造山帯**…世界の高い山地や山脈，海洋に点々と並ぶ島は，ユーラシア大陸の南を東西に走る[㉕　　　　]造山帯と，太平洋を取り囲むように連なる[㉖　　　　]造山帯に集中している。これらの地域はプレートの境界付近に位置しているため，[㉗　　　　　]の活動や地震が活発におきる。

② **安定した大陸**…中央シベリア高原，北アメリカの中央平原，オーストラリアなどは地盤が安定し，[㉗]の活動や地震はほとんどおこらない。

5 日本の地形

① **山　地**…日本列島は[㉖]造山帯に属し火山活動や地震が多い。本州の中央部には北から[㉘　　　　]山脈，木曽山脈，赤石山脈があり，日本アルプスと呼ばれている。また，新潟県糸魚川付近から静岡県にかけては[㉙　　　　]（大地溝帯）が走り，日本列島を東西に分けている。

② **河　川**…世界の河川に比べて，短く，流れが急で，季節による水量の変化が大きい。日本で最も長い川は[㉚　　　　]川で，流域面積が最も広い川は[㉛　　　　]川である。河川が運ぶ土砂が堆積することで，中流域には[㉜　　　　]が，河口付近には[㉝　　　　]ができることが多い。

③ **海岸と海底の地形**…三陸海岸や志摩半島，若狭湾などには，出入りが多い[㉞　　　　]海岸が発達。日本海側には砂浜海岸が多い。東シナ海には浅くて平らな[㉟　　　　]が広がり，東日本の太平洋沖から小笠原諸島の東側にかけての海底には，深さ8,000mを超える海溝がある。

④ **海　流**…日本近海のうち，太平洋側には暖流の[㊱　　　　]（日本海流）と寒流の[㊲　　　　]（千島海流）が流れ，両者がぶつかる[㊳　　　　]となる三陸沖は好漁場となっている。日本海側では暖流の[㊴　　　　]が北上し，大陸沖には寒流のリマン海流が流れている。

6 日本の気候と自然災害

① **気候の特色**…夏は南東，冬は北西から吹く[㊵　　　　]の影響を強く受ける。梅雨や台風，雪などにより降水量も多くなっている。

② **気候区分**…[㊶　　　　]側は夏に降水量が多く，冬は乾燥して晴天が続く。[㊷　　　　]側は冬の降水量が多い。[㊸　　　　]は降水量が少なく，温和な気候。中央高地は降水量が少なく，夏と冬の気温差が大きい。冷帯に属する[㊹　　　　]は冬の寒さが厳しく，はっきりとした梅雨が見られない。亜熱帯の南西諸島は一年を通して温暖で，降水量も多い。

③ **自然災害**…[㊺　　　　]と，それにともなって発生する津波，火山の噴火，集中豪雨による洪水や山くずれ，高潮，冷害，干害など。各自治体は防災計画を立てたり防災訓練を行うなどの対策をとるほか，被害の発生が予測される地域や，避難情報などを示す[㊻　　　　]をつくっている。

㉕ _____

㉖ _____

㉗ _____

㉘ _____

㉙ _____

㉚ _____

㉛ _____

㉜ _____

㉝ _____

㉞ _____

㉟ _____

㊱ _____

㊲ _____

㊳ _____

㊴ _____

㊵ _____

㊶ _____

㊷ _____

㊸ _____

㊹ _____

㊺ _____

㊻ _____

Step A ＞ Step B ＞ Step C

●時　間 35分　●得　点
●合格点 75点　　　　　　点

解答▶別冊10ページ

重要 **1** ［自然環境・災害と人々のくらし］次の会話文を読み，あとの問いに答えなさい。(7点×4−28点)

> 美里さん：日本は，四方を海に囲まれた a 島国であり，豊かで美しい自然に恵まれています。
> 一輝さん：その一方で，私たちは自然に脅威を感じたり，被害を受けたりしながらくらしてきました。2013年に内閣府が行った「防災に関する世論調査」によると，国民のイメージする災害の一番目は地震，二番目が風による災害，三番目が河川の氾濫でした。
> 純子さん：日本は，□□□□に位置しているためよく地震がおきます。歴史的にも大きな地震がたびたびおこっていて，国民の多くが一番目にあげるのはもっともだと考えます。
> 一輝さん：風については，台風が思い当たりますが，季節風も人々のくらしと関わりが深いと思います。
> 純子さん：河川の氾濫も毎年，全国各地で見られます。
> 美里さん：さまざまな b 自然災害がおこるわが国ですが，私たちは，c 自然環境とうまくつきあい，利用しながらくらしてきました。
> 一輝さん：近年は自然災害に関する情報が幅広く共有され，防災への国民の意識が高まっています。

(1) 下線部 a に関して，日本の国土やその特徴について述べた文として適当なものを，次のア〜エから１つ選び，記号で答えなさい。

ア 排他的経済水域の面積は国土面積よりも小さい。

イ 本州の中央部をフォッサマグナが東西に横断している。

ウ 国土面積の約40％を山地が占めている。

エ 国土の東端は南鳥島，西端は与那国島である。

(2) 下線部 b に関して，次のア〜エの文のうち最も適切なものを１つ選び，記号で答えなさい。

ア 山の斜面では，短時間のうちにせまい範囲で集中的に雨が降ることで，崖くずれがおこることがある。

イ 平野部では，山地にダムが建設されるときに樹木が切られることで，ダム完成後は完成前と比べて洪水が多くなる。

ウ 西日本の太平洋側では，台風により津波がおこり，多くの被害がもたらされることがある。

エ 東北地方では，夏の季節風によって冷害がおこることで，通常の年と比べて米の収穫量が減少することがある。

(3) 会話の□□□□にあてはまる造山帯名を書きなさい。

(4) 下線部 c に関して，日本の自然と人々のくらしや産業などについて述べた文として適当なものを，次のア〜オからすべて選び，記号で答えなさい。

ア 火山の多くは，温泉や美しい景色をもたらしており，貴重な観光資源となっている。

イ 森林のもつ役割が見直される中で，林業従事者は1990年代から増加傾向にある。

ウ リアス海岸は，長く砂浜が続く海岸であり，わかめなどの養殖が盛んである。

エ 冬の寒さの厳しい北海道地方では，じゃがいもの栽培や乳牛の飼育が盛んである。

オ 扇状地の中央部は水はけがよく，果樹園などに利用されているところが多く見られる。

(1)	(2)	(3)	(4)

〔岡山・佐賀一改〕

2 [自然環境と日本の気候] 次の文を読み，あとの問いに答えなさい。

（6点×12－72点）

生徒：2018年の夏に日本の最高気温の記録が更新されましたよね。

教師：7月23日の a 熊谷ですね。確か41.1℃で，ちょうど〔 b 〕節気では大暑の日でした。図の・はこれまでに最高気温が40℃を超えた地点を示しています。これを見ると多くの地点で共通点があることがわかります。

生徒：ほとんどが内陸部や盆地にあるということですか。

教師：そうですね。特に関東甲信越地方や，愛知県や岐阜県にまたがる〔 c 〕平野の山に近いところが多いのがわかります。

生徒：なぜそのようなところで気温が高くなるのですか。

教師：夏の都会ではエアコンから放出された熱やアスファルトの照り返しにより空気が暖められて，周辺より気温が高くなる〔 d 〕が起こっています。その暖められた空気が海風によって運ばれて山麓付近に蓄積されるからです。もう1つの理由としては，山から吹き超えてくる風が高温になることです。

生徒：それはいわゆる〔 e 〕が起こるということですね。

教師：そうです。だから意外かもしれませんが，海に囲まれていて，高い山がないという環境のためか，日本で最高気温が最も低い都道府県は〔 f 〕なのですね。

（図：2020年7月20日現在の記録）（気象庁）地図中に X, Z, g, h, i, Y の記号

(1) 文中の下線部 a の熊谷が所在する都府県を答えなさい。

(2) 文中の〔 b 〕にあてはまる語句を，次の**ア〜エ**から1つ選び，記号で答えなさい。

ア 十二　**イ** 二十四　**ウ** 三十六　**エ** 四十八

(3) 文中の〔 c 〕の平野名，〔 d 〕〔 e 〕にあてはまる現象と〔 f 〕にあてはまる都道府県を答えなさい。

(4) 地図中の g 〜 i の河川名を A 群から選び，その河川が流れている平野名を B 群から選びなさい。

〔A群〕　**ア** 木曽川　　**イ** 筑後川　　**ウ** 最上川　　**エ** 利根川

〔B群〕　**カ** 越後平野　**キ** 関東平野　**ク** 筑紫平野　**ケ** 庄内平野

(5) 地図中の X の県の近海を流れる暖流を，次の**ア〜エ**から1つ選び，記号で答えなさい。

ア 千島海流　**イ** 対馬海流　**ウ** リマン海流　**エ** 日本海流

(6) 地図中の Y の県に属さない地域を，次の**ア〜エ**から1つ選び，記号で答えなさい。

ア 屋久島　**イ** 大隅半島　**ウ** 下北半島　**エ** 種子島

(7) 地図中の Z の都市の気温と降水量のグラフを次の**ア〜エ**から1つ選び，記号で答えなさい。

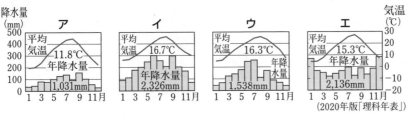

ア 平均気温 11.8℃ 年降水量 1,031mm
イ 平均気温 16.7℃ 年降水量 2,326mm
ウ 平均気温 16.3℃ 年降水量 1,538mm
エ 平均気温 15.3℃ 年降水量 2,136mm
（2020年版「理科年表」）

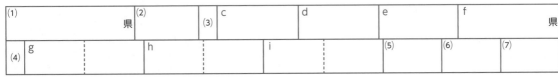

(1) 県	(2)	(3) c	d	e	f 県

(4) g	h	i	(5)	(6)	(7)

〔金沢大附高・北海道一改〕

11 日本の人口

解答▶別冊10ページ

▶次の　　　　に適語を入れなさい。

1 世界の人口

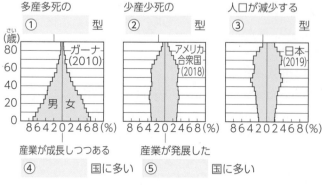

多産多死の
① 　　　　型

少産少死の
② 　　　　型

人口が減少する
③ 　　　　型

産業が成長しつつある
④ 　　　　国に多い

産業が発展した
⑤ 　　　　国に多い

首都はパリ
⑥

世界一の人口の国
⑦

最も小さな大陸の国
⑧

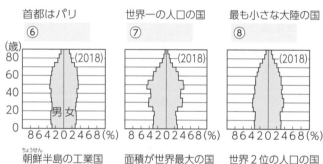

朝鮮半島の工業国
⑨

面積が世界最大の国
⑩

世界2位の人口の国
⑪

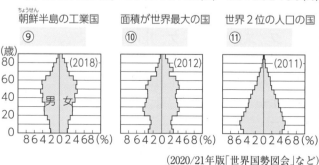

(2020/21年版「世界国勢図会」など)

3 三大都市50キロ圏の人口の割合

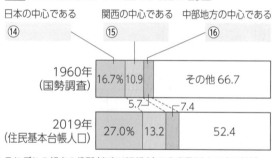

日本の中心である
⑭

関西の中心である
⑮

中部地方の中心である
⑯

1960年(国勢調査)	16.7% 10.9	その他 66.7
	5.7 — 7.4	
2019年(住民基本台帳人口)	27.0% 13.2	52.4

それぞれの都市の役所(東京は旧都庁)から半径50キロ内の地域。
(2020/21年版「日本国勢図会」)

2 日本の人口の将来の動き

65歳以上の人の割合が増加する
⑫ 　　　　化

子どもの数が減少する
⑬ 　　　　化

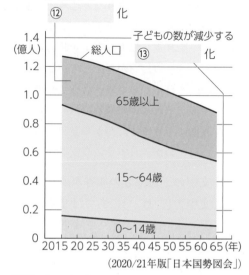

(2020/21年版「日本国勢図会」)

4 主な都市の人口

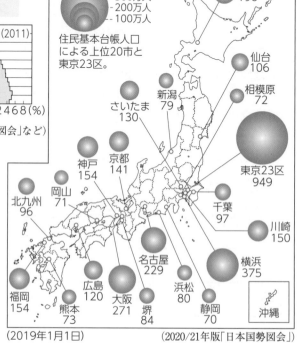

住民基本台帳人口による上位20市と東京23区。

札幌 196
仙台 106
相模原 72
新潟 79
さいたま 130
東京23区 949
神戸 154
京都 141
千葉 97
岡山 71
北九州 96
川崎 150
名古屋 229
横浜 375
広島 120
浜松 80
福岡 154
大阪 271
堺 84
静岡 70
熊本 73
沖縄

(2019年1月1日)　　(2020/21年版「日本国勢図会」)

▶次の[　]に適語を書きなさい。

5　世界の人口

① 世界の人口分布…世界の人口は2019年現在約[⑰　　　　]人であり，さらに増加している。2050年の人口は[⑱　　　　]人をこえると予想されている。特に1950年から現在まで，アジアやアフリカは[⑲　　　]爆発といわれるほど，人口の増加が激しい地域になっている。人口が急増した発展途上国では食料生産が追いつかない問題が発生している。また，約14億の人口をもつ，世界で最も人口の多い中華人民共和国では，人口抑制政策として[⑳　　　　]政策が行われていた（2015年12月に廃止）。人口が世界第2位の国は[㉑　　　　]で約14億人である。第3位の国は[㉒　　　　]，第4位の国は東南アジアの[㉓　　　　]である。

② 人口構成…人口ピラミッドといわれる年齢別と男女別のグラフで表すことが多い。アフリカや南アメリカなど発展途上国に多い[㉔　　　　]型は，14歳以下の年少人口が多く，65歳以上の老齢人口が少ない。先進国に多い[㉕　　　　]型は，低年齢層と高年齢層の差が少ない。また，人口減少型ともいわれる[㉖　　　　]型もある。

6　日本の人口

① 人口構成…第二次世界大戦後の日本は，出生数が大きく増加した2度の[㉗　　　　]を経て人口の増加が続いたが，近年は65歳以上の人口の割合が高くなり，[㉘　　　　]化が進んでいる。同時に，1人の女性が一生の間に産む子どもの数を示す合計特殊出生率が低下して[㉙　　　　]化も進んでおり，少子高齢社会となっている。

② 人口分布…2019年現在，日本の人口は約1億2,627万人である。人口密度は約339人/km²であるが，人口の約半分が3大都市圏である[㉚　　　　]，[㉛　　　　]，[㉜　　　　]とその周辺に集中し，南関東から東海・近畿中央部，瀬戸内沿岸と北九州までの[㉝　　　　]を形成している。これは1960年代の高度経済成長期に仕事や豊かな生活を求めて若い人を中心に多くの人々が農村から都市へ移り住んだからである。

③ 都市部の課題…人口が集中する大都市では，住宅の不足や交通の混雑，ごみの処理など，[㉞　　　　]による問題が発生している。

④ 農・山村部の課題…地方の農村や山間部などでは，若者を中心に人口の流出が続いたことで老年人口の割合が高くなり，鉄道の廃止，学校の統廃合，医師や病院の不足など，[㉟　　　　]による問題が深刻になっている。特に，65歳以上の人口が過半数を占める集落は[㊱　　　　]集落とも呼ばれ，対策が急がれている。

⑤ 地方の活性化…[㉟]化の解消のため，企業を誘致して，若い人たちが働ける場所を増やすことや，大都市から地方へ移り進むⅠターン，大都市に移住した地方出身者が出身地やその近くに戻る[㊲　　　　]を支援するといった政策が進められている。

⑰ ____
⑱ ____
⑲ ____
⑳ ____
㉑ ____
㉒ ____
㉓ ____
㉔ ____
㉕ ____
㉖ ____
㉗ ____
㉘ ____
㉙ ____
㉚ ____
㉛ ____
㉜ ____
㉝ ____
㉞ ____
㉟ ____
㊱ ____
㊲ ____

Step A ▶ Step B ▶ Step C

●時　間 35分	●得　点
●合格点 75点	点

解答▶別冊11ページ

重要 **1** [日本の都市部の人口] 次の文章を読んで，あとの問いに答えなさい。 (12点×6−72点)

> 　日本の1km²あたりの人口密度は約 X 人(2019年)で，世界的に見ても高くなっている。しかし，人口の分布にはかなりの偏りがある。関東地方から九州地方北部にかけての Y と呼ばれる地域には，人口が特に集中している。なかでも a東京・関西・名古屋の b三大都市圏には，全人口のおよそ半分の人が住んでいる。また，札幌市・仙台市・広島市・福岡市などの c政令指定都市にも人口が集中している。

(1) 文章中の X にあてはまる数値を，次の**ア〜エ**から1つ選び，記号で答えなさい。

　ア 235　**イ** 339　**ウ** 445　**エ** 526

(2) 文章中の Y にあてはまる語句を答えなさい。

(3) 下線部 a に関して，東京やその周辺の都市について述べた文として誤っているものを，次の**ア〜エ**から1つ選び，記号で答えなさい。

　ア 東京駅周辺には商業施設が集積し，東京の都心を形成している。

　イ 東京の中心部から郊外に向けて，鉄道や高速道路が放射状に伸びている。

　ウ 都心と郊外を結ぶターミナル駅付近には，副都心が形成されている。

　エ 東京の中心にある23区ではドーナツ化現象が進み，すべての区で人口が減少している。

(4) 下線部 b に関して，次の表は三大都市圏それぞれにおける主な都府県の昼夜間人口比率を示したものである。これについて，次の問いに答えなさい。

東京大都市圏		関西大都市圏		名古屋大都市圏	
A	117.8	大阪	104.4	愛知	101.4
B	99.0	D	101.8	三重	98.3
C	88.9	奈良	90.0	岐阜	96.1

(2015年)　　　　　　　(2020/21年版「日本国勢図会」)　　　　※昼夜間人口比率は常住(夜間)人口100人あたりの昼間人口

①表中のA〜Cの組み合わせとして正しいものを，次の**ア〜エ**から1つ選び，記号で答えなさい。

　ア A—東京　B—栃木　C—埼玉　　**イ** A—東京　B—埼玉　C—栃木

　ウ A—神奈川　B—茨城　C—千葉　**エ** A—神奈川　B—千葉　C—茨城

②表中のDにあてはまる府県名を答えなさい。

(5) 下線部 c について述べた文として正しいものを，次の**ア〜エ**から1つ選びなさい。

　ア すべて人口が100万人以上の都市である。

　イ 各都道府県に1つ以上あり，政治・経済の中心になっている。

　ウ 県とほぼ同等の行政を行う権限が認められている。

　エ すべて人口が増加している都市である。

(1)	(2)	(3)	(4)①	②	(5)

〔青雲高一改〕

2 [人口問題] 次のページの表1，2，3は，日本，アルゼンチン，エチオピアのいずれかの国の年齢別・性別人口を示している。これらを見て，あとの問いに答えなさい。 (10点×2−20点)

表1

年齢別 階級	性別人口構成比(%)	
	男性	女性
0－4	4.2	4.1
5－9	4.2	4.0
10－14	4.1	3.9
15－19	4.0	3.8
20－24	3.9	3.8
25－29	3.9	3.9
30－34	3.7	3.7
35－39	3.4	3.5
40－44	3.4	3.5
45－49	2.8	3.0
50－54	2.4	2.7
55－59	2.2	2.5
60－64	1.9	2.2
65－69	1.7	2.0
70－74	1.3	1.7
75歳以上	1.7	3.1

表2

年齢別 階級	性別人口構成比(%)	
	男性	女性
0－4	2.0	1.9
5－9	2.1	2.0
10－14	2.2	2.1
15－19	2.4	2.3
20－24	2.6	2.4
25－29	2.5	2.4
30－34	2.8	2.7
35－39	3.1	3.0
40－44	3.6	3.5
45－49	3.9	3.8
50－54	3.3	3.3
55－59	3.0	3.0
60－64	3.0	3.0
65－69	3.6	3.8
70－74	3.1	3.5
75歳以上	5.6	8.6

表3

年齢別 階級	性別人口構成比(%)	
	男性	女性
0－4	7.4	7.2
5－9	6.7	6.5
10－14	6.1	6.0
15－19	5.7	5.6
20－24	5.2	5.1
25－29	4.3	4.2
30－34	3.3	3.3
35－39	2.7	2.8
40－44	2.1	2.2
45－49	1.8	1.8
50－54	1.4	1.4
55－59	1.0	1.1
60－64	0.8	1.0
65－69	0.6	0.7
70－74	0.5	0.6
75歳以上	0.5	0.6

（なお表中の数字は四捨五入しているため合計が100%にならないものがある）

（2020年版「世界の統計」）

(1) 表1のデータで人口ピラミッド（年齢別・性別人口構成比のグラフ）を描くと，どの型に分類できるか。次のア～ウから1つ選び，記号で答えなさい。

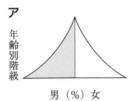

ア　男（%）女　性別人口構成比（富士山型）

イ　男（%）女　性別人口構成比（つぼ型）

ウ　男（%）女　性別人口構成比（つりがね型）

(2) 表1から表3までの国の人口の特徴について述べた文として正しいものを，次のア～エから1つ選び，記号で答えなさい。

ア　表1の国では，年少人口（15歳未満）の全人口に占める割合が3つの国の中で最も高い。

イ　表2の国では，生産年齢人口（15歳から64歳）の全人口に占める割合が3つの国の中で最も高く，経済発展に有利である。

ウ　表2の国では，老年人口（65歳以上）の全人口に占める割合が3つの国の中で最も高い。

エ　表3の国では，3つの国の中で最も少子化が進んでいるため，子育ての支援を充実させる対策がとられていると予想される。

(1)	(2)

〔国立高専〕

3 ［人口ピラミッド］次のア～エの図は高知県・京都府・東京都・沖縄県のいずれかの年齢別人口構成を示している。高知県にあたるものを1つ選び，記号で答えなさい。　(8点)

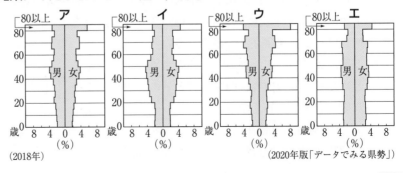

（2018年）　　　　　　　（2020年版「データでみる県勢」）

Step A ＞ Step B ＞ Step C-①

●時　間 35分　　●得　点
●合格点 75点　　　　　　点

解答▶別冊11ページ

重要 **1** 次の文章を読み，あとの問いに答えなさい。　　　((2)(7)8点×2，他6点×10−76点)

　　日本は自然環境に恵まれた国であるが，一方で自然災害が世界的に見ても多い国である。日本で発生する自然災害にはどのようなものがあるのだろうか。

　　まず地震がある。日本は環太平洋造山帯に属し，地震が多い。なかでも1995年に発生した兵庫県南部地震（阪神・淡路大震災）や2011年に発生したa東北地方太平洋沖地震（東日本大震災）は，大きな被害をもたらした。特に東日本大震災では，宮城県や岩手県の海岸がリアス海岸であるため津波の被害が大きく，その映像は世界中に大きな衝撃を与えた。

　　日本は火山も多い。b火山は人間生活や産業に豊かな恩恵を与える一方で，火山活動による災害ももたらす。鹿児島県にある桜島は火山活動が盛んで，火山灰によって人々の生活に影響を与えている。また長崎県の島原半島にある雲仙普賢岳は，1990年からの噴火により，火山灰や火山性のガスが高速で流下する（　①　）が発生し，山麓の集落に大きな影響を与えた。

　　また毎年のようにおこる自然災害としては大雨による被害がある。c6月中ごろから約1か月間は集中豪雨に見舞われることがあり，これによって地すべりや崖くずれ，土石流などを引きおこす。夏の終わりから秋にかけては，d台風の接近や上陸によって，大雨やe洪水のほか，沿岸部では（　②　）が発生し，海水が防波堤を越えて被害をもたらす。逆に夏に雨が降らず日照りが続き，地域によっては水不足が発生することもある。

　　近年は，人間活動の影響によって，単なる自然現象であったはずの出来事が災害化する例が増加している。山林の樹木の切りすぎによって，山麓周辺の住宅地で崖くずれが発生したり，都市部では，道路が（　あ　）ため雨が浸透せず，すぐに浸水被害が発生するのはその一例である。

　　このように自然災害が身近に発生する状況で，わたしたちは常に災害に備えなければならない。最近は，災害の被害範囲などを予測した（　③　）を作成し，住民に呼びかける地方自治体も増加してきた。（　④　）を震源とする東海・東南海・南海地震に関する被害予想は，国民の大きな関心事となっている。大規模な自然災害が発生すれば，電気・ガス・水道などのライフラインが長期にわたって絶たれる可能性もあり，わたしたちは日ごろから災害に対して，食料の備蓄や避難経路の確認など，自主的に対策をとっておかねばならない。

(1)（　①　）〜（　④　）にあてはまる語句を答えなさい。

(2)（　あ　）にあてはまる適当な内容を答えなさい。

(3)下線部aについて，この地震は，プレート境界型地震と呼ばれるものである。この地震の震源域となった北アメリカプレートと太平洋プレートの境界となる海溝名を答えなさい。

(4)下線部bについて，火山活動が人間にもたらす恩恵を2つ答えなさい。

(5)下線部cについて，この期間に雨が多くなる現象を何というか。漢字2字で答えなさい。

(6)下線部dについて，都道府県別の台風の上陸数をまとめた右の表の内容に関するXとYの文の正誤をそれぞれ〇か×で答えなさい。

X　九州地方の県は4県，四国地方の県は2県ある。

Y　順位の上位3県はすべて東シナ海に面している。

順位	都道府県	上陸数	順位	都道府県	上陸数
1	鹿児島県	41	6	宮崎県	14
2	高知県	26	7	愛知県	12
3	和歌山県	24	8	千葉県	9
4	静岡県	21	9	熊本県	8
5	長崎県	17	10	徳島県	7

(注)統計期間は1951〜2020年第2号まで。沖縄県については，上陸数ではなく沖縄地方への接近数として統計をとる。

(気象庁Webページ)

記述
(7) 下線部 e について、図の地域にくらす人々は、洪水から自分たちの生活を守るために、どのような努力やくふうを行ってきたか。図中の語句のうち2つ以上を用いて、簡潔に書きなさい。

図 長良川・揖斐川の下流地域のようす

堤防　耕作地　家　水屋

(1)	①	②	③	④
(2)				(3) 海溝
(4)			(5)	(6) X　Y
(7)				

〔滝高・岡山一改〕

2 下の地形図は、ある都市の一部を示している。次の問いに答えなさい。　　(8点×3－24点)

(1) 地形図上のAは高速道路の料金所を、Bは工場を示している。AとBを直線で結び、ものさしで測ったところ 8.4 cm だった。この結果から求められる、AとBの間の実際の距離として最も適当なものを、次のア〜エから選び、記号で答えなさい。

ア　210 m　　イ　420 m　　ウ　2,100 m　　エ　4,200 m

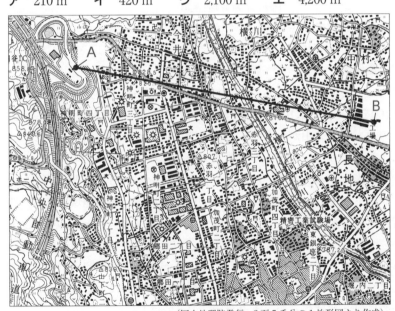

(国土地理院発行　2万5千分の1地形図より作成)

記述
(2) 次の{　}にあてはまるものを、ア〜ウから選びなさい。また、□□□にあてはまる内容を、「製品」という語を用いて、簡単に書きなさい。

地形図上には、工場を示す地図記号である{ア　イ　ウ}が見られる。
工場が高速道路のインターチェンジの近くにあると、工場にとって、□□□という利点がある。

(1)	
(2)	記号　　内容

〔北海道一改〕

Step A 〉 Step B 〉 Step C-②

●時　間 35分　●得　点
●合格点 75点　　　　点

解答▶別冊11ページ

重要 1 日本列島は，各種の自然災害が発生しやすい自然条件を有しており，これまでに地震，台風による豪雨災害，火山の噴火などさまざまな災害を経験してきた。自然災害や防災に関連して，あとの問いに答えなさい。

((1)①6点×3，他8点×5－58点)

(1) 次の図は1993年から2019年までの日本における，地震・津波などを除いたいくつかの自然災害による死者・行方不明者の推移を示したものである。次の問いに答えなさい。

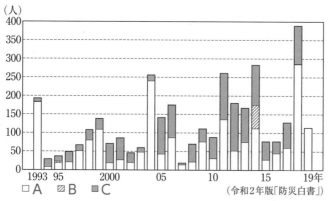

(令和2年版「防災白書」)

①図中のA～Cは，それぞれ次の**ア～ウ**のいずれかを示している。A～Cの内容として最も適当なものを，**ア～ウ**から1つずつ選び，記号で答えなさい。

ア 火 山　**イ** 風水害　**ウ** 雪 害

②火山に関して述べた文として誤っているものを，次の**ア～エ**から1つ選びなさい。

ア 日本国内には100を超える活火山があり，約50の火山で常時観測が行われている。

イ 日本国内のどの地方にも火山が分布し，中国・四国地方には特に活火山が多い。

ウ 火山の噴火による火山ガスや火山灰が健康被害をもたらすことがある。

エ 火山の噴出物が日光を遮ることで，広範囲に異常気象をもたらすことがある。

(2) 日本列島は4つのプレートの境界に位置する，世界の中でも地震が多い地域にあり，南海トラフ地震のような大規模災害も想定されている。南海トラフは4つのプレートの中で，どのプレートの境界にあるか。大陸プレート，海洋プレートの名前を1つずつ答えなさい。

(3) 降雨などで山地から平野までさまざまな災害がおこることがある。次の問いに答えなさい。

①各種の災害に対して，自治体などでは被害予測や避難情報を地図に示して公開している。そのような地図は一般に何と呼ばれるか，カタカナで答えなさい。

②日本では台風と呼ばれる熱帯低気圧は，毎年各地に暴風雨による被害をもたらす。台風に伴う風によって海水が海岸に吹き寄せられたり，低気圧によって海水面がもち上げられたりすることで，海面が上昇する現象は何と呼ばれるか，漢字で答えなさい。

(1)	①	A		B		C		②	
(2)	大陸プレート				海洋プレート				
(3)	①				②				

〔開成高一改〕

2 世界と日本の人口問題について，次の問いに答えなさい。

（6点×7－42点）

(1) 右の図1は日本・中国・インドの1980年から2020年の出生率（しゅっしょう）の推移を示したグラフである。図1中のa・bに該当（がいとう）する国をそれぞれ答えなさい。

(2) 図1中のaの国は出生率が急激に下がり，一方で人口は激増した。その理由を書きなさい。

(3) 図1中のbの国は80年代半ばから出生率が急激に下がっている。それには国の政策が大きく影響（えいきょう）している。その政策を何というか，答えなさい。

(4) 下の図2は日本の市町村別人口密度を，図3は日本の市町村別出生率を示している。これを見ると日本の人口分布は極めて偏（かたよ）りが大きいことがわかる。次の問いに答えなさい。

図1
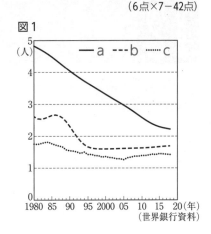
（世界銀行資料）

図2　市町村別人口密度（平成27年）
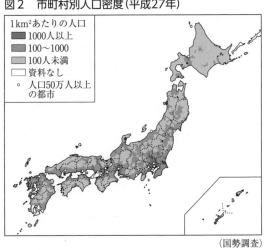
1km²あたりの人口
- 1000人以上
- 100～1000
- 100人未満
- 資料なし
- ∘ 人口50万人以上の都市
（国勢調査）

図3　市町村別出生率（平成22～24年平均）
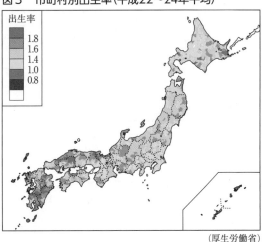
出生率
1.8
1.6
1.4
1.0
0.8
（厚生労働省）

①過疎（かそ）によって引きおこされている問題を1つ答えなさい。

②過疎問題を改善する取り組みの事例を1つ答えなさい。

③この2つの図を見比べると，人口密度の高い都会ほど出生率が低いという傾向（けいこう）が読み取れる。都会ほど出生率が低くなる理由として適当でないものを，次の**ア～エ**から1つ選びなさい。

ア 都会は地方に比べて託児施設（たくじしせつ）が不足しているから。

イ 都会は地方に比べて未婚率（みこん）が高く，晩婚化も進んでいるから。

ウ 都会は地方に比べて三世代同居率が低いから。

エ 都会は地方に比べて専業主婦の割合が低いから。

(1)	a		b		(2)		
					(3)		
(4)	①						
	②					③	

〔金沢大附高一改〕

12 日本の資源・エネルギーと産業

Step A ▷ **Step B** ▷ **Step C**

解答▶別冊12ページ

▶次の　　　に適語を入れなさい。

1 主な資源の輸入相手国

●各種エネルギー源の主な輸入先とその割合

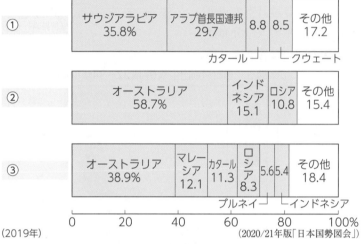

① サウジアラビア 35.8% ／ アラブ首長国連邦 29.7 ／ 8.8 ／ 8.5 ／ その他 17.2
　　カタール ┘ └ クウェート

② オーストラリア 58.7% ／ インドネシア 15.1 ／ ロシア 10.8 ／ その他 15.4

③ オーストラリア 38.9% ／ マレーシア 12.1 ／ カタール 11.3 ／ ロシア 8.3 ／ 5.6 ／ 5.4 ／ その他 18.4
　　ブルネイ ┘ └ インドネシア

0 20 40 60 80 100%

(2019年)　　　　(2020/21年版「日本国勢図会」)

2 発電のエネルギー源の変化

発電用ダムが必要な ④　　　発電　　二酸化炭素が発生する ⑤　　　発電

年			
1950年	81.7%		18.3
1970年	22.3%	76.4	0.0 / 1.3
1990年	11.2%	65.0	23.6 / 0.2
2010年	7.8%	66.7	24.9 / 0.6
2018年	8.7%	82.3	新エネルギー2.8 / 原子力6.2

0% 20 40 60 80 100

電気事業連合会しらべ。会計年度。新エネルギーとは，地熱，風力，太陽光など。

(2020/21年版「日本国勢図会」など)

3 全国の工業地帯・工業地域の工業生産額の割合

印刷業が盛ん
⑥　　　工業地帯
印刷3.8／その他9.2／輸送用機械21.9%／機械49.4%／その他の機械27.5／金属8.9／化学17.7／食料品11.0／その他の工業／食料品13.0

日本一の工業生産額 機械工業が3分の2以上
⑦　　　工業地帯
その他の工業10.3／食料品4.7／化学6.2／金属9.4／その他の機械19.4／機械69.4／輸送用機械50.0%

鉄鋼・化学など機械工業の素材となる産業が盛ん
⑧　　　工業地帯
輸送用機械9.1%／その他の工業14.4／食料品11.0／化学17.0／金属20.7／機械36.9%／その他の機械27.8

食料品工業の割合が多い
⑨　　　工業地域
その他／よう業3.9／10.7／輸送用機械34.5%／食料品16.9／化学／金属16.3／12.1／その他の機械／機械46.6%／14.6／5.6

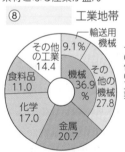
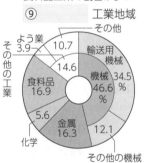

茨城県・群馬県・栃木県で機械工業が盛ん
⑩　　　工業地域
その他の工業15.7／輸送用機械20.0%／食料品15.5／化学9.9／金属13.9／その他の機械25.0／機械45.0%

鉄鋼・自動車や倉敷（くらしき）・周南（しゅうなん）での化学工業が盛ん
⑪　　　工業地域
輸送用機械20.0%／その他の工業15.9／食料品8.1／化学21.9／金属18.9／その他の機械15.2／機械35.2%

浜松（はままつ）で自動車・オートバイ 富士でパルプ工業が盛ん
⑫　　　工業地域
紙・パルプ／その他10.9／4.9／15.8／輸送用機械25.6%／その他の工業／食料品13.7／化学11.0／金属7.8／その他の機械26.1／機械51.7%

化学工業が特に盛ん
⑬　　　工業地域
その他の工業9.7／輸送用機械1.0%／12.1／機械13.1%／その他の機械／食料品15.8／化学39.9／金属21.5

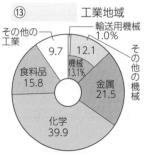

(2017年)　　　　(2020/21年版「日本国勢図会」など)

▶次の[　]に適語を書きなさい。

4　日本の資源とエネルギー

① 資　源…大部分を外国からの輸入に頼っており，[⑭　　　　　]は西アジア諸国など，石炭と鉄鉱石は[⑮　　　　　]などから輸入している。

② 電　力…1960年ごろまでは[⑯　　　　　]発電の割合が最も高かった。現在は[⑰　　　　　]発電が中心であるが，温室効果ガスを排出するという問題がある。[⑱　　　　　]発電は安定した電力を得られるが，2011年の東日本大震災での発電所の事故をきっかけに，利用が見直されている。

③ 環境への配慮…風力・太陽光・地熱などの[⑲　　　　　]エネルギーを利用した発電の拡大，リサイクルの一環としてパソコンや携帯電話などに使われる金や[⑳　　　　　]の回収と活用，消費電力の小さい家電製品の開発，排気ガスを出さない[㉑　　　　　]自動車の普及などが進められる。

5　日本の農業・水産業

① 農　業…稲作は全国で行われるが，[㉒　　　　　]地方や北陸地方で特に盛ん。野菜は，大都市周辺で行われる[㉓　　　　　]農業のほか，暖かな高知県や宮崎県などで行われる[㉔　　　　　]栽培，長野県や岩手県の高地などで行われる[㉕　　　　　]栽培により盛んに生産される。果物は気候に合わせて栽培される。畜産は北海道で乳牛や肉牛が，鹿児島県と宮崎県では肉牛や豚が盛んに飼育されている。農畜産物の輸入増加による食料[㉖　　　　　]の低下や，農家の後継者不足などが課題。

② 水産業…かつて盛んであった[㉗　　　　　]漁業の漁獲量は大きく減り，沖合漁業が中心に。「とる漁業」から「育てる漁業」への転換が進められ，養殖漁業や[㉘　　　　　]漁業に力が入れられている。

6　日本の工業

① 特　色…1960年代以降，工業の中心は軽工業から[㉙　　　　　]工業へ。さらに近年は，先端技術産業が大きく発展しつつある。

② 工業の盛んな地域…関東地方から九州地方北部へと続く[㉚　　　　　]に集中。京浜・[㉛　　　　　]・阪神・北九州の四大工業地帯の全国的地位は低下し，[㉜　　　　　]・東海・京葉・北関東などの新しい工業地域が発展。交通網の整備により，近年は内陸部にも工場が進出。

③ 工業の変化…多くの企業が人件費の安いアジア諸国などに生産拠点を移したことから，国内の生産が停滞する産業の[㉝　　　　　]が進んでいる。

7　日本の商業・サービス業

① 産業の分類など…商業やサービス業などの第[㉞　　　]次産業の就業者数は，全就業者数の70％近くを占めている。産業と人口の東京への集中がさらに進み，[㉟　　　　　]と呼ばれる状況がある。

② 商業の変化…コンビニエンスストアや大型のショッピングセンターの増加，テレビや[㊱　　　　　]を利用した通信販売の普及など。

⑭ ＿＿＿＿＿＿

⑮ ＿＿＿＿＿＿

⑯ ＿＿＿＿＿＿

⑰ ＿＿＿＿＿＿

⑱ ＿＿＿＿＿＿

⑲ ＿＿＿＿＿＿

⑳ ＿＿＿＿＿＿

㉑ ＿＿＿＿＿＿

㉒ ＿＿＿＿＿＿

㉓ ＿＿＿＿＿＿

㉔ ＿＿＿＿＿＿

㉕ ＿＿＿＿＿＿

㉖ ＿＿＿＿＿＿

㉗ ＿＿＿＿＿＿

㉘ ＿＿＿＿＿＿

㉙ ＿＿＿＿＿＿

㉚ ＿＿＿＿＿＿

㉛ ＿＿＿＿＿＿

㉜ ＿＿＿＿＿＿

㉝ ＿＿＿＿＿＿

㉞ ＿＿＿＿＿＿

㉟ ＿＿＿＿＿＿

㊱ ＿＿＿＿＿＿

Step A ▶ Step B ▶ Step C

●時　間 35分　●得　点
●合格点 75点　　　　点

解答▶別冊12ページ

1 [日本の農業] 次の問いに答えなさい。　　　　((3)10点，他8点×5—50点)

(1) Mさんは，地理的分野の授業で日本の農業などについて調べることにした。次の地図・表を見て，あとの問いに答えなさい。

①Mさんは，農産物について調べ，2018年における米，みかん，りんご，きゅうりの収穫量の上位3位までの道県を地図1に示し，次の表1をつくった。地図1および表1の中の ⬚ Ⅰ ～ ⬚ Ⅲ にあてはまる農産物として正しいものを，それぞれ答えなさい。

地図1

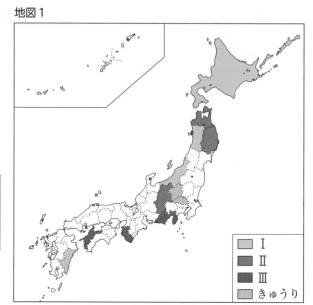

表1

	Ⅰ	Ⅱ	Ⅲ	きゅうり
1位	新潟県	青森県	和歌山県	宮崎県
2位	北海道	長野県	静岡県	群馬県
3位	秋田県	岩手県	愛媛県	埼玉県

(2020年版「データでみる県勢」)

②Mさんは，地図1中の宮崎県におけるきゅうりの栽培方法について調べ，次のようにまとめた。まとめの中の ⬚ X にあてはまる語を答えなさい。

> 野菜や果実などは，多く出回る時期が決まっているので，価格の高い時期に出荷をするため， ⬚ X 栽培や抑制栽培を行うことがある。 ⬚ X 栽培は出荷時期を早めるくふうをした栽培方法で，ビニールハウスや温室などの施設を利用することがある。

(2) 次の表2は，地図1中の北海道，青森県，長野県，静岡県の人口(2018年)，人口密度(2018年)，産業別人口割合(2017年)，農業産出額(2017年)，漁業生産量(2017年)，工業出荷額(2017年)を示したものである。青森県にあたるものを，表2中の**ア～エ**から1つ選び，記号で答えなさい。

表2

道県名	人口(千人)	人口密度(人/km²)	産業別人口割合(%)			農業産出額(億円)	漁業生産量(t)	工業出荷額(億円)
			第1次産業	第2次産業	第3次産業			
ア	5,286	67.4	6.1	17.4	76.5	12,762	829,188	62,126
イ	3,659	470.5	3.3	33.4	63.3	2,263	208,091	169,119
ウ	2,063	152.1	8.5	28.7	62.7	2,475	1,765	62,316
エ	1,263	130.9	12.0	20.8	67.2	3,103	186,916	19,361

(2020年版「データでみる県勢」)

記述

(3) 近年，環境問題解決の試みとの関連で，さとうきびが注目されている。さとうきびが注目された理由と，それによって新たに生じる問題をあわせて説明しなさい。

(1)	①	Ⅰ		Ⅱ		Ⅲ		②		(2)		(3)	

〔埼玉一改〕

2 [日本の発電・産業] 次の問いに答えなさい。 (10点×5−50点)

(1) 資料Ⅰは，日本のエネルギー供給量とその内訳の推移を示したものである。また，資料Ⅱは，日本のエネルギー自給率の推移を示したものである。2つの資料から読み取ることができる内容として適切なものを，下の**ア～エ**から1つ選び，記号で答えなさい。

資料Ⅰ

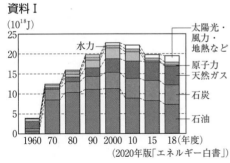

(2020年版「エネルギー白書」)

資料Ⅱ

年度	1960	1970	1980	1990	2000	2010	2018
エネルギー自給率(%)	58.1	15.3	12.6	17.0	20.2	20.2	11.8

(2020年版「エネルギー白書」)

ア 各年度とも，エネルギー供給量に占める石油の供給量が最も多く，エネルギー自給率は20％を超えていない。

イ 1970年度は，1960年度に比べてエネルギー供給量が2倍以上になり，エネルギー自給率は低下した。

ウ 1970年度から2000年度までの10年ごとでは，エネルギー供給量は増え続け，エネルギー自給率は上がり続けた。

エ 2018年度は，2010年度までに比べてエネルギー供給量が減少し，エネルギー自給率は上昇した。

(2) 右の表は，火力発電，原子力発電，再生可能エネルギーによる発電の1つである太陽光発電を取り上げ，それぞれの利点と欠点を整理したものである。表中のB，Eにあてはまるものとして最も適切なものを，次の**ア～カ**からそれぞれ1つずつ選び，記号で答えなさい。ただし，A～Fには，**ア～カ**が重複せず1つずつ入るものとする。

	利点	欠点
火力発電	A	B
原子力発電	C	D
太陽光発電	E	F

ア 発電時に二酸化炭素を排出する。

イ 電力の需要量に合わせて発電量を調整しやすい。

ウ 資源が枯渇するおそれがなく，発電時に二酸化炭素を排出しない。

エ 少ない燃料で多くのエネルギーを取り出すことができ，発電時に二酸化炭素を排出しない。

オ 電力の供給が自然条件に左右され，現在の技術では発電などにかかる費用が高い。

カ 事故の際の被害が大きく，発電後に生じる廃棄物の処理にも課題がある。

(3) 右の図は，京浜工業地帯，中京工業地帯，阪神工業地帯，京葉工業地域の4つの工業地帯・地域をとりあげて，産業別出荷額割合を表したものである。このうち京浜工業地帯と京葉工業地域はどれか。図の**ア～エ**からそれぞれ1つ選び，記号で答えなさい。

	金属	機械	化学	食料品	その他
ア	21.5%	13.1	39.9	15.8	9.7
イ	20.7%	36.9	17.0	11.0	14.4
ウ	8.9%	49.4	17.7	11.0	13.0
エ	9.4%	69.4	6.2	4.7	10.3

(2017年) (2020/21年版「日本国勢図会」など)

(1)		(2)	B		E		(3)	京浜工業地帯		京葉工業地域	

〔奈良一改〕

13 日本の交通・通信・貿易

Step A ▶ Step B ▶ Step C

解答 ▶ 別冊12ページ

▶次の　　　　に適語を入れなさい。

1 日本の輸出入品と輸入相手国

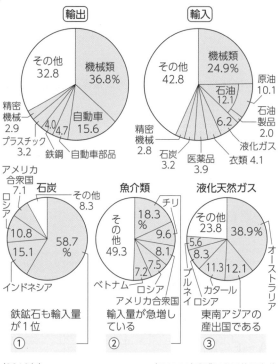

（2019年）　　　　　　　　（2020/21年版「日本国勢図会」）

① 鉄鉱石も輸入量が1位
② 輸入量が急増している
③ 東南アジアの産出国である

2 新幹線の路線

盛岡ー秋田　⑦　　新幹線
東京ー新青森　⑧　　新幹線
大宮ー新潟　⑥　　新幹線
高崎ー金沢　⑤　　新幹線
新大阪ー博多　④　　新幹線
福島ー新庄　⑨　　新幹線
東京ー新大阪　⑩　　新幹線
博多ー鹿児島中央　⑪　　新幹線

3 主な国内線の旅客輸送量

九州の中枢都市　⑫
北海道の道庁所在地　⑬

旅客数100万人以上の路線　（単位　万人）

長崎 177　大分 124　宮崎 142　熊本 198　鹿児島 252　宮古島 113　石垣 115

北九州　大阪 112　小松　関西 109　中部 115　151　906　872　113　548　125　105　127　188

成田　188

東京（羽田）595　広島 188　松山 157　高松 126

108　119

（2018年度）　　　　　　　（2020/21年版「日本国勢図会」）

沖縄県の県庁所在地　⑭

4 国内輸送の変化

旅客輸送
（1965年度＝　3,825億人キロ）
（2018年度＝1兆4,558億人キロ）

貨物輸送
（1965年度＝1,863億トンキロ）
（2018年度＝4,115億トンキロ）

減少傾向にある　⑮

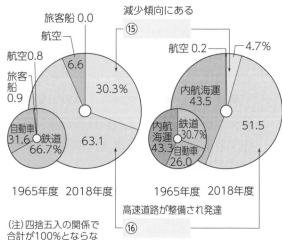

旅客船 0.0
航空 6.6
30.3%
航空 0.8
旅客船 0.9
自動車 31.6
鉄道 66.7%
鉄道 63.1

航空 0.2　4.7%
内航海運 43.5
51.5
内航海運 43.3
鉄道 30.7%
自動車 26.0

1965年度　2018年度　　1965年度　2018年度

高速道路が整備され発達　⑯

（注）四捨五入の関係で合計が100%とならない場合がある。

（2020/21年版「日本国勢図会」など）

▶次の[　]に適語を書きなさい。

5 日本の輸送・交通

① **海上輸送**…安い費用で大量に輸送できることから，[⑰　　　　]輸送で盛んに利用される。原油などの液体を運ぶ[⑱　　　　]や，大きさの決まった金属の箱に荷物を収めて運ぶ[⑲　　　　]船などが利用されるが，石炭や鉄鉱石といった原料・燃料の輸送にも適している。

② **航空輸送**…高速での輸送が可能であることから，主に旅客輸送に利用されるが，近年は[　⑰　]輸送の輸送量も増えている。電子部品や貴金属，魚介類（ぎょかいるい），生花など，小型・軽量で高価な荷物の輸送に適している。羽田（はねだ）の東京国際空港は，地域の交通の拠点（きょてん）となる[⑳　　　　]空港化を目ざしているが，アジアの大都市の空港との競争が激しくなっている。

③ **自動車輸送**…人や荷物を目的地まで直接運べるという利点があり，[　⑰　]輸送・旅客輸送とも大きな割合を占（し）めている。特に，[㉑　　　　]網（もう）が整備されたことで，トラックによる[　⑰　]輸送が盛んになり，さまざまな産業を支える存在となっている。また，交通の便がよいインターチェンジ付近には工業団地や流通団地がつくられている。

④ **鉄道輸送**…主に旅客輸送に利用され，[　⑰　]輸送の輸送量は減少した。近・中距離（きょり）の都市間輸送には[㉒　　　　]が，大都市圏内（けんない）の通勤・通学には電車が利用される。

6 通信技術の発達

① **情報通信技術（ICT）の発達**…パソコンや[㉓　　　　]などの情報通信機器の普及（ふきゅう）により，世界中の人々との間で情報の交換（こうかん）や商品の取り引きが可能になる。国際通信には，通信衛星や高速で大容量の[㉔　　　　]を用いた海底ケーブルが利用されている。

② **生活の変化**…[㉕　　　　]を使って，通信販売（はんばい）で商品を購入（こうにゅう）したり，医師の遠隔診断（えんかくしんだん）を受けたりすることができるようになった。一方で，[　㉕　]を利用できる人とそうでない人との間で情報[㉖　　　　]が生じている。

7 日本の貿易

① **特　色**…かつては原料や燃料を輸入して製品を輸出する[㉗　　　　]が行われていたが，1980年代に入ってアメリカ合衆国などとの間で貿易[㉘　　　　]が激（げき）しくなると，日本企業が海外に工場を建てて現地生産を行うようになった。さらに，人件費の安い[㉙　　　　]諸国に生産拠（きょ）点（てん）を移す企業も増え，その結果，近年は工業製品の輸入が増えている。

② **主な輸出入品**…輸入額では，機械類と[㉚　　　　]の割合が大きい。近年は，火力発電の燃料となる[㉛　　　　]の輸入が急増している。輸出額では，機械類と[㉜　　　　]が大きな割合を占めている。

③ **主な貿易相手国**…2000年代初めまでは，[㉝　　　　]が輸入額・輸出額とも1位であった。現在は[㉞　　　　]が最大の貿易相手国となっている。

⑰ _____
⑱ _____
⑲ _____
⑳ _____
㉑ _____
㉒ _____

㉓ _____
㉔ _____
㉕ _____
㉖ _____

㉗ _____
㉘ _____
㉙ _____
㉚ _____
㉛ _____
㉜ _____
㉝ _____
㉞ _____

Step A 〉 Step B 〉 Step C

●時間 35分　●得点
●合格点 75点　　　　点

解答▶別冊13ページ

1 [日本の交通] 次の問いに答えなさい。　　　　　　　　　　　　(5点×4−20点)

(1) 下のグラフは，日本の国内輸送の輸送機関別の割合の変化を示したものである。グラフの①～④は，自動車，船舶，鉄道，航空機のいずれかを示している。①と③にあてはまる交通機関を，次の**ア～エ**から1つずつ選び，記号で答えなさい。

ア 自動車　**イ** 船舶　**ウ** 鉄道　**エ** 航空機

| 貨物輸送 | | 旅客輸送 | |

貨物(1965年)
1,863億トンキロ

貨物(2018年)
4,115億トンキロ

旅客(1965年)
3,825億人キロ

旅客(2018年)
1兆4,558億人キロ

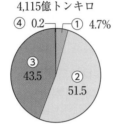

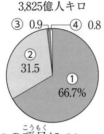

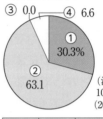

(注)四捨五入の関係で合計が100%とならない場合がある。
(2020/21年版「日本国勢図会」)

(2) 右の表は，交通に関するA～Dの4つの項目について，1～3位と46・47位の都道府県を示したものである。表中のB・Dの示す項目として適当なものを，次の**ア～エ**から1つずつ選び，記号で答えなさい。

ア 鉄道旅客数

イ 自転車保有台数(人口100人あたり)

ウ 道路の実延長距離

エ 乗用車保有台数(人口100人あたり)

	1位	2位	3位	46位	47位
A	埼玉	大阪	東京	長崎	沖縄
B	東京	大阪	神奈川	宮崎	島根
C	北海道	新潟	福島	佐賀	沖縄
D	群馬	茨城	栃木	大阪	東京

(「貨物・旅客地域流動統計」など)

(1)	①		③		(2)	B		D	

〔滝　高〕

2 [日本の貿易] 次ページの地図は日本の主要貿易港の分布を，表は輸入額(2019年)の多い貿易港と，それぞれの上位4位までの輸入品目を示したものである。これらを見て，あとの問いに答えなさい。　　　　　　　　　　　　(5点×16−80点)

(1) AおよびBの貿易港を都市名で答えなさい。

(2) 表中のXの名称を答え，その最も大きな割合を占める輸入先(地域)を，次の**ア～オ**から1つ選び，記号で答えなさい。

　　ア 中国・韓国　　　　**イ** オセアニア　　**ウ** ヨーロッパ

　　エ ペルシア湾沿岸　　**オ** メキシコ湾沿岸

(3) 表中のY，Zはともに食料である。日本のYの輸入量は世界最大級であり，Zは第二次世界大戦後増えてきた輸入品である。YとZの名称と，Zの最大の輸入相手国を答えなさい。

(4) 集積回路は成田国際空港の主要な輸出品であるが，この品目が主要な輸出品である理由を簡潔に説明しなさい。

(5) Zの南半球最大の輸入相手国はどこか。その国名を答えなさい。

(6) 輸入される自動車の半分以上は，EU加盟国からのものである。その国名を答えなさい。

(7) 鹿島，四日市，水島の各港に隣接する地域で共通して盛んな工業は何か，次の**ア～オ**から1つ選び，記号で答えなさい。

 ア 精密機械工業　**イ** 造船業　**ウ** 繊維工業

 エ 石油化学工業　**オ** 自動車工業

(8) 横須賀，三河においては，いずれも輸出額が輸入額を大きく上回っており，しかも輸出額のほとんどは特定の品目が占めている。その品目の名称と最大の輸出相手国を答えなさい。

(9) 図中の鹿島付近から，門司を含む北九州地域までは，日本の工業生産の中軸をなしているが，この地帯は何と呼ばれているか，答えなさい。

(10) 日本において，(9)の地帯に含まれない百万都市を1つ答えなさい。

貿易港	輸入額 (億円)	主な輸入品(数値は金額による%)
成田国際空港	129,560	通信機13.7　医薬品12.3　コンピュータ8.8　集積回路8.4
東　京	114,913	衣類8.9　コンピュータ5.3　Z4.6　Y4.5
名古屋	50,849	液化ガス8.4　X7.8　衣類7.1　絶縁電線・ケーブル5.1
A	48,920	X12.0　液化ガス4.5　アルミニウム3.5　衣類3.3
大　阪	47,781	衣類15.0　Z6.9　家庭用電気機器3.3　金属製品3.2
関西国際空港	39,695	医薬品23.2　通信機14.2　集積回路6.2　科学光学機器4.8
B	33,103	たばこ6.8　衣類6.5　無機化合物4.2　有機化合物3.9
千　葉	32,682	X53.4　液化ガス17.4　自動車9.1　鉄鋼3.7
川　崎	23,571	X31.1　液化ガス29.6　Z14.8　Y5.1

(2020/21年版「日本国勢図会」)

〔記述〕(11) 右の表は2018年における日本の海上輸送と航空輸送の輸出額と輸出量を示したものである。この表をもとに述べた次の◻にあてはまる，輸送されるものの特徴を簡潔に述べなさい。

 表から，航空輸送で取りあつかうものは，海上輸送に比べて◻という特徴がある。

表
	輸出額(億円)	輸出量(万 t)
海上輸送	574,323	16,164
航空輸送	239,139	145

(2020/21年版「日本国勢図会」など)

(1)	A	B		(2)	X	記号

(3)	Y	Z	国名

(4)	

(5)	(6)	(7)

(8)	品目	国名	(9)

(10)	(11)

〔同志社高・長崎一改〕

月　　日

Step A 〉 Step B 〉 Step C-③

●時　間 35分　　●得　点
●合格点 75点　　　　　　　点

解答▶別冊13ページ

1 日本の港や空港に関する次の問いに答えなさい。　　　　　　　　　(10点×2－20点)

(1) 資料1は，関東にある主な貿易港の輸出入額
を示したものである。 X には，輸出入額
の合計が日本で最も大きい貿易港が入る。
X の貿易港の名称を答えなさい。

(2) 航空輸送によって輸出される貨物には，どの
ような特徴があるか。資料2と資料3を参考
にし，重量と金額に着目して答えなさい。

資料1　港別貿易額　　　　　　　　　　(億円)

	輸出	輸入	計
X	105,256	129,560	234,816
東京港	58,237	114,913	173,150
横浜港	69,461	48,920	118,381
千葉港	7,180	32,682	39,862

(2019年)　　　　　(2020/21年版「日本国勢図会」)

資料2　輸出される貨物の重量と金額　(2014年)

	重量(千 t)	金額(十億円)
航空輸送される貨物	965	18,973
海上輸送される貨物	285,850	54,120
合計	286,815	73,093

(国土交通省「航空物流レポート」)

資料3　主な輸出品目の金額の割合

航空輸送される貨物(2019年)　(%)

半導体等電子部品	17.1
科学光学機器	5.8
電気計測機器	3.2
その他	73.9

(2020/21年版「日本国勢図会」)

海上輸送される貨物(2019年)　(%)

機械類	33.1
乗用自動車	19.6
鉄鋼	5.6
その他	41.7

(国土交通省「海事レポート」)

(1)
(2)

〔富山一改〕

2 次の問いに答えなさい。　　　　　　　　　　　　　　　　　　　(10点×2－20点)

(1) 図1は，米，小麦，野菜，果実の国内自給率の
推移を表したものである。この図のうち，果実
はどれか。図中のア～エから1つ選び，記号で
答えなさい。

(2) 図2は，東京都と周辺地域(茨城県，神奈川県，
埼玉県，千葉県をあわせた範囲)が全国に占め
る割合を4つの指標について示したものであ
る。指標aと指標cにあてはまるものを図中の
ア～エからそれぞれ選び，指標a→指標cの順
にその記号を答えなさい。

指標a　ねぎの収穫量(2018年)
指標b　輸送用機械器具の出荷額(2018年)
指標c　ソフトウェア業の売上高(2015年)
指標d　コンビニエンスストアの店舗数(2020年)

図1

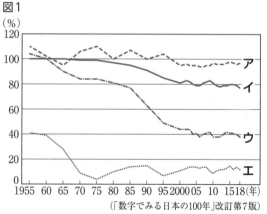

(「数字でみる日本の100年」改訂第7版)

図2

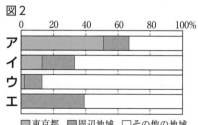

■東京都 ■周辺地域 □その他の地域
(2020年版「データでみる県勢」など)

(1)	(2) 　　　　　→

〔東大寺学園高一改〕

3 発電について，次の問いに答えなさい。

((3)①12点，他8点×6—60点)

(1) 右の図1は，主な国の発電量の内訳(％)を表したもので，A～Dの国は次の**ア**～**エ**のいずれかである。AとBにあてはまる国を，**ア**～**エ**からそれぞれ選び，記号で答えなさい。

ア オーストラリア　**イ** ノルウェー
ウ 日　本　　　　　**エ** フランス

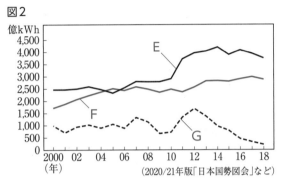

図1　□水力　▤火力　▥原子力　■その他

A	95.7　2.1┤⊢2.2
B	9.8▕13.0▏70.9　6.3
C	8.9▏85.5　3.1┤⊢2.5
D	6.3▏85.7　8.0

(2017年)　　(2020/21年版「世界国勢図会」)

(2) 右の図2は日本の発電源別発電電力量の推移を表したもので，図中のE～Gは石炭，石油，LNGのいずれかである。石炭と石油の組み合わせとして正しいものを，次の**ア**～**カ**から1つ選び，記号で答えなさい。

	ア	イ	ウ	エ	オ	カ
石炭	E	E	F	F	G	G
石油	F	G	E	G	E	F

図2

億kWh

(2020/21年版「日本国勢図会」など)

(3) 右の図3は，日本における主な水力発電所・火力発電所・原子力発電所・風力発電所などの分布を「日本国勢図会」や地図帳で調べ，表したものである。この図を見て，次の問いに答えなさい。

[記述] ①それぞれの発電方法には異なる立地条件がある。日本における火力発電所の立地条件を2つ述べなさい。

②図3には**ア**～**オ**の5種類の発電所の分布が示されている。水力・火力・原子力・風力の4種類ともう1つはどんな発電か，漢字で答えなさい。

図3

★	ア
●	イ
×	ウ
△	エ
●	オ

(4) 右の表は，ある4か国のエネルギー消費量の推移を表したものである。表中のa～dには下の**ア**～**エ**のいずれかの国名が入る。b，dにあてはまる国名を，下の**ア**～**エ**からそれぞれ選び，記号で答えなさい。

	1970年	1980年	1990年	2000年	2017年
a	152,470	163,070	191,502	227,378	215,523
b	19,840	38,640	87,364	112,987	306,343
c	22,870	29,440	43,866	51,817	43,203
d	2,870	6,380	14,030	18,767	29,024

(石油換算，単位は万t) (2020/21年版「世界国勢図会」など)

ア アメリカ合衆国　**イ** 中　国　**ウ** 日　本　**エ** ブラジル

(1)	A	B	(2)	(3)①	
				②	
(4)	b	d			

〔広島大附高一改〕

第1章　第2章　第3章　第4章　テーマ別知識　総合実力テスト

Step A 〉 Step B 〉 Step C-④

●時 間 35 分　●得 点
●合格点 75 点　　　　点

解答▶別冊13ページ

1 次の表を見て，あとの問いに答えなさい。

(8点×5−40点)

(1) 日本の国産材の供給量が1965年以降，減少に転じた理由を説明したものとして適切なものを次の**ア〜エ**から１つ選び，記号で答えなさい。

表　日本の木材生産量と輸入の変化

	国産材	輸入材
1955年	42,794	2,484
1965年	50,375	20,155
1975年	34,577	61,792
1985年	33,074	59,827
1995年	22,916	89,006
2005年	17,176	68,681
2015年	21,797	49,086
2018年	23,680	49,505

（単位：千m³）　（「森林・林業白書」）

　　ア 日本経済が高度成長期に入ったことで，多くの人が山林を宅地に変えたから。

　　イ 環境悪化により，日本の山林の多くが枯れてしまったから。

　　ウ コンクリートなどの建材の価格が大きく低下したから。

　　エ 国産材に比べて，輸入材の価格が大きく低下したから。

記述(2) 日本の林業は，農業と同じ問題を抱えている。問題を１つ挙げなさい。

(3) 2015年に国産材の供給量が増え，輸入材の供給量が減った理由と考えられるものとして不適切なものを次の**ア〜エ**から１つ選び，記号で答えなさい。

　　ア 円 高　　**イ** 輸入材の価格高騰　　**ウ** 国産間伐材の利用増加　　**エ** 地産地消の推進

記述(4) 次の資料Ⅰは，自動車，路線バス，路面電車で，同じ人数を輸送するのに必要な台数のイメージを，資料Ⅱは，輸送機関別のエネルギー消費量と二酸化炭素排出量を，資料Ⅲは，路面電車を導入しているある都市で，車を自由に使えない人に占める年代別の割合を示したものである。これからの社会において，路面電車の導入によって期待できることは何か，資料から読み取れることにふれ，環境と高齢化の２つの側面から，それぞれ簡単に答えなさい。

資料Ⅰ

自動車　　　路線バス　　　路面電車
（路面の鉄道）

資料Ⅱ

輸送機関	1人を1km運ぶときのエネルギー消費量(kcal)	1人を1km運ぶときの二酸化炭素排出量(g)
鉄 道	104	22
バ ス	183	56
自動車	613	147

（国土交通省）

資料Ⅲ　ある都市で車を自由に使えない人に占める年代別の割合

```
20代   40代
┌─┐  ┌─┐
10代 3.7 4.3 50代  60代    70代      80代
9.8%        8.5  21.8    31.1      18.3
└─30代 2.5─┘
0    20    40    60    80    100%
```

※車を自由に使えない人
・運転免許証がない人
・自分専用の車がない人

(1)	(2)	(3)
(4) 環境		
高齢化		

〔岩手一改〕

2 資源・エネルギーと産業に関するあとの問いに答えなさい。　((5)9点×2，他6点×7－60点)

(1) 次の表1は日本が輸入する原油・石炭・液化天然ガスの，輸入相手上位国とその割合を示している。ＸとＺにあてはまる資源名を，次の**ア〜ウ**からそれぞれ選び，記号で答えなさい。

表1

	X		Y		Z	
1位	オーストラリア	38.9%	オーストラリア	58.7%	サウジアラビア	35.8%
2位	マレーシア	12.1	インドネシア	15.1	アラブ首長国連邦	29.7
3位	カタール	11.3	ロシア	10.8	カタール	8.8
4位	ロシア	8.3	アメリカ合衆国	7.1	クウェート	8.5
5位	ブルネイ	5.6	カナダ	5.5	ロシア	5.4

(2019年)　(2020/21年版「日本国勢図会」)

ア 原　油　　**イ** 石　炭　　**ウ** 液化天然ガス

(2) 次の表2は，アメリカ合衆国・中国・ブラジル・フランスの発電量の内訳(2017年)を示している。フランスにあたるものとして正しいものを，表2中の**ア〜エ**から1つ選び，記号で答えなさい。

表2

	水　力	火　力	原子力	その他
ア	62.9%	27.0	2.7	7.4
イ	7.6%	64.6	19.6	8.2
ウ	9.8%	13.0	70.9	6.3
エ	17.9%	71.9	3.7	6.4

(2020/21年版「日本国勢図会」)

(3) 資源・エネルギーについて述べた文として誤っているものを，次の**ア〜エ**から1つ選び，記号で答えなさい。

ア シェールガスは地下深くの固い岩盤に閉じ込められた天然ガスの一種で，北アメリカなどで開発が進んでいる。

イ 日本では廃棄された工業製品に含まれるレアメタルを取り出す資源リサイクルが進み，レアメタルの輸入は激減している。

ウ メタンハイドレートはメタンガスを含んだ氷状の物質で，海底や永久凍土の地下に存在し，「燃える氷」とも呼ばれている。

エ バイオ燃料はとうもろこしやさとうきびを原料とした燃料で，ブラジルでは自動車の燃料として活用されている。

記述 (4) 工場の立地は工業の種類によって異なるが，日本の場合，工場がすべて沿岸部に立地している工業を次の**ア〜カ**から2つ選び，記号で答えなさい。またその理由を20字以内で説明しなさい。

ア セメント工業　　**イ** 鉄鋼業　　**ウ** 石油化学工業

エ 電気機械工業　　**オ** IC工業　　**カ** 自動車組み立て工業

記述 (5) 日本における米の生産量は1970年代から2018年まで生産調整され減少してきたが，このような政策がとられた理由を説明しなさい。また，この政策が2018年に廃止された理由も説明しなさい。

(1)	X		Z		(2)		(3)		(4)	記号		理由

(5)　政策の理由

廃止の理由

〔高田高一改〕

14 九 州 地 方

Step A 〉 Step B 〉 Step C

解答▶別冊14ページ

▶次の　　　に適語を入れなさい。

1 九州地方の自然と農業

低くてなだらかな
① 　　　　山地

有明海に流れ込む
⑥ 　　　　川

世界最大級のカルデラ
がある
② 　　　　山

促成栽培が盛んな
⑦ 　　　　平野

クリーク（水路）
が発達している
③ 　　　　平野

茶の栽培が盛んな
⑧ 　　　　

九州地方を南北
に分ける
④ 　　　　山地

古い火山灰でできた
⑨ 　　　　台地

世界自然遺産で
ある
⑤ 　　　　島

宇宙センター
がある
⑩ 　　　　島

2 九州地方の位置

中国経済の中心都市
⑪ 　　　　

韓国の首都
⑫ 　　　　

3 九州地方の畜産業

● 主な家畜の飼育数の県別割合

乳牛　計133万頭

北海道 60.1%		その他 32.7

栃木3.9　熊本3.3

肉牛　計250万頭

北海道 20.5%	鹿児島 13.5	宮崎 10.0	その他 51.0

熊本5.0

豚　計916万頭

鹿児島 13.9%	宮崎 9.1	7.6	6.9	その他 62.5

北海道　群馬

肉用若鶏　計1.4億羽

宮崎 20.4%	鹿児島 20.2	岩手 15.7	その他 38.7

青森5.0

0　　20　　40　　60　　80　　100%
(2019年)　　（2020年版「データでみる県勢」）

4 九州地方の産業

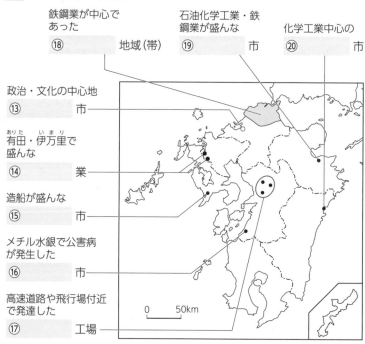

鉄鋼業が中心で
あった
⑱ 　　　　地域（帯）

石油化学工業・鉄
鋼業が盛んな
⑲ 　　　　市

化学工業中心の
⑳ 　　　　市

政治・文化の中心地
⑬ 　　　　市

有田・伊万里で
盛んな
⑭ 　　　　業

造船が盛んな
⑮ 　　　　市

メチル水銀で公害病
が発生した
⑯ 　　　　市

高速道路や飛行場付近
で発達した
⑰ 　　　　工場

▶次の[　]に適語を書きなさい。

5 九州地方の自然

① 地　形…世界最大級の[㉑　　　]をもつ阿蘇山をはじめ，多くの火山がある。火山は噴火による被害が発生することもあるが，温泉などの恵みももたらし，大分県の八丁原などには[㉒　　　]発電所が設けられている。[㉓　　　]川の下流には筑紫平野が形成され，[㉔　　　]海沿岸には多くの干潟や干拓地が広がっている。

② 気　候…鹿児島県から沖縄県へと続く[㉕　　　]諸島は亜熱帯の気候に属する。九州地方のほとんどは夏に雨が多い，太平洋側の気候である。

6 九州地方の農業

① 稲　作…[㉖　　　]平野はクリーク（水路）が発達しており，稲作が盛んである。

② 畑　作…[㉗　　　]平野ではビニールハウスを利用し，時期を早めて出荷する[㉘　　　]が行われている。ピーマンなどの農産物は，カーフェリーを利用して出荷される。

③ シラス台地…鹿児島県を中心に広がる古い火山灰でできた台地。水もちが悪いので稲作には向かず，さつまいもや茶の栽培が盛ん。牧畜も行われており，豚は[㉙　　　]県が，肉用若鶏は[㉚　　　]県がそれぞれ日本一の飼育数である。

④ 工芸作物など…[㉛　　　]平野では，たたみ表の原料の[㉜　　　]を栽培している。大分県では，「一村一品運動」により，しいたけやかぼすなどの特産品が生まれ，地域ブランドとなる。

7 九州地方の工業

① 北九州工業地域（帯）…1901年に操業を開始した官営の[㉝　　　]製鉄所を中心に発展。[㉞　　　]炭田の石炭と中国から輸入する鉄鉱石をもとに鉄鋼業が発達したが，1960年代にエネルギー源の中心が石炭から石油に代わったことなどから，全国的な地位は低下した。

② 機械工業の発達…九州各地に[㉟　　　]（集積回路）などの電子部品や自動車の組み立て工場がつくられるようになる。

③ 環境問題への対応…かつて公害病の[㊱　　　]病が発生した熊本県水俣市と，大気汚染や水質汚濁の問題を克服した北九州市は，ごみの分別やリサイクルなどに取り組み，ともに[㊲　　　]都市に認定された。

8 沖縄県

① あらまし…かつて[㊳　　　]王国が栄えた。第二次世界大戦末期に戦場となり，現在も広大な[㊴　　　]軍の軍事基地がある。

② 産　業…温暖な気候を生かし，[㊵　　　]やパイナップル，花などの生産が盛ん。亜熱帯の美しい自然や[㊳]王国の遺跡，独自の文化を求めて多くの人々が訪れることから，[㊶　　　]業が発達している。

㉑＿＿＿　㉒＿＿＿　㉓＿＿＿　㉔＿＿＿　㉕＿＿＿　㉖＿＿＿　㉗＿＿＿　㉘＿＿＿　㉙＿＿＿　㉚＿＿＿　㉛＿＿＿　㉜＿＿＿　㉝＿＿＿　㉞＿＿＿　㉟＿＿＿　㊱＿＿＿　㊲＿＿＿　㊳＿＿＿　㊴＿＿＿　㊵＿＿＿　㊶＿＿＿

Step A ▶ Step B ▶ Step C

●時　間 35分　　●得　点
●合格点 75点　　　　　　　点

解答▶別冊14ページ

1 [九州地方の産業・観光] 次の問いに答えなさい。　　　　　（6点×4−24点）

(1) 九州南部にある火山活動を伴う火山灰などの噴出物が積もってできた台地を何というか，答えなさい。

(2) グラフＩは，2017年の宮崎県，青森県，埼玉県，新潟県の農業産出額の品目別の割合を表したものである。宮崎県を示しているものを，グラフ**ア〜エ**から1つ選び，記号で答えなさい。

グラフＩ

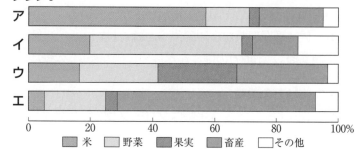

　米　　野菜　　果実　　畜産　　その他

（2020年版「データでみる県勢」）

(3) 右の資料Ｉは，2018年の長崎県と群馬県の面積，小学生の人数，小学校数を示したものである。資料Ⅱは，資料Ｉから読み取ったことや疑問に思ったことをもとに仮説をたてたものである。〈仮説〉の（　Ｘ　）に入る内容を長崎県の地形的な特徴をふまえた上で，書きなさい。

資料Ｉ

	面積(km²)	小学生の人数(人)	小学校数(校)
長崎県	4,132	71,000	330
群馬県	6,362	101,000	312

（2018年版「文部科学統計要覧」）

資料Ⅱ

〈資料Ｉから読み取ったこと〉
　長崎県は，群馬県と比較して面積が小さく，小学生も少ない。
〈疑問に思ったこと〉
　群馬県よりも長崎県に小学校が多いのはなぜだろうか？
〈仮説〉　長崎県に小学校が多いのは，（　Ｘ　）からである。

(4) 次のＸ〜Ｚの文は，グラフⅡのあ〜うのいずれかの県のそれぞれの風景について説明したものである。Ｘ〜Ｚとあ〜うの組み合わせとして最も適切なものを，あとの**ア〜カ**から1つ選び，記号で答えなさい。

Ｘ　筑後川の下流域に広がる平野は，有明海に面しており，干拓地には水田が広がっている。

Ｙ　日向灘に面した平野一帯では，ビニールハウスできゅうりやピーマンなどが栽培されている。

Ｚ　海にはさんご礁が広がり，石垣島にはさとうきびやパイナップルなどの畑が広がっている。

グラフⅡ　九州地方の3県への国内旅行の宿泊旅行者の人数とその目的別人数の割合

あ　27.6　37.9％　8,935千人　34.4
い　11.4　43.6％　1,784千人　45.0
う　15.3　14.3　7,484千人　70.4％

　観光・レクリエーション　　帰省・知人訪問等　　出張・業務
（2018年）　　　　　　　　　　　　　　　（2020年版「データでみる県勢」）
※四捨五入の関係で合計が100%にならない場合がある。

ア Ｘ−あ，Ｙ−い，Ｚ−う　　　**イ** Ｘ−あ，Ｙ−う，Ｚ−い
ウ Ｘ−い，Ｙ−あ，Ｚ−う　　　**エ** Ｘ−い，Ｙ−う，Ｚ−あ
オ Ｘ−う，Ｙ−あ，Ｚ−い　　　**カ** Ｘ−う，Ｙ−い，Ｚ−あ

(1)	(2)	(3)	(4)

〔岩手・愛知一改〕

2 [九州地方の自然・産業] 次の地図や資料を見て，あとの問いに答えなさい。（(8)12点，他8点×8−76点）

(1) 略地図Ｉ中のＸの矢印は，赤道付近から北上し九州地方の東を流れる海流を示している。Ｘで示される海流を何というか，答えなさい。

(2) 資料は，略地図Ⅰ中の**ア～エ**の県における，人口や野菜の産出額などについてまとめたものである。A～Dは，**ア～エ**の県のいずれかである。Aにあたる県を，**ア～エ**から1つ選び記号で答えなさい。また，県名も答えなさい。

略地図Ⅰ

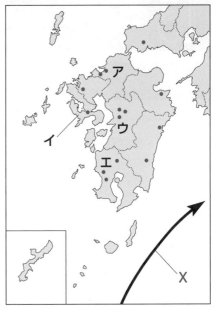

資料

	人口(千人) (2018年)	野菜の産出額 (億円)	畜産の産出額 (億円)	海面漁業漁獲量 (t)
A	1,614	657	3,162	75,227
B	5,107	794	392	25,600
C	1,341	525	554	317,069
D	1,757	1,247	1,147	17,952

(人口以外は2017年)　　　　　(2020年版「データでみる県勢」)

(3) 略地図Ⅰ中の大分県の南東部には，もともと山地の谷であった部分に，海水が入り込んでできた，小さな岬と湾が繰り返す入り組んだ海岸が見られる。大分県の南東部に見られる，このような海岸のことを何というか，答えなさい。

(4) 次の**ア～エ**の製造品出荷額割合のグラフは，北九州，瀬戸内，阪神，中京の，4つの工業地帯・地域のいずれかのものである。北九州工業地域にあたるものを1つ選び，記号で答えなさい。

ア 総額 57.8兆円
金属 9.4% ｜ 機械 69.4 ｜ 化学 6.2 ｜ その他 10.3
食料品4.7

ウ 総額 33.1兆円
金属 20.7% ｜ 機械 36.9 ｜ 化学 17.0 ｜ 食料品 11.0 ｜ その他 14.4

イ 総額 30.7兆円
金属 18.6% ｜ 機械 35.2 ｜ 化学 21.9 ｜ 8.1 ｜ その他 16.2
食料品

エ 総額 9.8兆円
金属 16.3% ｜ 機械 46.6 ｜ 食料品 16.9 ｜ その他 14.6
化学5.6

(2017年)　　　　　(2020/21年版「日本国勢図会」)

(5) 略地図Ⅰの●印は，ある製品をつくる工場の分布を示している。この製品を，次の**ア～エ**から1つ選び，記号で答えなさい。

ア 化学せんい　　**イ** IC(集積回路)　　**ウ** 紙・パルプ　　**エ** タイヤ・チューブ

(6) (5)の工場の進出で，九州地方は何と呼ばれるようになったか，答えなさい。

(7) (5)の工場が九州地方に進出した理由として誤っているものを，次の**ア～エ**から1つ選び，記号で答えなさい。

ア 清浄な空気があるので。　　**イ** きれいな水が豊富にあるので。
ウ 広い工場用地があるので。　　**エ** 熟練労働力が豊富にあるので。

(8) 略地図Ⅰの●印の工場は，消費地から遠い地域に建設されても，採算がとれる。その理由を，製品の性質から書きなさい。

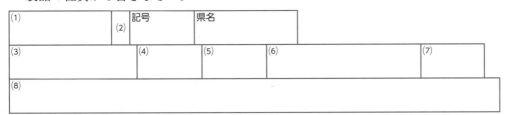

(1)		(2)	記号	県名			
(3)		(4)		(5)	(6)		(7)
(8)							

〔山 形〕

15 中国・四国地方

Step A ＞ Step B ＞ Step C

解答 ▶ 別冊15ページ

▶次の　　　に適語を入れなさい。

1 中国・四国地方の自然・農業

- らっきょうが栽培される
  ⑥　　　　砂丘
- 香川用水がある
  ⑦　　　　平野
- ももやぶどうを栽培する
  ①　　　　平野
- オリーブを栽培する
  ⑧　　　　島
- 乾田化により米づくりが盛んな
  ②　　　　平野
- 低く，なだらかな
  ③　　　　山地
- 本州と九州の間にある
  ④　　　　海峡
- 徳島平野に流れる
  ⑤　　　　川
- 高知の清流
  ⑨　　　　川
- 高くてけわしい
  ⑩　　　　山地

2 中国・四国地方の気候

- 年間を通し雨が少ない
  ⑪　　　　の気候
- 日本海側の気候
  鳥取
  年平均気温14.9℃
  年降水量1,914mm
- 岡山
  年平均気温16.2℃
  年降水量1,106mm
- 太平洋側の気候
  高知
  年平均気温17.0℃
  年降水量2,548mm

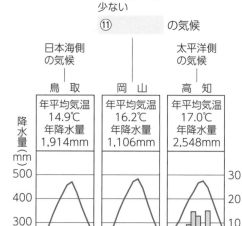

（2020年版「理科年表」）

3 中国・四国地方の工業・農業

● 瀬戸内工業地域の工業生産額の割合（2017年）
（306,879億円）

機械 35.2%	化学 21.9	金属 18.6	8.1	その他 16.2

└食品

● 主な農産物の生産割合（2018年）

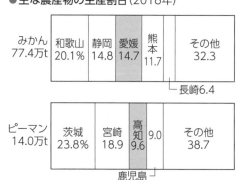

みかん 77.4万t	和歌山 20.1%	静岡 14.8	愛媛 14.7	熊本 11.7	その他 32.3

└長崎6.4

ピーマン 14.0万t	茨城 23.8%	宮崎 18.9	高知 9.6	9.0	その他 38.7

└鹿児島

（2020/21年版「日本国勢図会」など）

4 中国・四国地方の産業

- 水島コンビナートがある
  ⑱　　　　市
- 児島−坂出ルートにかかる
  ⑲　　　　大橋

- 漁業基地のある
  ⑫　　　　市
- 鉄鋼業が盛んな
  ⑬　　　　市
- 原爆ドームがある
  ⑭　　　　市
- 石油化学工業が盛んな
  ⑮　　　　市
- 段々畑で栽培される
  ⑯　　　　
- 綿織物工業が盛んな
  ⑰　　　　市
- 促成栽培が盛んな
  ⑳　　　　平野
- 尾道と今治を結ぶ
  ㉑　　　　海道

▶次の[ ]に適語を書きなさい。

5 中国・四国地方の地域区分と気候

① 地域区分…[㉒　　　　　]山地の北側の山陰，[㉓　　　　　]沿岸の瀬戸内，
[㉔　　　　　]山地の南側の南四国，の３つの地域に分けられる。

② 気　候…山陰は，北西の[㉕　　　　　]風の影響で，冬に雨や雪の日が多
い。２つの山地にはさまれた瀬戸内は，温和で，１年を通して降水量が
少ない。南四国は温暖で，夏の降水量が多い。また，付近を[㉖　　　　　]
が通ることが多く，風水害を受けやすい。

6 中国・四国地方の農業・漁業

① 山陰地方…[㉗　　　　　]砂丘の周辺ではらっきょうやすいかの栽培が盛
んである。また，中国地方は，肉牛の放牧が行われている。

② 瀬戸内…岡山平野ではももやぶどうなどの果樹栽培が盛んである。また，
[㉘　　　　　]県の段々畑ではみかんが栽培されている。小豆島では，温
暖な気候を利用してオリーブが栽培されている。讃岐平野では，降水量
が少ないため，ため池を利用してきたが，現在では徳島県の吉野川から
引いた[㉙　　　　　]用水を利用している。

③ 南四国…[㉚　　　　　]平野は九州の宮崎平野とならんで[㉛　　　　　]栽
培が盛ん。高知県はなすの生産が日本一。

④ 漁　業…広島湾では[㉜　　　　　]，愛媛県西部では，まだいや真珠の養
殖が盛ん。近年は，稚魚を育てて放流する[㉝　　　　　]漁業が行われて
いる。

7 中国・四国地方の工業

① 瀬戸内工業地域…岡山県の[㉞　　　　　]や，山口県の[㉟　　　　　]には
石油化学コンビナートがあり，化学工業が盛んである。また，広島県の
福山では鉄鋼業が，広島では自動車工業が，山口の宇部や山陽小野田で
は[㊱　　　　　]工業が盛んである。愛媛県の今治では綿織物工業が行わ
れ，タオルが特産品となっている。

8 中国・四国地方のくらし

① 交通の発達…1980〜90年代に[㊲　　　　　]連絡橋が開通し，人やものの
移動が活発になった。連絡橋は，明石海峡大橋と[㊳　　　　　]橋がある
神戸〜鳴門ルート，[㊴　　　　　]橋がある児島〜坂出ルート，「瀬戸内
[㊵　　　　　]海道」と呼ばれる尾道〜今治ルート，の３つからなる。

② 地域おこし…中国・四国地方の山間部や離島には[㊶　　　　　]化が進む
地域が多い。そのため，観光資源を宣伝するなど，地域の実情に合わせ
た施策が行われ，特に高知県馬路村のゆず栽培，徳島県上勝町の「つま
もの」ビジネスが注目を集めている。また，近年では，地域で生産した
ものをその地域で消費する[㊷　　　　　]や生産から加工，販売までを地
域で行う[㊸　　　　　]化の考え方をヒントに地域の活性化を図る試みも
広まってきた。

㉒ _____

㉓ _____

㉔ _____

㉕ _____

㉖ _____

㉗ _____

㉘ _____

㉙ _____

㉚ _____

㉛ _____

㉜ _____

㉝ _____

㉞ _____

㉟ _____

㊱ _____

㊲ _____

㊳ _____

㊴ _____

㊵ _____

㊶ _____

㊷ _____

㊸ _____

Step **A** ▶ Step **B** ▶ Step **C**

●時　間 35 分	●得　点
●合格点 75 点	点

解答▶別冊15ページ

重要 **1** [中国・四国地方の自然・産業] 次の問いに答えなさい。 　(4点×13－52点)

(1) 中国・四国地方の県の中には，香川県と高松市の
　　ように，県名と県庁所在地名とが異なる県が，香
　　川県のほかに2つある。その2つの県を略地図中
　　の**A**県～**H**県から選び，記号と県庁所在地名を答
　　えなさい。

記述 (2) 右下の雨温図は，略地図中の**A**県，**E**県，**G**県の
　　県庁所在地のいずれかを示したものである。**G**県の
　　県庁所在地における雨温図にあたるものを，**ア**～
　　ウから1つ選び，記号で答えなさい。また，選ん
　　だ理由を書きなさい。

（右上 略地図）
○は県庁所在地の位置を示している。
A県　B県　E県　D県　香川県　C県　F県　G県　H県

(3) 次の**a**・**b**について，あとの
　　問いに答えなさい。

　　a 農業のようす　香川県北部
　　の平野では， あ を
　　 い に利用するなど，気
　　候に合わせた農業が行われ
　　ていることがわかった。

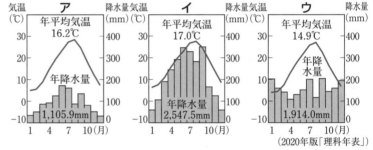

	ア	イ	ウ
年平均気温	16.2℃	17.0℃	14.9℃
年降水量	1,105.9mm	2,547.5mm	1,914.0mm

（2020年版「理科年表」）

　　b 交通の変化　本州四国連絡橋が開通したことで，四国地
　　方と中国地方の間の通勤・通学者が増加したことなど，
　　人々の生活に変化が生じたことがわかった。

　　① **a**について，下線部の平野の名前を，次の**ア**～**エ**から1
　　　つ選び，記号で答えなさい。
　　　ア 筑紫平野　　**イ** 濃尾平野
　　　ウ 讃岐平野　　**エ** 津軽平野

　　② **a**について，地形図は香川県のある場所を示している。
　　　地形図をふまえて あ ， い にあてはまることばを，
　　　それぞれ答えなさい。

記述 ③ **b**について，一般に高速交通網が整備されることで，
　　　人々の生活にどのような変化がおこるか。下線部以外の
　　　変化を1つ書きなさい。

（国土地理院発行　2万5千分の1地形図「志度」より作成）
※地形図は拡大してある。

(4) 右のグラフⅠは，**B**，**D**，**F**，**G**県の農業産出
　　額の内訳を示したものである。**G**県にあてはま
　　るものを，グラフⅠ中の**ア**～**エ**から1つ選び，
　　記号で答えなさい。

グラフⅠ

	米	野菜	果実	畜産	その他
ア	196	103	38	244	32
イ	125	750		118 85	115
ウ	164	206	537	261	91
エ	263	240	172	510	52

0　200　400　600　800　1000　1200　1400（億円）
■米　□野菜　□果実　■畜産　□その他
（2017年）　　　　　　（2020年版「データでみる県勢」）

(5) 右のグラフⅡは，D，E，F県の製造品出荷額
等の内訳を示している。X，Yにあてはまるも
のを，あとの**ア〜エ**の中から1つずつ選び，記
号で答えなさい。

ア 石油・石炭製品　　**イ** 印　刷
ウ 輸送用機械　　　　**エ** 繊　維

グラフⅡ

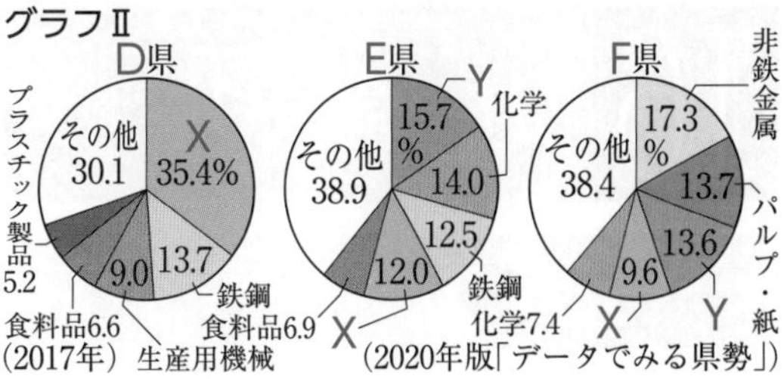

D県：その他30.1／X 35.4%／13.7／9.0／プラスチック製品5.2／食料品6.6（2017年）

E県：その他38.9／Y 化学15.7%／14.0／12.5／12.0／食料品6.9／生産用機械／鉄鋼X

F県：その他38.4／17.3%非鉄金属／13.7パルプ・紙／13.6／9.6 X／Y／化学7.4鉄鋼（2020年版「データでみる県勢」）

(1)	記号	県庁所在地 市	記号	県庁所在地 市	(2)	記号	理由

			(3)	①	(2)	あ	い
③			(4)		(5)	X	Y

〔山形〕

2 [中国・四国地方の工業・農業] 中国・四国地方のある県を説明した次の文章を読み，あとの
問いに答えなさい。　　　　　　　　　　　　　　　　　　　　　　　　　　（4点×12−48点）

A （　①　）市は，長崎市とともに第二次世界大戦で原子爆弾の被害を受けた。世界遺産（文化遺産）に
登録された（　②　）や平和祈念資料館には，国内外から多くの人々が訪れ，その数は年間100万人
をこえる。（　①　）市の南東に位置する（　③　）市や，同じ県の東部に位置する福山市には，瀬戸
内工業地域を代表する製鉄所もつくられている。また，（　③　）市は，戦前より軍港として栄えた。

B 倉敷市の臨海部（　④　）地区には山口県の周南市，岩国市などにもある石油化学（　⑤　）がつく
られて，瀬戸内工業地域の石油化学工業の中心となっている。交通面では，南部の児島地区から
香川県の坂出市に（　⑥　）の1つである瀬戸大橋がかかっており，移動時間が短縮され観光客が
増加している一因ともなっている。

C この県の県庁所在地（　⑦　）市は，四国の都市の中では最も人口の多い50万都市である。この都
市から西部の八幡浜市をへて宇和島市にかけては古くからこの地の気候を利用した（　⑧　）の栽
培が盛んで，和歌山県，静岡県とならんで日本を代表する産地である。

(1) （　①　）〜（　⑧　）に適する語句を答えなさい。なお，都市名は漢字で，（　②　）は漢字カナ
を含めて5字，（　⑤　）はカタカナで6字，（　⑥　）は漢字7字で答えなさい。

(2) A〜Cの県を人口の多い順に左から並べるとどのようになるか，次の**ア〜カ**から1つ選び，記
号で答えなさい。

ア ABC　**イ** ACB　**ウ** BAC　**エ** BCA　**オ** CAB　**カ** CBA

(3) 下線部について，B県の県庁所在地と各都市の公共交通機関（鉄道・フェリー）による所要時間
で，1960年当時では2時間以内に行けなかったが，2020年時点では行くことができる都市を，
次の**ア〜エ**から1つ選び，記号で答えなさい。

ア 松　江　**イ** 松　山　**ウ** 出　雲　**エ** 高　松

(4) 伝統的なせんい産業でC県は（　a　），B県は学生服や（　b　）の一大産地となっている。
（　）にあてはまる語をそれぞれ答えなさい。

(1)	①	②	③	④	⑤	⑥

⑦		⑧	(2)	(3)	(4)	a	b

〔近畿大附高一改〕

16 近畿地方

Step A ▷ Step B ▷ Step C

解答▶別冊16ページ

▶次の　　　　に適語を入れなさい。

1 近畿地方の自然・農業

日本一大きい
① 　　　　湖

リアス海岸の
② 　　　　湾

牛の放牧が盛んな
③ 　　　　高地

姫路市のある
④ 　　　　平野

河口付近でみかんが
栽培される
⑤ 　　　　川
と
⑥ 　　　　川

稲作が盛んな
⑦ 　　　　盆地

三重県の県庁所在地,
津市がある
⑧ 　　　　平野

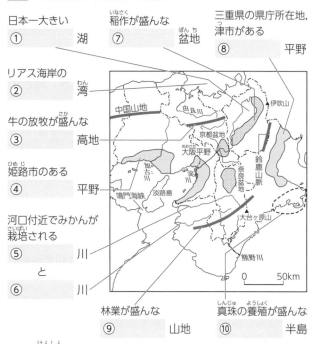

林業が盛んな
⑨ 　　　　山地

真珠の養殖が盛んな
⑩ 　　　　半島

2 日本の原子力発電所の状況

■ 稼働
■ 許可
■ 審査中
□ 未申請
✕ 廃炉

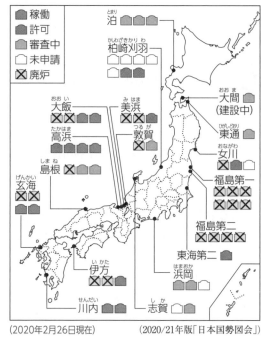

(2020年2月26日現在)　　　(2020/21年版「日本国勢図会」)

3 阪神工業地帯

● 阪神工業地帯の工業生産額の割合 (2017年)

(331,478億円)

金属 36.9	機械 20.7%	化学 17.0	食品 11.0	その他 14.4

● 他の工業地帯・地域との比較

	中京	京浜	阪神	北関東	瀬戸内	東海	京葉	その他
1980年	11.7%	22.0	14.1	6.9	9.7	4.4	4.6	26.6
2000年	14.1%	18.1	10.7	8.8	8.0	5.5	3.8	31.0
2017年	17.9%	8.1	10.3	9.5	9.5	5.3	3.8	35.6

(2020/21年版「日本国勢図会」など)

4 近畿地方の産業

神戸～堺間に広がる
⑪ 　　　　工業地帯

日本の標準時子午線
が通る
⑫ 　　　　市

淡路島と本州を結ぶ
⑬

神戸沖合い空港
⑭

24時間利用の空港
⑮

中小工場が多い
八尾市や
⑯ 　　　　市

若狭湾に多く建設
されている
⑰ 　　　　所

先端技術開発の
プロジェクト
⑱

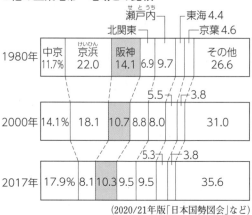

国宝や重要文化財
が多い
⑲ 　　　　地方

木材の集散地で
ある
⑳ 　　　　市

▶次の[　]に適語を書きなさい。

5 近畿地方の自然

① 地　形…北部にはなだらかな丹波高地が，南部には険しい[㉑　　　]山地がある。中央低地には「近畿の水がめ」といわれる[㉒　　　]があり，そこから流れる瀬田川は，宇治川を経て[㉓　　　]となって大阪湾に注ぐ。若狭湾と志摩半島には[㉔　　　]海岸が発達している。

② 気　候…北部は日本海側の気候。中央低地は降水量が少ない。太平洋側は沖合いを流れる[㉕　　　]と南東の季節風の影響で降水量が多い。

6 近畿地方の農林業・漁業

① 北部山地…丹波高地では肉牛の飼育が行われている。冬は積雪のため，丹波杜氏として，兵庫県の神戸や西宮などに酒造りの出かせぎに出る人も多かった。

② 中央低地…淡路島のたまねぎなど，大都市周辺では野菜などを栽培する[㉖　　　]農業が盛ん。また琵琶湖沿岸の[㉗　　　]盆地では稲作が行われている。

③ 南部高地…紀ノ川や[㉘　　　]川流域など，紀伊山地の北側の降水量が少ない地域では，みかんの栽培が盛んである。紀伊山地の南側は，日本でも有数の降水量の多い地域であり，林業が盛んである。三重県の[㉙　　　]半島の英虞湾では[㉚　　　]の養殖が盛んである。

7 近畿地方の工業

① 阪神工業地帯…戦前は日本最大の工業地帯であった。臨海部では重化学工業が中心であるが，地下水のくみ上げすぎによる[㉛　　　]がおきた。内陸部の門真や守口では，家電製品の製造や食品加工業が行われている。東部の東大阪や八尾は[㉜　　　]工場が多い。泉佐野などの南部地域は，せんい工業が中心である。

② 伝統工業…京都では[㉝　　　]織や京友禅，清水焼などが伝統工芸品として生産され，大阪府堺市では刃物の生産が地場産業となっている。

8 近畿地方の都市と開発

① 大　阪…江戸時代，「天下の台所」と呼ばれ，商業の中心地として栄える。現在も[㉞　　　]業が盛んで，多くの問屋街がある。梅田などのターミナル駅の周辺では[㉟　　　]が進められ，大型の商業ビル建設が相次ぐ。2025年には，大阪市此花区の夢洲で万博が開催される予定である。

② 神　戸…国際的な港湾都市。[㊱　　　]や六甲アイランドなどの人工島には，商業施設なども整備されている。

③ 京都・奈良…多くの歴史的遺産がある古都で，世界中から観光客が訪れる。ユネスコの[㊲　　　]に登録されている文化財も多く，古い町なみを守るためにさまざまな努力が続けられている。

④ 大阪大都市圏…大阪を中心に形成。1960年代以降，千里や泉北などに造成された[㊳　　　]では，住民の高齢化が課題となっている。

㉑ ＿＿＿＿＿＿
㉒ ＿＿＿＿＿＿
㉓ ＿＿＿＿＿＿
㉔ ＿＿＿＿＿＿
㉕ ＿＿＿＿＿＿
㉖ ＿＿＿＿＿＿
㉗ ＿＿＿＿＿＿
㉘ ＿＿＿＿＿＿
㉙ ＿＿＿＿＿＿
㉚ ＿＿＿＿＿＿

㉛ ＿＿＿＿＿＿
㉜ ＿＿＿＿＿＿
㉝ ＿＿＿＿＿＿

㉞ ＿＿＿＿＿＿
㉟ ＿＿＿＿＿＿
㊱ ＿＿＿＿＿＿
㊲ ＿＿＿＿＿＿
㊳ ＿＿＿＿＿＿

Step A ▶ Step B ▶ Step C

●時間 35分　●得点
●合格点 75点　　　　点

解答▶別冊16ページ

重要 **1** [近畿地方の人口・産業] Tさんは，2017年における，近畿2府4県の第1次産業，第2次産業，第3次産業それぞれの就業者数が，就業者の総数に占める割合について，各府県別に調べた。図Ⅰは，それぞれの産業の就業者の割合について，5％ごとに区分を設け，その区分にしたがって，近畿2府4県を示したものである。 ((2)②12点，他6点×4−36点)

図Ⅰ　産業別就業者数の割合

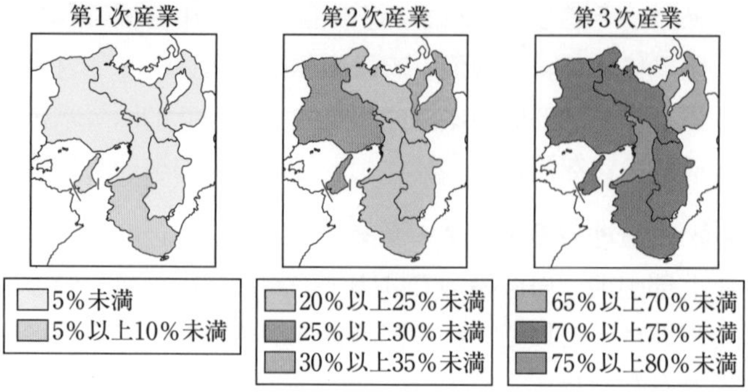

第1次産業

第2次産業

第3次産業

□ 5％未満
□ 5％以上10％未満

□ 20％以上25％未満
□ 25％以上30％未満
□ 30％以上35％未満

□ 65％以上70％未満
□ 70％以上75％未満
□ 75％以上80％未満

（――は現在の府県界を示す）
（総務省）

(1) 2府4県のうち，第1次産業の就業者数の割合が最も多いXは，2018年における，ある農作物の収穫量が日本で最も多い。図Ⅱは2018年における，この農作物の収穫量の多い上位5県を示したものである。Xにあてはまる府県名を答えなさい。また次の**ア～エ**のうち，この農作物にあてはまるものを1つ選び，記号で答えなさい。

図Ⅱ

X 20%	静岡 15	愛媛 15	熊本 12	長崎 6	その他 32

（2018年） （2020年版「データでみる県勢」）

ア 大豆　**イ** 茶　**ウ** なし　**エ** みかん

(2) Tさんは，図Ⅰにおいて，第1次産業，第2次産業で大阪府と同じ区分となっている府県であるYとZについて調べた。表は，YとZについて，2015年における夜間人口（常住人口），昼間人口，昼間人口指数（夜間人口を100としたときの昼間人口）をそれぞれ示したものである。また，下の文は，Tさんが図Ⅰと表から読み取った内容をまとめたものである。あとの問いに答えなさい。

表　昼間人口指数

府県	夜間人口（千人）	昼間人口（千人）	昼間人口指数
Y	1,364	1,228	90.0
Z	2,610	2,656	101.8

（2015年） （2020年版「データでみる県勢」）

・YとZはいずれも大阪府に隣接しており，Yの府県庁所在地は，Zより南に位置している。
・図Ⅰより，YとZのいずれも，第2次産業の就業者数が就業者の総数に占める割合は25％未満であり，第3次産業の就業者数が就業者の総数に占める割合は70％以上75％未満となっている。一方で，表より，昼間人口指数について，Yは100より小さく，Zは100より大きく，違いが見られた。このことは，Yにおいては，（　　　）ことを示している。

①Y，Zにあたる府県名をそれぞれ答えなさい。

記述 ②文中の（　　　）に入るのに適する内容を，次の語句をすべて用いて，簡潔に書きなさい。
「他府県」「居住」「通勤・通学」

(1)	府県名	記号	(2)	①	Y	Z
②						

〔大阪―改〕

2 [近畿地方の自然と産業] 次の各問いに答えなさい。

（(5)8点，他7点×8－64点）

(1) 図中のX－Yの断面の模式図として適切なものを，次の**ア**～**エ**から選び，記号で答えなさい。

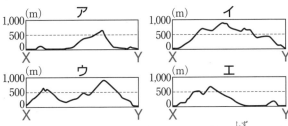

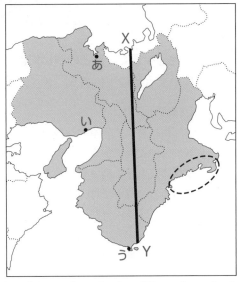

(2) 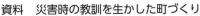で示した地域の沿岸は，谷が海に沈み，入り組んだ海岸線が見られる（　a　）海岸でb（**ア** 真珠やタイ　**イ** 昆布やホタテ）の養殖が盛んである。（　a　）にあてはまる語を書き，bの（　）から適当なものを記号で答えなさい。

(3) 右の**ア**～**ウ**は，地図の•印で示したあ～うの都市の雨温図である。あ～うの都市にあたるものを，**ア**～**ウ**からそれぞれ1つずつ選び，記号で答えなさい。

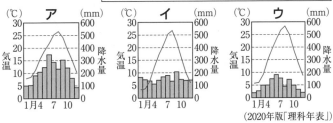

（2020年版「理科年表」）

(4) 表は，地図で示した7府県の県内総生産，農業産出額などを比較したものである。和歌山県と三重県にあたるものを，**A**～**D**からそれぞれ1つずつ選びなさい。

(5) 阪神・淡路大震災後，震災の教訓を生かしてどのような町づくりが行われたか，下の資料をもとに具体的に答えなさい。

府県＼項目	県内総生産(2016年)	農業産出額(2018年)	製造品出荷額等(2017年)	商品販売額(2016年)	海面漁業漁獲量(2018年)
A	104,876	704	58,219	71,582	11
B	82,209	1,113	105,552	37,836	132
C	63,817	641	78,229	25,443	—
D	36,765	1,158	26,913	20,829	15
大阪	389,950	332	173,490	556,930	9
兵庫	209,378	1,544	157,988	143,794	40
奈良	36,507	407	21,181	19,972	—

（単位は億円，千t）　（2020/21年版「日本国勢図会」）

資料　災害時の教訓を生かした町づくり　公園

震災前の町のようす

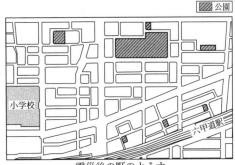
震災後の町のようす

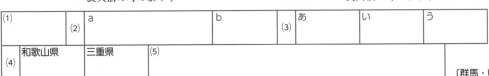

〔群馬・熊本・宮崎一改〕

Step A 〉 Step B 〉 Step C-①

●時間 35分	●得点
●合格点 75点	点

解答▶別冊16ページ

1 次の地図を見て，あとの問いに答えなさい。

(6点×6－36点)

(1) 地図とまとめの中にある　X　，　Y　にあてはまる語を，それぞれ答えなさい。

【まとめ】

　九州地方は，日本列島の南西に位置する地域で，九州島に加えて，　X　や五島列島，南西諸島などの島々が，南北に長く連なる。九州地方の近海には，暖流の黒潮（日本海流）と　X　海流が流れており，冬でも比較的温暖である。

　九州島のほぼ中央部には，阿蘇山の巨大な　Y　がある。　Y　とは，火山の爆発や噴火による陥没などによってできた大きなくぼ地のことである。桜島（御岳）を取り囲む鹿児島湾は，　Y　に海水が入ってできた湾である。

地図

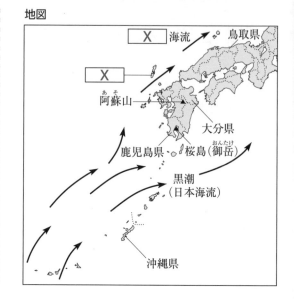

(2) 右のⅠ～Ⅲの雨温図はそれぞれどこの都市のものか，次のア～ウから1つずつ選び，記号で答えなさい。

ア　那覇市

イ　大分市

ウ　鳥取市

(2020年版「理科年表」)

(3) 右の表は，地図の沖縄県，鹿児島県，大分県，鳥取県の人口(2018年)，産業別人口割合(2017年)，農業産出額(2017年)，工業出荷額(2017年)を示したものである。鹿児島県にあたるものを，表中のア～エから1つ選び，記号で答えなさい。

表

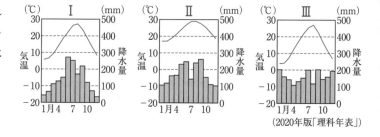

県名	人口（千人）	産業別人口割合(%)			農業産出額（億円）	主な産出物			工業出荷額（億円）
		第1次産業	第2次産業	第3次産業		米	野菜	畜産	
ア	560	8.3	22.4	69.3	765	146	228	275	8,102
イ	1,144	6.2	24.2	69.6	1,273	247	334	457	41,094
ウ	1,614	8.1	19.7	72.2	5,000	221	657	3,162	20,990
エ	1,448	4.0	15.4	80.7	1,005	5	153	457	4,929

(注)　四捨五入をしているため，産業別人口割合の合計が100％にならない場合がある。

(2020年版「データでみる県勢」)

(1)	X	Y	(2)	Ⅰ	Ⅱ	Ⅲ	(3)

〔埼玉一改〕

第1章
第2章
第3章
第4章
テーマ別問題
総合実力テスト

2 日本の各地域について，次の問いに答えなさい。 ((1)③10点，他6点×9−64点)

(1) 下の文のＡ～Ｃは，地図中の**ア～ウ**で示された川のいずれかを説明している。（※川は河口周辺地域のみを図示している）

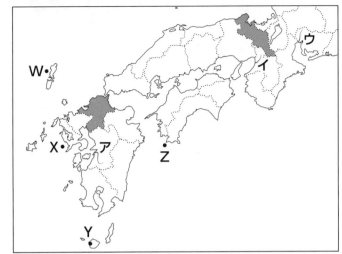

① 文中の X ， Y にあてはまる語句をそれぞれ答えなさい。

② Ａ～Ｃの文章が説明している川を，地図中の**ア～ウ**から1つずつ選び，記号で答えなさい。

Ａ この川の周辺に広がる平野では畳の材料である X の栽培が盛んに行われており，日本でも有数の生産量を誇っている。

Ｂ この川は洪水が頻繁におこっていたことから，周囲を堤防で囲んで洪水対策を行った輪中と呼ばれる集落が見られる。

Ｃ この川の河口周辺は，江戸時代に全国の藩が蔵屋敷を置き，物流・商業の中心地であったため， Y と呼ばれるようになった。

③ 地図中の▒▒で示された府県のように，大都市の近くで「みずな」などの野菜栽培を行う利点を，簡潔に書きなさい。 （※「みずな」は京都の伝統野菜の1つである。）

(2)「端島」は明治から昭和にかけて海底炭鉱によって栄えた島で，通称「軍艦島」と呼ばれている。2015年，「明治日本の産業革命遺産　製鉄・製鋼，造船，石炭産業」として世界文化遺産に登録された。

① この島は，どの都道府県にあるか答えなさい。

② この島がある位置として正しいものを，地図中**Ｗ～Ｚ**から1つ選び，記号で答えなさい。

(3) 右の表は，「宮崎県」「広島県」「愛媛県」「大阪府」の人口，みかん収穫量，ブロイラー飼養羽数，食料品出荷額，鉄鋼業出荷額を示したものである。表中**ア～エ**の中から「宮崎県」「広島県」にあたるものをそれぞれ選び，記号で答えなさい。

	人口(千人) (2019年)	みかん収穫量 (千 t) (2018年)	ブロイラー飼養羽数(万羽) (2019年)	食料品出荷額 (十億円) (2017年)	鉄鋼業出荷額 (十億円) (2017年)
ア	2,804	24	77	680	1,398
イ	1,073	10	2,824	386	19
ウ	8,809	13	—	1,271	1,392
エ	1,339	114	97	295	119

（2020/21年版「日本国勢図会」など）

(1)	①	X		Y		②	A		B		C		③	
													(2)	①
(3)		宮崎県		広島県										

〔立命館高・群馬―改〕

Step A ＞ Step B ＞ Step C-②

●時間 35分　●得点
●合格点 75点　　　点

解答▶別冊17ページ

1 次の文章を読んで，あとの問いに答えなさい。

((2)16点，他12点×7－100点)

　2019年は，a本州四国連絡橋の3つのルートが完成して20年目であった。b海に囲まれている四国は，橋ができる以前は本州など島外との交通・運輸に多くの時間や費用がかかった。人々が移動に利用する旅客便，c農林水産品やd工業製品などモノを運ぶ貨物便の両方とも，かつてはフェリーや飛行機を利用していた。本州四国連絡橋が開通すると，e自動車の利用が主流となり，移動時間が大幅に短縮され，本州と四国の間で通勤・通学する人などが増加したほか，本州からの観光客も増加した。また，四国で生産された農産物が鮮度を保ったまま遠くの市場へ出荷されるようになった。

　一方で，東京や大阪に本社を置く全国的な企業の支店や営業所が撤退したり，買い物を本州で行う人が増加したりするなど，四国の経済を縮小させるような影響もみられる。橋の開通によって，本州や九州への移動にフェリーを利用する人は減少したが，瀬戸内海や四国周辺の離島では今もフェリーが重要な移動手段となっている。

(1) 下線部aに関して，地図中のA～Cのルート名の正しい組合せを，次のイ～ヘから1つ選び，記号で答えなさい。

解答の記号	イ	ロ	ハ	ニ	ホ	ヘ
A	尾道―今治	尾道―今治	神戸―鳴門	神戸―鳴門	児島―坂出	児島―坂出
B	神戸―鳴門	児島―坂出	尾道―今治	児島―坂出	尾道―今治	神戸―鳴門
C	児島―坂出	神戸―鳴門	児島―坂出	尾道―今治	神戸―鳴門	尾道―今治

(2) 下線部bに関して，地図中のDについて述べた次の文の □ X □ にあてはまる語句を答えなさい。

　東海地方から四国の南方，九州の東方にかけて海底がくぼんだ溝のようになっている □ X □ という地形がある。地図中のD付近では南海 □ X □ と呼ばれ，この周辺は昔から巨大地震の震源となってきた。

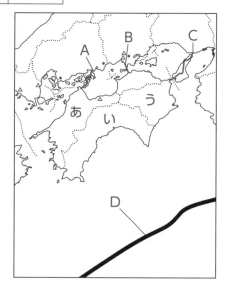

(3) 下線部cに関して，次の表は地図中のあ～うの県と香川県の農業産出額および漁業産出額を示している。表中のA～Cの県とあ～うの正しい組み合わせを，あとのイ～ヘから1つ選び，記号で答えなさい。

	農業産出額(億円)			漁業産出額(億円)	
	米	野菜	果実	海面漁業	海面養殖業
香川県	122	250	62	78	135
A	164	206	537	238	614
B	137	410	103	58	49
C	125	750	118	286	211

(2017年)　　　(2020年版「データでみる県勢」)

解答の記号	イ	ロ	ハ	ニ	ホ	ヘ
A	あ	あ	い	い	う	う
B	い	う	あ	う	あ	い
C	う	い	う	あ	い	あ

(4) 下線部dに関して，次の問いに答えなさい。

① グラフ1は，北四国を含む瀬戸内工業地域とその他の日本の代表的な工業地帯の製造品出荷額等の構成を示しており，グラフ1中のA〜Cは繊維，金属，機械のいずれかである。A〜Cの正しい組み合わせを，次のイ〜ヘから1つ選び，記号で答えなさい。

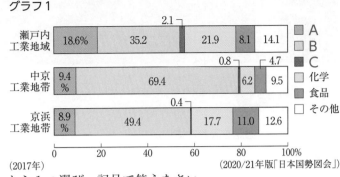

グラフ1

	0	20	40	60	80	100%
瀬戸内工業地域	18.6%	35.2	21.9	8.1	14.1	2.1
中京工業地帯	9.4%	69.4		6.2	9.5	0.8 / 4.7
京浜工業地帯	8.9%	49.4	17.7	11.0	12.6	0.4

■A ■B ■C □化学 ■食品 □その他

(2017年)　　　　　　　　　(2020/21年版「日本国勢図会」)

解答の記号	イ	ロ	ハ	ニ	ホ	ヘ
A	繊維	繊維	金属	金属	機械	機械
B	金属	機械	繊維	機械	繊維	金属
C	機械	金属	機械	繊維	金属	繊維

② 前ページの地図中の●，△は，ある工場の分布を示している。関連する工業を次のア〜オからそれぞれ選び，記号で答えなさい。

　ア　セメント工業　　イ　造船業　　ウ　石油化学工業　　エ　食品工業　　オ　鉄鋼業

③ 瀬戸内海の沿岸地域は，海上交通や陸の交通の便がよいため，早くから工業化するにはつごうのよい基盤が整い，工業地域の形成が進んできた。次のⅠ〜Ⅴの文はそれぞれの発達段階について述べたものである。瀬戸内工業地域の発達について正しい順序に並べてあるものをあとのア〜オから1つ選び，記号で答えなさい。

Ⅰ　中国地方沿岸の臨海工業地域に，石油化学工業・鉄鋼業の大規模コンビナートや，自動車工業が発達した。

Ⅱ　石灰岩を利用するセメント工場や地元の綿花栽培と結びついた紡績工場がつくられた。

Ⅲ　本州四国連絡橋3ルートがすべて開通した。物資の流通，市場の広がり，観光開発などに寄せる期待が大きかったが，交通量の低迷で計画通りの成果は上がっていない。

Ⅳ　丸亀の〈うちわ〉，小豆島の〈しょうゆ〉など，地域の資源を活用した特産物が開発された。

Ⅴ　日本の工業が発展期に入ると，造船業をはじめ各地のせんい・化学などの工業がしだいに発達してきた。

　ア　Ⅳ→Ⅴ→Ⅱ→Ⅰ→Ⅲ　　イ　Ⅴ→Ⅲ→Ⅳ→Ⅱ→Ⅰ　　ウ　Ⅳ→Ⅱ→Ⅴ→Ⅰ→Ⅲ

　エ　Ⅰ→Ⅴ→Ⅳ→Ⅲ→Ⅱ　　オ　Ⅴ→Ⅰ→Ⅱ→Ⅳ→Ⅲ

(5) 下線部eに関して，次のグラフ2は，旅客・貨物それぞれの日本全体の輸送量に占める輸送機関ごとの輸送量の割合を示しており，グラフ2中のA〜Cは船，鉄道，航空機のいずれかである。A〜Cの正しい組み合わせを，次のイ〜ヘから1つ選び，記号で答えなさい。

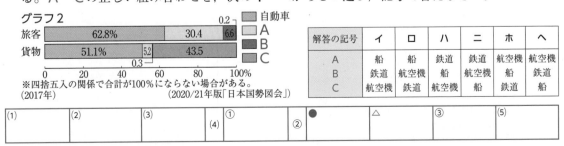

グラフ2

	0	20	40	60	80	100%
旅客	62.8%	30.4	6.6			0.2
貨物	51.1%	5.2	43.5			0.3

■自動車 □A ■B ■C

※四捨五入の関係で合計が100%にならない場合がある。
(2017年)　　　　　　(2020/21年版「日本国勢図会」)

解答の記号	イ	ロ	ハ	ニ	ホ	ヘ
A	船	船	鉄道	鉄道	航空機	航空機
B	鉄道	航空機	船	航空機	船	鉄道
C	航空機	鉄道	航空機	船	鉄道	船

(1)	(2)	(3)	(4)①	② ●	△	③	(5)

〔福岡大附属大濠高・久留米大附高─改〕

17 中部地方

Step A ＞ Step B ＞ Step C

解答▶別冊17ページ

▶次の　　　　に適語を入れなさい。

1 中部地方の自然・農業

浅間山山麓で栽培される
① 　　　　野菜

もも，ぶどうの生産が盛んな
② 　　　　盆地

輪島市がある
③ 　　　　半島

北アルプスと呼ばれる
④ 　　　　山脈

木曽川が流れ込む
⑤ 　　　　平野

愛知用水が引かれる
⑥ 　　　　半島

夏・降水量が多い
⑦ 　　　　の気候

日本最長の河川
⑧ 　　　　川

稲作が盛んな
⑨ 　　　　平野

南アルプスと呼ばれる
⑩ 　　　　山脈

年間を通して降水量が少ない
⑪ 　　　　の気候

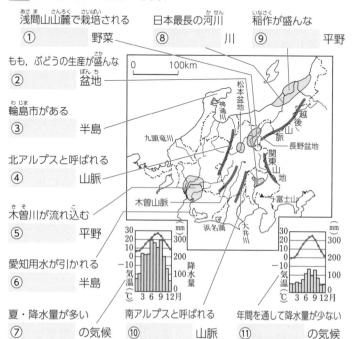

2 濃尾平野のようす

●輪中のしくみ

●用水路

3 中部地方の工業・農業

●中京工業地帯の工業生産額の割合 (2017年)

(577,854億円)

機械 69.4%	金属 9.4	化学 6.2	その他 10.3

食品 4.7

●東海工業地域の工業生産額の割合 (2017年)

(169,119億円)

機械 51.7%	金属 7.8	化学 11.0	食品 13.7	その他 15.8

●主な農産物の生産割合 (2018年)

もも 11.3万t	山梨 34.8%	福島 21.4	長野 11.7	山形 7.1	和歌山 6.6	その他 18.4

ぶどう 17.5万t	山梨 23.9%	長野 17.8	山形 9.2	岡山 8.8	その他 36.1

福岡4.2

(2020/21年版「日本国勢図会」)

4 中部地方の産業

伝統的な漆器
⑫ 　　　　塗

城下町だった都市名
⑬ 　　　　市

精密機械工業が盛んな
⑭ 　　　　盆地

名古屋が中心である
⑮ 　　　　工業地帯

オートバイが生産される
⑯ 　　　　市

洋食器生産の盛んな都市
⑱ 　　　　市

陶磁器の産地
⑲ 　　　　市

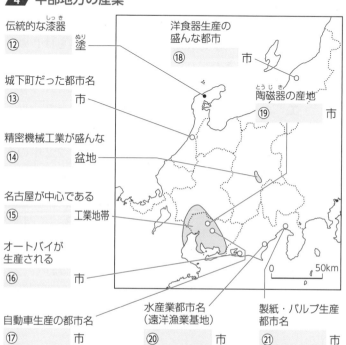

自動車生産の都市名
⑰ 　　　　市

水産業都市名 (遠洋漁業基地)
⑳ 　　　　市

製紙・パルプ生産都市名
㉑ 　　　　市

▶次の[ ]に適語を書きなさい。

5 中部地方の自然

① 地 形…中央部には，北から順に[㉒   ]・木曽・[㉓   ]の
３つの山脈が連なり，「日本アルプス」と呼ばれている。日本一長い河
川である[㉔   ]は長野盆地や越後平野を通り，日本海に注いでい
る。太平洋側では，[㉕   ]が甲府盆地から静岡県へ流れ，駿河湾
に注ぐ。諏訪湖を水源とする[㉖   ]は南下して遠州灘に注ぎ，伊
勢湾には木曽川などの河川が注いでいる。

② 気 候…中央高地は[㉗   ]性の気候であるため，年間を通して降
水量が少なく，昼と夜，夏の冬の気温の差が大きい。北陸地方は日本海
側の気候で冬に降水量が多く，太平洋側の東海地方は夏に降水量が多い。

6 中部地方の農業

① 北陸地方…冬の積雪が多いため，米の[㉘   ]地帯となっており，
「コシヒカリ」などの銘柄米（ブランド米）の生産も盛んである。

② 中央高地…山梨県の[㉙   ]盆地は，ぶどうとももの全国一の産地。
長野県も果樹栽培が盛んで，[㉚   ]盆地ではりんご，松本盆地で
はぶどうが生産される。八ヶ岳や浅間山の山麓などは，夏でも涼しい気
候を利用した野菜の[㉛   ]栽培が盛んで，キャベツやレタス，は
くさいなどが高原野菜として出荷されている。

③ 東海地方…[㉜   ]平野西部の低地では稲作が盛ん。木曽川・長良
川・揖斐川の下流域には，周囲を堤防で囲んだ[㉝   ]集落が発達
している。知多半島では木曽川から引いた[㉞   ]の水を利用して
近郊農業が発達。[㉟   ]が引かれた渥美半島では，電照菊や温室
メロンが栽培されている。静岡県の牧ノ原や磐田原などの台地では，
[㊱   ]の栽培が盛んである。

7 中部地方の工業と発電

① 中京工業地帯…生産額日本一の工業地帯。豊田市では[㊲   ]工業，
四日市市では石油化学工業が発達。愛知県の瀬戸市と岐阜県多治見市で
は陶磁器工業が盛んで，近年は新素材の[㊳   ]を生産している。

② 東海工業地域…静岡県の太平洋沿岸部に発達。[㊴   ]市では楽器
とオートバイの生産が，富士市では製紙・パルプ工業が盛んである。

③ 北陸工業地域…新潟県では燕市の洋食器，三条市の金物，小千谷市の絹
織物，富山県では富山市の製薬，高岡市の銅器，石川県では金沢などの
九谷焼，[㊵   ]市の漆器，福井県では鯖江市の眼鏡のフレームな
どが地場産地となっている。

④ 中央高地…[㊶   ]盆地に精密機械工業や電子工業が発達している。

⑤ 発 電…福井県の若狭湾沿岸には[㊷   ]発電所が集中。多くのダム
がある[㉔]や黒部川などの上流域では[㊸   ]発電が盛んである。

㉒ _____

㉓ _____

㉔ _____

㉕ _____

㉖ _____

㉗ _____

㉘ _____

㉙ _____

㉚ _____

㉛ _____

㉜ _____

㉝ _____

㉞ _____

㉟ _____

㊱ _____

㊲ _____

㊳ _____

㊴ _____

㊵ _____

㊶ _____

㊷ _____

㊸ _____

Step A 〉 Step B 〉 Step C

1 [中部地方の特徴] 次の文は，長野県について学習したときの，まさるさんと先生の会話である。これを読んで，あとの問いに答えなさい。

(9点×4−36点)

> まさる：地図を見てみると，①長野県は多くの県と接していることがわかります。
> 先　生：そうですね。中央高地に位置し，地形や気候などの特徴があります。
> まさる：農業は自然の特徴をいかして，②野菜や果樹の生産が盛んです。
> 先　生：農業だけでなく，観光も重要な産業ですね。
> まさる：さまざまな観光地があって，一年を通じて多くの③観光客が訪れています。訪問先ごとの観光客数を調べて，長野県の観光の特徴をまとめたいと思います。

(1) 下線部①について，右上の略地図は，長野県を中心に描いたものである。略地図の**ア～エ**で示した県のうち，県名と県庁所在地の都市名が異なるものを1つ選び，記号で答えなさい。また，その県庁所在地の都市名を答えなさい。

(2) 下線部②について，右のグラフは，2019年の長野県，茨城県，静岡県で生産されたレタスの東京都への月別出荷量を表したものである。次の**ア～エ**のうち，他産地の出荷量が少なくなる時期に，長野県のレタスの出荷量が多くなる理由について正しく述べているものを，次の**ア～エ**から1つ選び，記号で答えなさい。

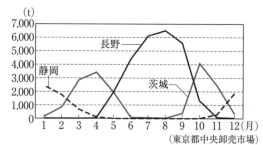

（東京都中央卸売市場）

> **ア** 冬の温暖な気候を利用した促成栽培を行っているため。
> **イ** 冬の温暖な気候を利用した抑制栽培を行っているため。
> **ウ** 夏の冷涼な気候を利用した促成栽培を行っているため。
> **エ** 夏の冷涼な気候を利用した抑制栽培を行っているため。

(3) 下線部③について，次の表は，まさるさんが長野県(2018年)，東京都と京都府(2017年)，沖縄県(2013年)の観光施設，山や海などの観光拠点，歴史的建造物などを訪れた人数をまとめたものである。表中の**ア～エ**のうち，長野県にあてはまるものを1つ選び，記号で答えなさい。

区分	自然	温泉・健康	スポーツ・レクリエーション	歴史・文化	都市型観光	その他	合計
主な内容	山 高原 海	温泉 温泉以外の入浴施設	ゴルフ場，スキー場，海水浴場，キャンプ場，遊園地，テーマパーク	城，寺 博物館 美術館 動物園	ショッピングモール アウトレット ショップ	道の駅 高速道路のサービスエリアやパーキングエリア	合計
ア	3,417	29,380	148,413	88,161	825,442	26,904	1,121,717
イ	670	2,733	9,104	62,850	1,011	4,810	81,177
ウ	9,998	13,121	10,417	16,533	12,442	5,430	67,941
エ	5,545	417	8,038	11,522	3,136	3,302	31,960

（単位：千人）　　　　　　　　　　　　　　　　　　　　　　（国土交通省）

(1)	記号		都市名 市	(2)	(3)

〔岩手—改〕

2 [中部地方の自然と産業] すみれさんの班では，社会科の授業で，日本を7地方に区分したうちの中部地方について調べて発表した。略地図中の──線は，中部地方と他の地方との境界を示している。各問いに答えなさい。

略地図

((3)10点，他9点×6—64点)

(1) 略地図中のA～Iの9県のうち，県名と県庁所在地の都市名とが異なる県を，略地図中のA～Iから全て選び，記号で答えなさい。

(2) 略地図中の──線は，日本アルプスと呼ばれる3つの山脈を示している。このうち，最も北にある山脈を何というか。次のア～エから1つ選び，記号で答えなさい。また，日本列島の地形を東西に分ける，日本アルプスの東側にのびる大きなみぞ状の地形を何というか，その名称を答えなさい。

ア 赤石山脈　　イ 木曽山脈
ウ 奥羽山脈　　エ 飛驒山脈

(3) 資料Ⅰは，地図中の▲で見られる伝統的な住居の写真である。資料Ⅰの住居の屋根の形の特徴を，この地域の気候にふれながら簡潔に書きなさい。

資料Ⅰ

(4) 資料Ⅱは，地図中のA，F，H，Iの4県における，2017年の農業産出額とその内訳を示した表である。資料Ⅱのア～エは，米，野菜，果実，畜産のいずれかを示している。野菜，果実にあたるものを，資料Ⅱ中のア～エからそれぞれ1つずつ選び，記号で答えなさい。

(5) 資料Ⅲは，F，Gの2県が上位を占める工業製品の，2017年における都道府県別出荷額の割合を示したグラフである。この工業製品は何か，あとのア～エから1つ選び，記号で答えなさい。

ア 輸送用機械　　イ 繊維
ウ 電子部品　　　エ 金属製品

資料Ⅱ

県	農業産出額(億円)					
	計	ア	イ	ウ	エ	その他
A	2,488	79	352	1,417	517	123
F	3,232	197	1,193	301	893	648
H	940	595	128	63	81	73
I	2,475	625	840	472	300	238

(2017年) (2020年版「データでみる県勢」)

資料Ⅲ

出荷額全国合計 68.4兆円

F 38.8%　G 6.3　6.0　5.4　5.3　4.9　その他33.3

神奈川　福岡　群馬　広島

(2017年) (2020年版「データでみる県勢」)

(1)		(2)	記号	名称	

| (3) | | | |

| (4) | 野菜 | 果実 | (5) | |

〔奈良—改〕

18 関 東 地 方

Step A ＞ Step B ＞ Step C

解答▶別冊18ページ

▶次の　　　に適語を入れなさい。

1 関東地方の自然・産業

関東ロームで
おおわれている
① 　　　 平野

中部と関東を分ける
② 　　　 山脈

キャベツなど
③ 　　　 野菜
の栽培

東京都を流れる
④ 　　　 川

促成栽培が盛んな
⑤ 　　　 半島

⑥ 　　　 湾
の入口浦賀

日本第2位の面積の湖
⑦

流域面積日本一の
⑧ 　　　 川

らっかせいの産地
⑨ 　　　 台地

砂浜が続く
⑩ 　　　 浜

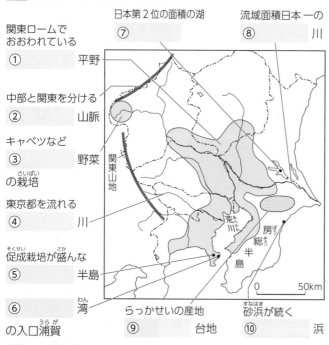

2 一都七県（関東地方と山梨県）

■ 都県庁所在地

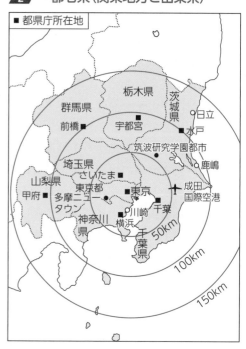

3 関東地方の工業・農業

● 関東の工業地帯・地域の産業別出荷額割合（2017年）

（出荷額 259,961億円）

京浜工業地帯	機械 49.4%	金属	化学 17.7	食品 11.0	その他 13.0
		8.9			

（出荷額 121,895億円）

京葉工業地域	機械 13.1%	金属 21.5	化学 39.9	食品 15.8	その他 9.7

（出荷額 307,155億円）

北関東工業地域	機械 45.0%	金属 13.9	化学 9.9	食品 15.5	その他 15.7

● 主な農産物の生産割合（2018年）

キャベツ 146.7万t	群馬 18.8%	愛知 16.7	千葉 8.5	茨城 7.5	鹿児島 5.2	その他 43.3

レタス 58.6万t	長野 35.7%	茨城 15.3	群馬 7.9	兵庫 4.9	長崎 5.8	その他 30.4

（2020/21年版「日本国勢図会」など）

4 関東地方の産業

原子力研究所のある
⑪ 　　　 村

高速道路沿いに発達した
⑰ 　　　 地域

学術都市がある
⑱ 　　　 研究学園都市

かつての養蚕地帯・
群馬県の県庁所在地
⑫ 　　　 市

埼玉県の県庁所在地
⑬ 　　　 市

日本の首都
⑭

海上輸送の港がある
⑮ 　　　 市

印刷業が盛んな
⑯ 　　　 地帯

掘り込み式の港をもつ
⑲ 　　　 地域

化学工業が盛んな
⑳ 　　　 地域

▶次の[　]に適語を書きなさい。

5　関東地方の自然

① 地　形…関東地方は，[㉑　　　　　]山脈と関東山地によって，中部地方
と分けられている。関東平野は[㉒　　　　　]という火山灰でできた赤い
土でおおわれている。中央部には，流域面積日本一の[㉓　　　　　]川が
流れ，千葉県と茨城県の県境を形成しながら銚子へ向かう。

② 気　候…夏に降水量が多い太平洋側の気候であるが，内陸部は，冬，北
西季節風の影響で，乾燥した冷たい[㉔　　　　　]が吹く。都心や大都市
では，気温が周辺地域よりも高くなる[㉕　　　　　]現象が見られる。

6　関東地方の農業

① 近郊農業…大都市周辺で行われ，新鮮な野菜や果実，草花などを栽培し，
出荷する。養鶏や養豚も盛ん。

② 工芸作物…群馬県の[㉖　　　　　]いも，栃木県のかんぴょう，千葉県の
[㉗　　　　　]は，いずれも日本一の生産量である。

③ 高原野菜…群馬県嬬恋村では，夏の冷涼な気候を利用した野菜の抑制栽
培が盛んで，[㉘　　　　　]やレタスなどを首都圏に出荷している。

7　関東地方の工業

① 京浜工業地帯…[㉙　　　　　]工業の割合が工業生産額の約半分を占める。
印刷・同関連業が盛ん。

② 京葉工業地域…化学工業が盛ん。[㉚　　　　　]・袖ヶ浦には石油化学コ
ンビナートがある。千葉・君津では鉄鋼業が盛ん。

③ 鹿島臨海工業地域…かつて砂丘であったところに[㉛　　　　　]の港を建
設。製鉄所や石油化学コンビナートが広がっている。

④ 北関東工業地域…[㉜　　　　　]・栃木・茨城の３県に形成。高速道路沿
いなどに工業団地がつくられ，自動車や電気機械などを生産。

8　関東地方のくらし

① 首都東京…東京の中心部は[㉝　　　　　]と呼ばれ，首相官邸や国会議事
堂などがあり，大企業の本社や銀行の本店などが集中。[㉞　　　　　]と
呼ばれる新宿・渋谷・池袋には私鉄のターミナル駅があり，オフィス街
や商業地区などが発達している。

② 東京大都市圏…日本の人口の約４分の１が集中し，過密。東京の中心部
では人口は[㉟　　　　　]の時間帯よりも[㊱　　　　　]の方が多く，東京
に通勤・通学する人が多い周辺の県では，[㊱]よりも[㉟]の方が多
い。都市問題が発生，また都市機能分散のため幕張新都心，さいたま新
都心，横浜の[㊲　　　　　]などの再開発がなされる。

③ 交通網…東京は多くの新幹線や高速道路の起点であり，鉄道が発達。羽
田（大田区）にある[㊳　　　　　]空港は国内線の空の便，千葉県にある
[㊴　　　　　]空港は国際線の空の便の中心となっている。2011年に北関
東自動車道が全線開通し北関東から[㊵　　　　　]港への輸送が便利に。

㉑ _____
㉒ _____
㉓ _____
㉔ _____
㉕ _____
㉖ _____
㉗ _____
㉘ _____
㉙ _____
㉚ _____
㉛ _____
㉜ _____
㉝ _____
㉞ _____
㉟ _____
㊱ _____
㊲ _____
㊳ _____
㊴ _____
㊵ _____

第1章
第2章
第3章
第4章
テーマ別問題
総合実力テスト

Step A ▶ Step B ▶ Step C

●時 間 35 分　●得 点
●合格点 75 点　　　　点

解答▶別冊18ページ

1 [関東地方の自然と産業] 次の略地図や資料を見て，あとの問いに答えなさい。　(10点×6−60点)

(1) 略地図中の関東地方について，次の問いに答えなさい。

略地図

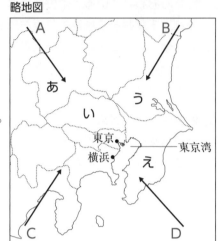

①関東地方の台地を覆っている，火山灰が堆積した赤土を何というか，答えなさい。

②関東地方に冬に吹く「からっ風」と呼ばれる乾燥した風の吹く方向を表す矢印として適切なものを，略地図中のA〜Dの中から1つ選び，記号で答えなさい。

③東京に集中し過ぎた都市機能を分散するために，千葉市美浜区から習志野にかけての埋立地に造成された都心を何というか，答えなさい。

④東京湾の臨海部にある，京浜工業地帯や京葉工業地域について述べた文として最も適切なものを，次のア〜エから1つ選び，記号で答えなさい。

ア　液晶パネルや太陽電池などを生産する工場がつくられており，この地域は「パネルベイ」と呼ばれている。

イ　工業原料の輸入に適した地域に，石油化学コンビナートや製鉄所，火力発電所，製粉工場などの大工場が立ち並んでいる。

ウ　1960年代以降，鉄鋼の生産量が大幅に減り，IC（集積回路）や自動車の工場を誘致し，機械工業への転換を図ってきた。

エ　地元で生産された牛乳をバターやチーズに加工する工場や，現地の木材を使用した製紙工場などがある。

(2) 資料1は，主な野菜の生産量の都道府県別割合を表している。資料1から読み取ることができる内容として適切なものを，次のア〜エから1つ選び，記号で答えなさい。

資料1

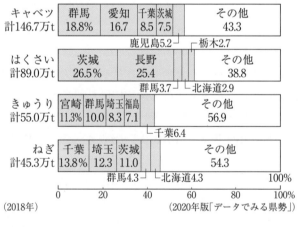

キャベツ 計146.7万t	群馬 18.8%	愛知 16.7	千葉 8.5	茨城 7.5	その他 43.3

鹿児島5.2 ┘ ┌栃木2.7

はくさい 計89.0万t	茨城 26.5%	長野 25.4		その他 38.8

群馬3.7 ┘ ┌北海道2.9

きゅうり 計55.0万t	宮崎 11.3%	群馬 10.0	埼玉 8.3	福島 7.1	その他 56.9

┌千葉6.4

ねぎ 計45.3万t	千葉 13.8%	埼玉 12.3	茨城 11.0	その他 54.3

群馬4.3 ┘ ┌北海道4.3

0　　20　　40　　60　　80　　100%

(2018年)　　　　　　　　　　　（2020年版「データでみる県勢」）

ア　千葉県のキャベツの生産量は約20万tである。

イ　はくさいの生産量上位5道県のうち，関東地方の県の生産量を合わせた割合は，全体の生産量の50％を超える。

ウ　茨城県は，キャベツの生産量よりねぎの生産量の方が少ない。

エ　埼玉県の，きゅうりとねぎそれぞれの全体の生産量に占める割合を比べると，きゅうりの方が高い。

(3) 次ページの表1のア〜エは，それぞれ(1)の略地図中のあ〜えの県のいずれかを示している。表1のウにあたる県をあ〜えから1つ選び，記号で答えなさい。また，その県名を答えなさい。

表1

県	昼の人口(千人)	夜の人口(千人)	製造品出荷額(億円)	主要工業
ア	1,970	1,973	90,985	輸送用機械，食料品
イ	6,456	7,267	137,066	輸送用機械，食料品
ウ	5,582	6,223	121,895	石油，石炭製品，化学工業
エ	2,843	2,917	123,377	化学工業，食料品

(2017年。人口は2015年)　　　　　　　　　　　　　　(2020年版「データでみる県勢」)

(1)	①	②	③	④	(2)	(3)	記号	県名

〔青森一改〕

2 [関東地方の自然] 次の文を読んで，あとの問いに答えなさい。　(10点×4＝40点)

①利根川が流れる関東平野は，わが国の中でも特に多くの都市が集中する地域である。都市化が進行したために，②ヒートアイランド現象のような都市特有の問題が見られるようになった。また，地震や台風などで，③交通機関に大きな影響がおよぶことがある。

(1) 下線部①について，次の表は，利根川，石狩川，北上川，信濃川の4つの河川の長さ，流域面積，その河川が流れている都道府県数を示したものである。表中のア～エのうち，利根川にあてはまるものを1つ選び，記号で答えなさい。

	河川の長さ	流域面積	その河川が流れている都道府県数
ア	367 km	11,900 km²	3
イ	322 km	16,840 km²	6
ウ	268 km	14,330 km²	1
エ	249 km	10,150 km²	2

記述
(2) 下線部②について，右の文は，ヒートアイランド現象とその対策について説明したものである。文中の(X)にあてはまる語句と，(Y)にあてはまる内容をそれぞれ書きなさい。

ビルや商業施設が密集する都市では，気温が周辺地域より(X)なる現象が見られる。この対策の1つとして，(Y)が行われている。

記述
(3) 下線部③について，東京大都市圏では，地震や台風などにより，公共交通機関に乱れが生じ，帰宅困難者が多く出ることがある。その理由として，どのようなことが考えられるか。次の資料Ⅰ，資料Ⅱの内容にふれて，簡潔に書きなさい。

資料Ⅰ　東京都への通勤・通学者数(2015年)

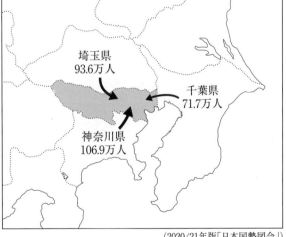

埼玉県 93.6万人
千葉県 71.7万人
神奈川県 106.9万人

(2020/21年版「日本国勢図会」)

資料Ⅱ　通勤・通学に利用する交通手段の割合　(2010年)

	利用交通機関	
	鉄　道	自家用車
東京都	58%	9%
神奈川県	49%	19%
千葉県	40%	34%
埼玉県	38%	32%
全国平均	23%	47%

(総務省)

(1)		(2)	X	Y	
(3)					

〔岩手一改〕

19 東 北 地 方

Step A 〉 Step B 〉 Step C 〉

解答▶別冊18ページ

▶次の　　　に適語を入れなさい。

1 東北地方の自然・農業

りんごの栽培が盛んな
① 　　　　平野

減反政策で転作が進んだ
② 　　　　

冬は農耕ができない
③ 　　　　地帯

おうとうの栽培が盛んな
④ 　　　　盆地

東北を東西に分ける
⑤ 　　　　山脈

東北最長の
⑥ 　　　　川

ももやかきの栽培が盛んな
⑦ 　　　　盆地

牧畜が盛んな
⑧ 　　　　高地

ほたて貝の養殖が盛んな
⑨ 　　　　湾

南部がリアス海岸の地形の
⑩ 　　　　海岸

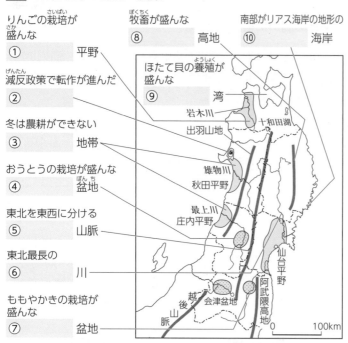

岩木川
出羽山地
十和田湖
雄物川
秋田平野
最上川
庄内平野
仙台平野
阿武隈高地
越後山脈
会津盆地
0　100km

2 東北地方の伝統工業

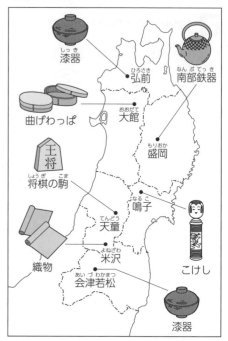

漆器
弘前
南部鉄器
曲げわっぱ
大館
盛岡
将棋の駒
鳴子
天童
こけし
織物
米沢
会津若松
漆器
0　100km

3 東北地方の農業

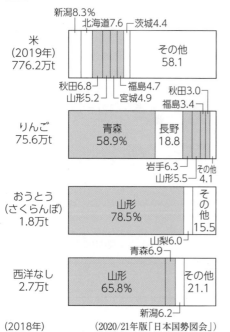

米
(2019年)
776.2万t

新潟8.3%
北海道7.6 ┌茨城4.4
その他 58.1
秋田6.8 ┌福島4.7
山形5.2 └宮城4.9

りんご
75.6万t
青森 58.9%　長野 18.8
岩手6.3
山形5.5
その他 4.1

おうとう
(さくらんぼ)
1.8万t
山形 78.5%
その他 15.5
山梨6.0

西洋なし
2.7万t
青森6.9
山形 65.8%
その他 21.1
新潟6.2

(2018年)　　(2020/21年版「日本国勢図会」)

4 東北地方の産業

東北と北海道を結ぶ
⑪ 　　　　トンネル

ぶなの原生林(世界遺産)がある
⑫ 　　　　山地

山形新幹線の終着駅がある
⑬ 　　　　市

くだものづくりが盛んな
⑭ 　　　　盆地

新潟水俣病が発生した
⑮ 　　　　川

南部鉄器の生産地である
⑯ 　　　　市

東北地方の中枢都市
⑰ 　　　　市

核燃料サイクル施設のある
⑱ 　　　　村

東北最大の水揚げ量の
⑲ 　　　　港

秋田3.0
福島3.4

漁業基地のある
⑳ 　　　　市

0　100km

▶次の[ ]に適語を書きなさい。

5 東北地方の自然

① 地　形…中央の[㉑　　　　　]山脈により，東北地方は東西に分けられる。秋田県には，出羽山地が南北に走っている。太平洋側では，北上高地から[㉒　　　　　]川が，阿武隈高地から阿武隈川がそれぞれ[㉓　　　　　]平野に流れ込む。日本海側では，雄物川が秋田平野に向かって流れ込む。山形県の中央を流れる[㉔　　　　　]川は庄内平野に流れ込む。北端の青森県には，津軽半島と[㉕　　　　]半島に囲まれた[㉖　　　　]湾がある。

② 気　候…日本海側は冬に降水量が多く，太平洋側は夏に降水量が多い。太平洋側には，寒流の千島海流（親潮）の影響で初夏に[㉗　　　　]と呼ばれる冷たい北東風が吹き，[㉘　　　　]の原因となる。年間の平均気温は太平洋側に比べ，日本海側の方が高い。

6 東北地方の産業

① 農　業…稲作が盛んで，東北地方は全国の米の生産量の約[㉙　　　　]分の1を占めている。2018年に米の減反政策が廃止され，[㉘]に強くておいしい新しい品種の[㉚　　　　]米の栽培が拡大。代表的な産地は秋田平野，庄内平野，仙台平野など。果樹栽培が盛んで，津軽平野では[㉛　　　　]，[㉜　　　　]盆地ではさくらんぼや西洋なし，福島盆地ではももの生産量が多い。

② 水産業…[㉝　　　　]海岸の沖合いには暖流の黒潮（日本海流）と寒流の親潮（千島海流）がぶつかる[㉞　　　　]があり，世界的な好漁場となっており，青森県の[㉟　　　　]，岩手県の宮古，宮城県の気仙沼など水あげ量の多い漁港がある。養殖漁業も盛んであり，青森県の[㉖]湾では[㊱　　　　]が，[㉝]海岸ではかきやわかめが養殖されている。

③ 工　業…高速道路沿いの地域に多くの[㊲　　　　]（集積回路）工場が建設された。近年は各地に自動車の部品工場が進出している。伝統工業も盛んで，青森県では弘前市の津軽塗，秋田県では大館市の曲げわっぱ，岩手県では盛岡市などの[㊳　　　　]鉄器，山形県では天童市の将棋の駒，福島県では会津若松市の会津塗などが知られる。

7 東北地方のくらし

① 交　通…東京〜新青森で[㊴　　　　]新幹線，盛岡〜秋田間で秋田新幹線，福島〜新庄間で[㊵　　　　]新幹線が開通。東北自動車道などの高速道路も建設され，首都圏などとの間で人やものの移動が容易になった。

② 伝統行事…「東北四大祭り」と呼ばれる青森市の[㊶　　　　]祭，秋田市の「竿灯まつり」，仙台市の「七夕まつり」，山形市の「花笠まつり」など，多くの伝統行事があり，全国から多くの観光客が訪れている。

③ 東日本大震災…2011年3月11日に発生した東北地方太平洋沖地震によるもの。地震と[㊷　　　　]により多くの犠牲者を出したほか，原子力発電所の事故により，地元の経済が大きな打撃を受けた。復興活動の中で，震災でこわれた建物などを「震災遺構」として残す取り組みもなされている。

㉑ ＿＿＿＿＿＿
㉒ ＿＿＿＿＿＿
㉓ ＿＿＿＿＿＿
㉔ ＿＿＿＿＿＿
㉕ ＿＿＿＿＿＿
㉖ ＿＿＿＿＿＿
㉗ ＿＿＿＿＿＿
㉘ ＿＿＿＿＿＿
㉙ ＿＿＿＿＿＿
㉚ ＿＿＿＿＿＿
㉛ ＿＿＿＿＿＿
㉜ ＿＿＿＿＿＿
㉝ ＿＿＿＿＿＿
㉞ ＿＿＿＿＿＿
㉟ ＿＿＿＿＿＿
㊱ ＿＿＿＿＿＿
㊲ ＿＿＿＿＿＿
㊳ ＿＿＿＿＿＿
㊴ ＿＿＿＿＿＿
㊵ ＿＿＿＿＿＿
㊶ ＿＿＿＿＿＿
㊷ ＿＿＿＿＿＿

Step A ▶ Step B ▶ Step C

●時　間 35 分　　●得　点

●合格点 75 点　　　　　　点

解答▶別冊19ページ

重要 **1** [東北地方の自然と産業] 次の文を読んで，あとの問いに答えなさい。 (12点×5-60点)

(1) 右下の地図中のa〜cの地点には，新しいエネルギー関連施設や原子力発電所などがつくられている。この中で「地熱発電所」と「核燃料サイクル施設」がつくられているところを，それぞれ記号で答えなさい。

> 聡君たちの班は，東北新幹線の終着駅からバスで東北地方の修学旅行に出かけます。東北地方には6つの県がありますが，3泊4日なので，すべての県を訪れることはできません。そこでみんなで話し合って4つの県に行くことにし，事前学習では東北地方全般のことを学習しました。

表

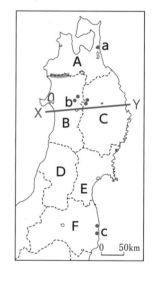

県	その県内にある「観光地の紹介」の抜粋
①県	この都市は長い間，わが国の鉄鋼業に貢献してきたが，産業の変遷とともに同市にあった製鉄所は閉鎖となった。しかし，「鉄の歴史館」には実物大の高炉（溶鉱炉）の模型が展示してあり，迫力満点の映像で高炉の火が燃えている。ここの火は永遠に消えない。
②県	花輪盆地にあるここ尾去沢はかつて銅の採掘で知られたところ。現在では観光鉱山となっており，全長1.7kmの坑道では，約900万年前の地殻が露出しているようすや鉱山の採掘のようすが再現され，楽しみながら鉱山の歴史を学ぶことができる。また，不思議な地底世界をコスモカー「プルトン号」に乗って探検できるアトラクションもある。
③県	この都市といえば，将棋駒のまちとして有名。人が将棋の駒となる人間将棋や全国中学生選抜将棋大会，将棋百面指しなど，将棋にちなんだイベントが盛りだくさん。歩道や休憩所には詰将棋まで埋め込まれているなど，ほとんど将棋一色のまちである。
④県	ニューヨークと同じ北緯40度40分のところに位置するこのまちのシンボルは，高さ20.8mの自由の女神像。「4」の数字にこだわってニューヨークの女神像の4分の1の大きさでつくられている。

(2) 上の表は聡君たちが訪れる東北地方の4つの県にある「観光地の紹介」を抜粋したものである。聡君たちが訪れない2つの県はどこか。地図中のA〜Fから2つ選び，記号で答えなさい。

難 (3) 地図中のX-Yにあてはまる断面図を，右のア〜エから1つ選び，記号で答えなさい。

(4) 地図中の■■■で示した山地は，ぶな林で有名であり，世界遺産条約に登録されている。この山地名を漢字で答えなさい。

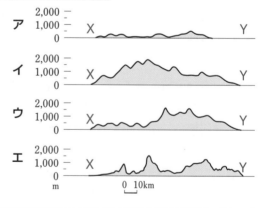

(1)	地熱発電所	核燃料サイクル施設	(2)		(3)	(4)

〔洛南高〕

Step B

第1章
第2章
第3章
第4章
テーマ別編
総合実力テスト

2 [東北地方の人々の生活] 次の問いに答えなさい。

(10点×4―40点)

(1) 下の表のA～Dは, 図1のP～Uのいずれかの県を示している。D
にあたる県を, P～Uから1つ選び, 記号で答えなさい。

図1

県名	農業産出額(億円)			小売業 年間商品販売額 (億円)(2015年)
	全体	米	果実	畜産	
A	1,792	1,007	69	366	11,560
福島	2,071	747	250	495	21,840
B	3,103	513	790	915	14,720
C	1,900	771	24	777	29,010
山形	2,441	850	705	367	11,980
D	2,693	561	99	1,670	14,090

(2017年)　2020年版「データでみる県勢」

(2) 下の写真a～cは, 上の表中のA～Cのいずれかの県で行われる祭りのようすである。表中の
A, Bにあたる県で行われる祭りの組み合わせとして適切なものを, あとのア～エから1つ選
び, 記号で答えなさい。

a 七夕まつり　　　b ねぶた祭　　　c 竿灯まつり

ア A―a B―b　　イ A―b B―c　　ウ A―c B―a　　エ A―c B―b

(3) 東北地方の稲作について述べた文として適切なものをア～エから1つ選び, 記号で答えなさい。

ア 夏に太平洋側で吹くやませは, 米の豊作をもたらすことが多い。

イ 米の促成栽培が行われており, 地方別の生産量が最も多い。

ウ 米の消費量が減少傾向にあるが, これまで生産量が調整されたことはない。

エ 低温に強い米の品質改良が進み, 品質の高い銘柄米がつくられている。

(4) 次の文の　i　, 　ii　に入る語句の組み合わせとして適切なも
のを, あとのア～エから1つ選び, 記号で答えなさい。なお, 右
の図2中の　ii　には, 文中の　ii　と同じ語句が入る。

図2　山形県の製造品出荷額等割合

山形県では交通網の整備が進み, 　i　に沿った地域を中心に, 主
に関東地方に出荷される　ii　などを生産する工場の立地が進んだ。

ア i―高速道路　　ii―電子部品

イ i―鉄　道　　ii―電子部品

ウ i―高速道路　　ii―鉄　鋼

エ i―鉄　道　　ii―鉄　鋼

その他 43.1
ii 17.7%
食料品 11.6
化学 9.8
生産用機械 9.2
情報通信機械 8.6

(2017年)(2020年版「データでみる県勢」)

(1)	(2)	(3)	(4)

〔兵庫―改〕

20 北海道地方

Step A 〉 Step B 〉 Step C

解答▶別冊19ページ

▶次の□に適語を入れなさい。

1 北海道の自然・農業

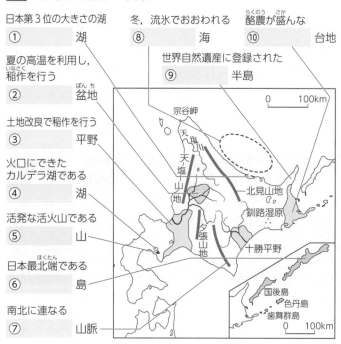

日本第3位の大きさの湖
① 　　　　湖

冬, 流氷でおおわれる
⑧ 　　　　海

酪農が盛んな
⑩ 　　　　台地

夏の高温を利用し, 稲作を行う
② 　　　　盆地

世界自然遺産に登録された
⑨ 　　　　半島

土地改良で稲作を行う
③ 　　　　平野

火口にできた カルデラ湖である
④ 　　　　湖

活発な活火山である
⑤ 　　　　山

日本最北端である
⑥ 　　　　島

南北に連なる
⑦ 　　　　山脈

宗谷岬
天塩川
天塩山地
北見山地
釧路湿原
夕張山地
十勝平野
国後島
色丹島
歯舞群島

0　　100km

0　　100km

2 日本の漁業別の漁獲量の変化

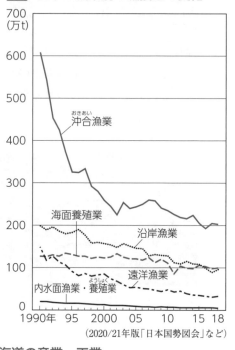

沖合漁業
海面養殖業
沿岸漁業
遠洋漁業
内水面漁業・養殖業

（2020/21年版「日本国勢図会」など）

3 日本の食料自給率の変化

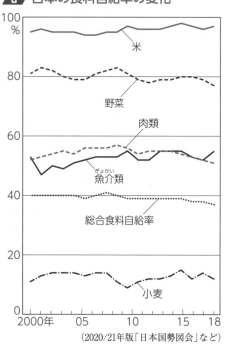

米
野菜
肉類
魚介類
総合食料自給率
小麦

（2020/21年版「日本国勢図会」など）

4 北海道の産業・工業

小麦や豆類などを栽培する
⑪ 　　　　盆地

北洋漁業の拠点の1つ
⑰ 　　　　市

北海道最大の漁港のある
⑱ 　　　　市

最北都市である
⑫ 　　　　市

上川盆地の中心都市である
⑬ 　　　　市

道庁所在地
⑭ 　　　　市

鉄鋼業が盛んな
⑮ 　　　　市

造船業が盛んな
⑯ 　　　　市

オホーツク海
日 本 海
太 平 洋

0　　100km

製紙・パルプ工業が盛んな
⑲ 　　　　市

製糖や食品加工の中心地
⑳ 　　　　市

▶次の[　]に適語を書きなさい。

5 北海道の自然

① 地　形…中央部に天塩山地，北見山地，夕張山地，[㉑　　　　　]山脈が南北に走る。日本海に注ぐ[㉒　　　　　]川には，上流域に[㉓　　　　]盆地，下流域に石狩平野が形成されている。太平洋に注ぐ[㉔　　　　　]川の下流域には十勝平野が形成されている。[㉕　　　　]海沿岸には冬に流氷が押し寄せ，支笏湖，洞爺湖，阿寒湖，摩周湖などの[㉖　　　　]湖などとともに観光資源となっている。

② 気　候…冷帯（亜寒帯）の気候で，冬が長く，寒さが厳しい。降水量は少なく，はっきりとした[㉗　　　　　]も見られない。東部の[㉘　　　　]台地では，初夏に濃霧が発生することが多い。

6 北海道の産業

① 農牧業…農家１戸あたりの耕地面積が広く，機械を使った大規模な農業が行われる。夏の気温が高い石狩平野と[㉓]盆地では稲作が盛んで，石狩平野では土を入れ替える[㉙　　　　　]により泥炭地の土地改良が行われた。火山灰地が広がる[㉚　　　　]平野では畑作が盛んで，じゃがいも，てんさい，小麦，大豆，あずきなどが栽培され，連作障害を防ぐため，年ごとに作物を変える[㉛　　　　]が行われる。東部の[㉘]台地では[㉜　　　　]が盛んで，バターやチーズなどの乳製品が生産されるほか，近年は流通の発達にともない生乳の出荷量も増えている。

② 水産業…かつては[㉕]海やベーリング海などでさけ・ます・かになどをとる[㉝　　　　　]漁業が盛んであったが，ロシアやアメリカ合衆国が排他的経済水域を設定し，この海域における外国船の操業を制限したことから衰えた。近年は沖合漁業や沿岸漁業が中心で，[㉞　　　　]港は北海道最大の漁港である。養殖業も盛んで，[㉟　　　　]湖や内浦湾のほたて貝がよく知られる。

③ 工　業…地元の資源や原料を利用した工業が行われる。掘り込み港のある[㊱　　　　]や釧路，旭川では製紙・パルプ工業，室蘭では鉄鋼業，札幌では食料品工業，帯広では製糖が盛んである。

7 北海道の歴史と観光産業

① 歴　史…江戸時代までは[㊲　　　　　]と呼ばれ，先住民の[㊳　　　　]が狩猟と採集を中心とする生活を送っていた。明治時代初期に開拓使が置かれ，各地に派遣された[㊴　　　　]などが開拓を進めた。近年は[㊳]の文化を保存しようとする動きが広がっている。

② 観光資源…雄大な自然などを求めて多くの観光客が訪れることから，観光業が盛ん。近年はニセコや富良野などには，海外からも多くのスキー客が訪れる。世界自然遺産の登録地[㊵　　　　]などでは，生態系の保存と観光の両立をめざした[㊶　　　　]の取り組みが進められている。

㉑ _____
㉒ _____
㉓ _____
㉔ _____
㉕ _____
㉖ _____
㉗ _____
㉘ _____
㉙ _____
㉚ _____
㉛ _____
㉜ _____
㉝ _____
㉞ _____
㉟ _____
㊱ _____
㊲ _____
㊳ _____
㊴ _____
㊵ _____
㊶ _____

Step A ＞ Step B ＞ Step C

●時 間 35分　●得 点
●合格点 75点　　　　点

解答▶別冊19ページ

重要 1 [北海道のくらしと産業] 次の地図ⅠのＡ～Ｄは，北海道の都市を示している。また，地図Ⅱは，札幌市の一部を示した２万５千分の１地形図である。あとの問いに答えなさい。

地図Ⅰ

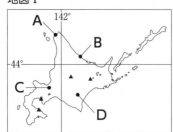

地図Ⅱ

((5)(6)11点×2，他5点×6－52点)

(国土地理院　２万５千分の１地形図「札幌」より作成)

(1) 北海道の道庁所在地である札幌市は，おおよそ北緯43度，東経141度に位置している。札幌市の位置を，地図ⅠのＡ～Ｄの中から１つ選び，記号で答えなさい。

(2) 地図Ⅱに関して，あとの問いに答えなさい。

①右の図は北海道の札幌市内の街路形態の一部をモデル化したものである。最も適当なものを，右のア～エから１つ選びなさい。

図
ア　イ　ウ　エ

② ①の区画が最初に行われたころの北海道でのできごととして適切なものを，次のア～エから１つ選び，記号で答えなさい。

ア 松前藩がアイヌの人たちと交易を行った。
イ 開拓使が置かれ，屯田兵が北方の警備を行った。
ウ 札幌で冬季オリンピックが開催された。
エ 知床がユネスコの世界遺産に登録された。

③地図Ⅱの点線(━ ━ ━)で囲んだ部分は，地形図の原寸では縦２cm，横３cmの長方形である。この長方形が示す実際の土地面積は何 m² かを求めなさい。

(3) 次の文は，北海道の気候について述べたものである。　X　，　Y　にあてはまる語句の組み合わせとして適切なものを，ア～エから１つ選び，記号で答えなさい。

ア X―亜寒帯(冷帯)　　Y―東部
イ X―寒帯　　　　　　Y―東部
ウ X―亜寒帯(冷帯)　　Y―西部
エ X―寒帯　　　　　　Y―西部

北海道の気候はほぼ全域が　X　に属し，冬は寒さが厳しく，夏は涼しい日が多いという特色がある。また，南北に伸びる山地を挟んで気候の特色が異なり，　Y　では季節風や海流の影響により，冬の降雪が多い。

(4) 地図Ⅰの▲は，2000年以降に噴火した主な火山である。火山の爆発による陥没などでできるくぼ地を何というか答えなさい。

記述 (5) 右の表は，全国の耕地面積と総農家数について，北海道および，北海道を除いた都府県の合計を，それぞれ表したものである。北海道の農業の特色を，表を参考

表　全国の耕地面積と販売農家数(2019年)

	耕地面積(ha)	販売農家数(戸)
北 海 道	1,144,000	35,100
北海道を除いた都府県の合計	3,253,000	1,095,000

(2020/21年版「日本国勢図会」)

にして答えなさい。

📝記述 (6) 右のグラフは，2018年度に北海道を訪れた観光客数の３か月ごとの変化を表している。グラフを参考に，海外から訪れた観光客の国・地域の割合の傾向と，訪問時期の特徴（とくちょう）を答えなさい。ただし，「東アジア」という語句を用いて，「北海道を訪れた海外からの観光客は，」の書き出しに続けて書きなさい。

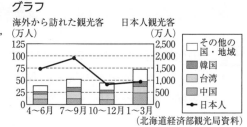

グラフ

（北海道経済部観光局資料）

(1)		(2) ①		②		③		(3)		(4)	

(5)			(6) 北海道を訪れた海外からの観光客は，

〔福島─改〕

---

2 [北海道] 次の文章を読み，あとの問いに答えなさい。 （6点×8─48点）

北海道は，もともと蝦夷地（えぞち）と呼ばれ先住民の（ A ）の人々が住んでいた。明治時代になると，開拓使（かいたくし）という役所ができ，a 屯田兵（とんでんへい）などによって開拓が始まった。現在では，全国の中でも有数の農牧業地域である。特に飼料用作物を栽培（さいばい）し乳牛を飼育して，乳製品の生産・販売を目的とした（ B ）が盛（さか）んで，乳用牛の飼育頭数は全国第１位である。水産物の漁獲（ぎょかく）量も全国第１位であり，漁業も盛んである。しかしb 排他的経済水域を各国が設定すると，北洋漁業の水揚（みずあげ）量は大きく減った。そのため，沿岸漁業や沖合（おきあい）漁業，そして，ほたて貝やこんぶなどを人工的に管理・育成する（ C ）業が多くの地域で行われている。さらに，さけを人工的に卵からかえして川へ放流し，成長した後に再捕獲（ほかく）する（ D ）漁業も盛んに行われるようになった。農牧業や水産業以外にも，北海道には世界自然遺産に指定された（ E ）半島があり，多くの観光客を引きつけている。

(1) 文章中のA〜Eについて，最も適当な語句を答えなさい。

(2) 下線部aは，北海道の開拓以外に，どのような役割を兼（か）ねていたかを答えなさい。

📖難 (3) 下線部bについて，そのほかに北洋漁業が衰退した理由となる文を，次の（ ）に適語を入れて完成させなさい。

（ ）主義が主張されるようになったから。

(4) 右の図は，北海道，埼玉県，沖縄県のレタスにおける産地別取扱（とりあつかい）実績を示したものである。各道県とA〜Cとの正しい組み合わせを，ア〜カから１つ選び，記号で答えなさい。

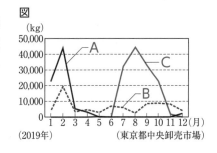

図

（2019年） （東京都中央卸売市場）

	ア	イ	ウ	エ	オ	カ
北海道	A	A	B	B	C	C
埼玉県	B	C	A	C	A	B
沖縄県	C	B	C	A	B	A

(1)	A		B		C		D		E	

(2)		(3)		(4)	

〔大阪教育大附高（池田）─改〕

Step A 〉 Step B 〉 Step C-③

●時　間	35 分	●得　点
●合格点	75 点	点

解答▶別冊19ページ

重要 **1** 次の地図を見て，あとの各問いに答えなさい。

((4)20点，他10点×3－50点)

(1) 右の表1は，地図中の気象観測地点である福井，松本，名古屋の1月と8月の気温と降水量の月別平年値を示したものであり，表中のA～Cは，これらの3つの地点のいずれかである。A，Cにあてはまる地点をそれぞれ答えなさい。

(2) 右の表2は，茨城県，岐阜県，静岡県，山梨県の，それぞれの県の山地面積，果実産出額，野菜産出額，製造品出荷額などを示したものであり，表2中の**ア～エ**は，これらの4つの県のいずれかである。このうち，茨城県にあてはまるものを1つ選び，記号で答えなさい。

表1

	気温(℃)		降水量(mm)	
	1月	8月	1月	8月
A	4.5	27.8	48.4	126.3
B	－0.4	24.7	35.9	92.1
C	3.0	27.2	284.8	127.6

(2020年度版「理科年表」)

表2

	山地面積(km²)	果実産出額(億円)	野菜産出額(億円)	製造品出荷額等(億円)
ア	1,444	133	2,071	123,377
イ	5,650	302	727	169,119
ウ	3,820	595	128	25,564
エ	8,258	50	349	57,062

(2017年)　　　(2020年版「データでみる県勢」)

(3) 右下の地形図は，蓼科山周辺の山間地をあらわす2万5千分の1の地形図である。これを見て，次の問いに答えなさい。

①地形図中の**ア，イ，ウ，エ**は，登山経路を示しており，それぞれの矢印は進行方向を示している。次の文は，**ア～エ**の経路のうち，いずれかの特徴について説明したものである。この説明にあてはまる経路として，最も適当なものを，地形図中の**ア～エ**から1つ選び，記号で答えなさい。

　　はじめはゆるやかな登りだが，途中から急な登りになっている。

②地形図中の地点Xと地点Yの標高差は約何mか。最も適切なものを，次の**ア～オ**から1つ選び，記号で答えなさい。

　ア 約75 m　**イ** 約100 m　**ウ** 約150 m　**エ** 約200 m　**オ** 約300 m

記述 (4) 次のグラフは，2019年の東京都中央卸売市場におけるキャベツの取扱量上位3県の，月別取扱量を示したものである。このグラフから読みとることができる，群馬県のキャベツの出荷の特徴を，他の2つの県と比較し，「気候」という語句を用いて書きなさい。

グラフ　東京都中央卸売市場におけるキャベツの取扱量

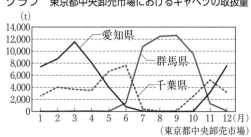

(東京都中央卸売市場)

(1)	A	C	(2)	(3)	①	②	(4)

〔新潟一改〕

Step C

第1章
第2章
第3章
第4章
テーマ別問題
総合実力テスト

2 中学生の太郎さんは、北海道地方を取りあげて地理的特色を調べた。各問いに答えなさい。

((2)②20点，他10点×3－50点)

(1) 右の図は，太郎さんが作成した略地図である。次の各問いに答えなさい。

①地図に関する文として，内容が適当でないものを，次のア～エから1つ選び，記号で答えなさい。

ア　Aは，国後島(くなしり)である。

イ　Bは，石狩川(いしかり)である。

ウ　Cの地域には，飛騨山脈(ひだ)が連なっている。

エ　函館(はこだて)は，戊辰戦争(ぼしん)の最後の戦場となった。

図
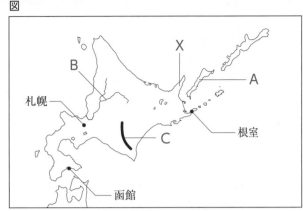

②太郎さんは，世界遺産に登録されたX半島について調べて，右の資料1を収集し，資料1にみえる取り組みについて次のようにまとめた。□□□にあてはまる適当な内容を書きなさい。

資料1

> 資料1には，この半島の中で，多くの人が訪れる場所に設置された高さ2mの歩道が見えます。この歩道の設置は，エコツーリズムの取り組みの1つで，□□□の両方をめざしたものといえると思います。こうした取り組みは，他の地域にも参考になると考えます。

(2) 太郎さんは，北海道地方の農業に関する次の資料2と資料3を作成した。

資料2　北海道地方と3つの地域の農業産出額の内訳(2017年)

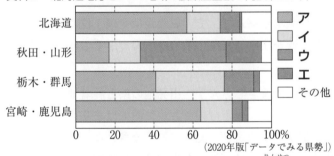

ア
イ
ウ
エ
その他

(2020年版「データでみる県勢」)

資料3　北海道地方の稲の作付面積と収穫量の推移

	作付面積(ha)	収穫量(t)
1977年度	196,300	990,200
1997年度	154,300	801,600
2017年度	103,900	581,800

(北海道庁Webページなど)

①資料2は，北海道地方と，他の3地方から隣接(りんせつ)した2県を取りあげて，それぞれの農業産出額に占める農作物などの割合をまとめたものである。米，野菜，果実，畜産(ちくさん)のいずれかを示している。ア～エのうち，野菜と畜産にあてはまるものを，それぞれ1つずつ答えなさい。

②太郎さんは，資料3から，北海道地方では稲(いね)の作付面積と収穫量(しゅうかく)は減少しているが，稲の生産に関する技術は向上していると考えた。太郎さんがこのように考えたのは，なぜだと考えられるか。資料3から読み取れることをもとに「ha」という単位を用いて書きなさい。

(1)	①	②	(2)	① 野菜 ┊ 畜産

②	

〔岡山一改〕

Step A 〉 Step B 〉 Step C-④

●時　間 35分　●得　点
●合格点 75点　　　　　点

解答▶別冊20ページ

重要　**1** 図を見て，あとの問いに答えなさい。

（16点×5＝80点）

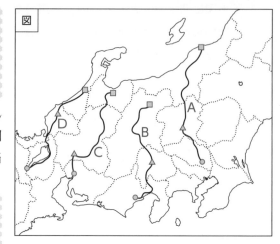

図

　　右の図に示したＡ，Ｂ，Ｃ，Ｄは，それぞれ高校生が鉄道を利用して旅行したときの経路である。○が出発点，△が経由地，□が終着地を示しており，それらの駅はいずれも県庁所在地にある。

(1) 下の文は，図中のＡの経路で旅行したゆみさんが出発した○の駅がある県のようすについて調べたものである。文中の＿＿にあてはまる適当なことばを答えなさい。

　　　この県は，宅地開発が進み，東京方面などへ通勤する人たちが多いため，夜間人口に比べ，昼間人口は＿＿。

(2) 下の**ア〜ウ**の文は，こうじさんが図中のＢの経路で旅行した沿線3県における最近の農業の特色を調べたものである。**ア〜ウ**の文をこうじさんの旅行経路の順に並べかえて，その記号を答えなさい。

　ア　高原では，夏でも冷涼な気候を生かしたレタスの栽培が盛んで，その収穫量は全国1位である。

　イ　扇状地などでは，ももやぶどうの栽培が盛んで，その収穫量は全国1位である。

　ウ　台地や丘陵地などでは，温暖な気候を生かした茶の栽培が盛んで，その収穫量は全国1位である。

(3) 右下の表Ⅰは，図中のＣの経路で旅行したまさしさんが，出発地の県と終着地の県の産業別工業出荷額の割合(2017年)を調べたものである。表Ⅰ中のａとｂにあてはまるものの組み合わせとして最も適当なものを，次の**ア〜エ**から1つ選び，記号で答えなさい。

　ア　ａは印刷，ｂは石油・石炭製品　　**イ**　ａは石油・石炭製品，ｂは輸送用機械

　ウ　ａは金属製品，ｂは印刷　　　　　**エ**　ａは輸送用機械，ｂは化学

(4) 図中のＤの経路で旅行したゆうこさんは，終着駅のある県と千葉県の冬の気候について調べた。次の文章中の＿ｃ＿と＿ｄ＿にあてはまることばの組み合わせとして最も適当なものを，あとの**ア〜エ**から1つ選び，記号で答えなさい。

　　　終着駅のある県では，冬には，北西の＿ｃ＿が吹くことが多く，降水量が多い。それに比べて，太平洋側にある千葉県では＿ｄ＿が吹き，晴天の日が続くことが多い。

　ア　ｃは湿った風　ｄは乾いた風　　**イ**　ｃは湿った風　ｄは湿った風

　ウ　ｃは乾いた風　ｄは湿った風　　**エ**　ｃは乾いた風　ｄは乾いた風

表Ⅰ　産業別工業出荷額の割合(％)

出発地	（ ａ ）	56.1
	鉄　　鋼	4.9
	生産用機械	4.9
	電気機械	4.8
	そ の 他	29.3
終着地	（ ｂ ）	18.9
	生産用機械	13.6
	金属製品	10.5
	電子部品	9.7
	そ の 他	47.3

(2020年版「データでみる県勢」)

(5) 表Ⅱは, 図中A, B, C, Dのそれぞれの経路にあたる3つの県の「人口」「人口密度」および「県名と県庁所在都市名が同じ県の数」を示したものである。Aの経路にあたるものとして最も適当なものを, 表Ⅱ中のア～エから1つ選び, 記号で答えなさい。

表Ⅱ

経路	◯ の 県		△ の 県		◻ の 県		県名と県庁所在都市名が同じ県の数
	人口（万人）	人口密度（人/km²）	人口（万人）	人口密度（人/km²）	人口（万人）	人口密度（人/km²）	
ア	735	1,935	194	305	222	176	1県
イ	364	468	81	181	204	151	2県
ウ	141	352	76	183	113	271	1県
エ	755	1,459	198	187	104	245	2県

＊県名と県庁所在都市名が同じ県の例：千葉県　　　　※小数点以下は切り捨て
(2019年)　　　　　　　　　　　　　　　　(2020/21年版「日本国勢図会」)

(1)	(2)	→	→	(3)	(4)
(5)					

〔千葉一改〕

---

2 右の表は, 東北地方の6県の県内総生産, 面積, 海岸線延長, 林業産出額を示したものである。あとの各問いに答えなさい。なお, 表中のA, B, C, Dは, 青森県, 秋田県, 岩手県, 宮城県のいずれかである。 (10点×2-20点)

県名	県内総生産（億円）	面積(km²)	海岸線延長(m)	林業産出額（千万円）
A	94,816	7,282	829,868	796
福島県	78,236	13,784	166,550	1,006
B	47,229	15,275	710,780	1,973
C	45,402	9,646	796,480	658
山形県	39,542	9,323	134,596	847
D	33,669	11,638	264,220	1,612

(2017年)　　　　　　　(2020年版「データでみる県勢」など)

(1) 次の円グラフは, 表中のA, B, C, Dの農業産出額とその品目割合を示したものである。グラフの①, ②, ③にあてはまる品目の組み合わせとして最も適当なものを, 次のア～カから1つ選び, 記号で答えなさい。なお, グラフの①, ②, ③は, 果実, 米, 畜産のいずれかである。

ア　① 果実　② 米　③ 畜産
イ　① 果実　② 畜産　③ 米
ウ　① 米　② 果実　③ 畜産
エ　① 米　② 畜産　③ 果実
オ　① 畜産　② 果実　③ 米
カ　① 畜産　② 米　③ 果実

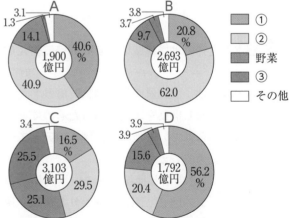

（凡例）① ② 野菜 ③ その他

(2017年)　　　　(2020年版「データでみる県勢」)

(2) 次の文章は, 東北地方の気候について述べたものである。文章中の□にあてはまる文を, 「北東」, 「やませ」の2つの語句を用いて, 10文字以上15字以下で書きなさい。

東北地方の太平洋側は, 寒流である親潮の影響を受け, □ことがある。これにより, 夏でも気温が上がらない日が続き, 農作物などに影響を与える冷害をもたらすことがある。

(1)	(2)

〔愛知一改〕

テーマ別問題 ① ▶ 地　図

●時　間 30分　●得　点
●合格点 75点　　　　点

解答▶別冊20ページ

1 次の地図を見て，あとの問いに答えなさい。

(20点×2－40点)

地図1

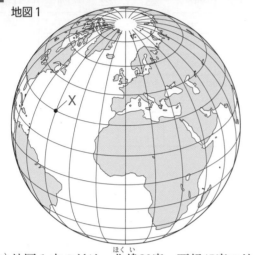

地図2

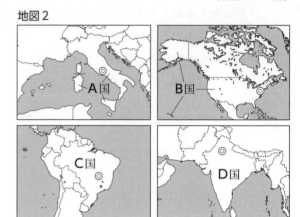

（注1：地図2の中の◎は，首都の位置を示している。）
（注2：各地図の縮尺は同じではない。）

(1) 地図1中のＸは，北緯30度，西経45度の地点である。この地点の，地球上で正反対の位置にあたる，南緯30度，東経135度の地点は，ある大陸上にある。この大陸名を答えなさい。

(2) 地図2中のＡ国〜Ｄ国のそれぞれの首都と東京との最短距離を，地球儀上で測って比較したとき，東京から最も近いのは，どの国の首都か，その国の記号を答えなさい。

(1)　　　　　　　　　　大陸	(2)

〔山　形〕

2 日本と世界の地域構成に関する問いに答えなさい。

(10点×3－30点)

(1) 右の図1は，太郎君が地方別に，府県名と府県庁所在地名が同じ府県を灰色にぬったものである。まちがってぬられている地図を，図1のア〜エから1つ選び，記号で答えなさい。

(2) 太郎君は，「東京と世界各地の位置関係について，次のページの図2と図3に描かれた情報を適切に用いて考えなさい」という問いに対して，次の答え①から答え③までを考えたが，この中には誤答がある。正答は適切な図を用いているが，誤答は不適切な図を用いたために生じたものである。太郎君がそれぞれの答えを考える際に用いたと思われる図と，答えの正誤の組み合わせとして最も適当なものを，次のページの表のア〜エから1つ選び，記号で答えなさい。

図1

ア

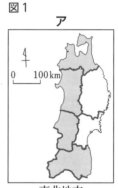

東北地方

イ

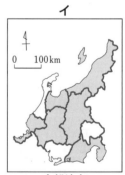

中部地方

ウ

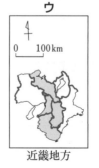

近畿地方

エ

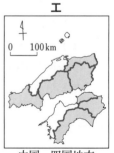

中国・四国地方

	答え①		答え②		答え③	
	用いた図	正誤	用いた図	正誤	用いた図	正誤
ア	図2	正答	図2	誤答	図3	正答
イ	図2	誤答	図3	正答	図2	正答
ウ	図3	正答	図3	誤答	図3	誤答
エ	図2	誤答	図3	正答	図3	正答

答え①　東京とロンドンの実際の最短距離は，東京とモガディシュの実際の最短距離よりも長い。

答え②　東京のほぼ東に，ブエノスアイレスがある。

答え③　東京とロサンゼルスは，ほぼ同緯度である。

図2

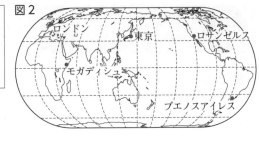

図3

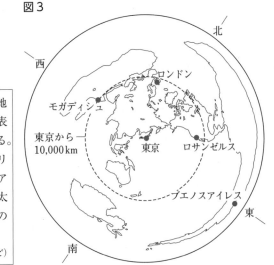

図4

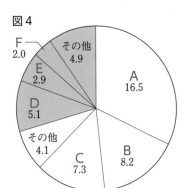

図4の□と■とは，陸地か海洋を示す。数字は表面積（1,000万km²）である。AからFまでは，アフリカ大陸，インド洋，北アメリカ大陸，大西洋，太平洋，ユーラシア大陸のいずれかを示す。

（「理科年表」など）

(3) 図4は地球の海洋・陸地別の表面積の割合を示したものである。次のア～カまでの組み合わせの中から正しいものを1つ選び，記号で答えなさい。

ア　A－ユーラシア大陸　D－太平洋

イ　A－太平洋　　　　　E－北アメリカ大陸

ウ　B－大西洋　　　　　E－アフリカ大陸

エ　B－北アメリカ大陸　F－インド洋

オ　C－大西洋　　　　　E－北アメリカ大陸

カ　C－インド洋　　　　F－アフリカ大陸

(1)	(2)	(3)

〔国立高専〕

3 右の地形図を見て，次の問いに答えなさい。

（15点×2－30点）

(1) 地形図中の神社から見て，寺院はどの方角にあるか。次のア～エから1つ選び，記号で答えなさい。

ア　北　東　　イ　北　西

ウ　南　東　　エ　南　西

(2) 地形図中の地点ア，イ，ウ，エのうち他の3地点より標高が低いのはどれか。1つ選び，記号で答えなさい。

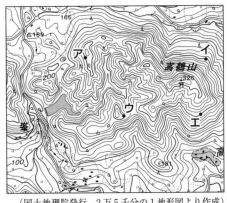

（国土地理院発行　2万5千分の1地形図より作成）

(1)	(2)

〔栃木－改〕

テーマ別問題 ② ▶ 統計・資料・グラフ

| ●時 間 30 分 | ●得 点 |
| ●合格点 75 点 | 点 |

解答▶別冊21ページ

1 次の問いに答えなさい。
(12点×5－60点)

(1) 右の図はスペインのバルセロナと，バルセロナとほぼ同緯度にある青森県の八戸の気温と降水量を表している。八戸と比較して，バルセロナの夏と冬の気候の特色を，簡潔に書きなさい。

(2) 下の表は，ドイツ，アメリカ合衆国，メキシコ，フィリピンについて，それぞれの相手先別輸出入額の上位5か国と，それぞれの国の輸出総額と輸

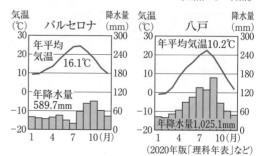

入総額を示している。表中のA～Dは，ドイツ，アメリカ合衆国，メキシコ，フィリピンのどの国があてはまるか，答えなさい。

国名	A		B		C		D	
輸出額 (百万ドル)	カナダ	298,901	A	135,287	A	10,567	A	358,285
	D	265,010	フランス	124,560	〔香港〕	9,554	カナダ	14,080
	中国	120,341	中国	110,548	日本	9,475	中国	7,429
	日本	74,967	オランダ	107,619	中国	8,699	B	7,071
	イギリス	66,228	イギリス	97,154	シンガポール	4,234	スペイン	5,304
	輸出総額	1,664,238	輸出総額	1,560,539	輸出総額	67,483	輸出総額	450,685
輸入額 (百万ドル)	中国	539,503	オランダ	180,892	中国	21,394	A	228,778
	D	346,528	中国	89,091	韓国	11,162	中国	88,521
	カナダ	318,481	フランス	81,547	日本	10,549	日本	19,286
	日本	142,596	ベルギー	78,236	A	7,820	B	18,828
	B	125,904	イタリア	71,312	タイ	7,608	韓国	17,731
	輸入総額	2,542,733	輸入総額	1,284,353	輸入総額	108,927	輸入総額	492,161

＊〔 〕は，地域であることを示す。
(2018年)(2020/21年版「世界国勢図会」)

(1)	
(2)	A　　　　　　 B　　　　　　 C
D	

〔和歌山一改〕

2 次の問いに答えなさい。
(10点×4－40点)

(1) 右の資料1は，日本・アメリカ合衆国・ドイツの輸送機関別国内輸送量を旅客輸送と貨物輸送に分けて示したものである。資料1中の①～③の組み合わせとして最も適当なものを右下の表中のア～カから1つ選び，記号で答えなさい。

(2) 東京都に関する次のページのグラフⅠ～Ⅳからわかることについて，正しく述べているものを，あとのア～エから1つ選び，記号で答えなさい。

資料1
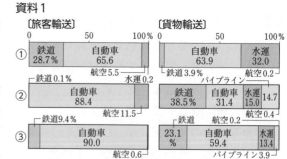

(注) アメリカ合衆国の貨物輸送は2003年のデータである。
(2009年)　(2020年版「データブック オブ・ザ・ワールド」)

表	ア	イ	ウ	エ	オ	カ
①	日本	日本	アメリカ 合衆国	アメリカ 合衆国	ドイツ	ドイツ
②	アメリカ 合衆国	ドイツ	日本	ドイツ	日本	アメリカ 合衆国
③	ドイツ	アメリカ 合衆国	ドイツ	日本	アメリカ 合衆国	日本

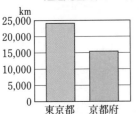

グラフⅠ 東京都と京都府の道路実延長(2017年)

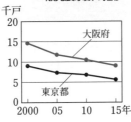

グラフⅡ 東京都と大阪府の販売農家数の推移

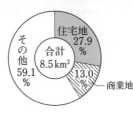

グラフⅢ 東京都渋谷区の土地利用(2016年)

グラフⅣ 東京都港区の産業別人口構成(2015年)

(注) 道路実延長は、道路総延長から、工事中の道路などを除いた距離。

(注) 販売農家は、経営耕地面積が30a以上または年間の農産物販売額が50万円以上の農家。

(注) 住宅商業混在地はその他に含める

(東京都は2017年)
(2020年版「データでみる県勢」)

ア グラフⅠから、東京都の道路実延長が京都府より長いので、東京都の方が京都府より面積が広いことがわかる。

イ グラフⅡから、2000年から2015年の販売農家の減少戸数は、東京都の方が大阪府より多いことがわかる。

ウ グラフⅢから、渋谷区における住宅地と商業地のおよその面積がわかる。

エ グラフⅣから、港区は東京都内において第1次産業が盛んな地域の1つであることがわかる。

(3) 資料2のA・Bは、1970年と2017年のいずれかの全国の工業製品出荷額における、京浜工業地帯、阪神工業地帯、中京工業地帯の3つの工業地帯が占める割合を示している。また、資料3のaとbは、1970年と2017年のいずれかの、全国の工業製品出荷額の割合を示している。あとのア〜エから、それぞれ2017年を示すものの組み合わせとして適切なものを1つ選び、記号で答えなさい。

資料2

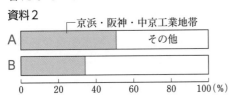

資料3

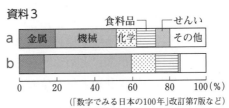

(「数字でみる日本の100年」改訂第7版など)

ア Aとa　イ Aとb　ウ Bとa　エ Bとb

(4) 資料4は2019年の世界の地域別の自動車生産台数を示し、資料5はその地域の1980年と2019年の自動車生産台数を示している。資料5中のア〜エから北アメリカにあたるものを1つ選び、記号で答えなさい。

資料4

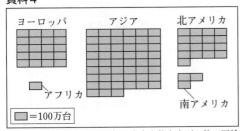

(注) 図は、資料5の2019年の生産台数を十万の位で四捨五入した数値をもとに作成している。

資料5 自動車生産台数

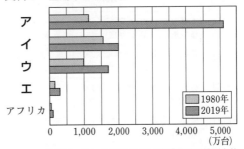

(資料4・5ともに2020/21年版「世界国勢図会」)

(1)	(2)	(3)	(4)

〔東京学芸大附高・三重・静岡・長崎・香川一改〕

115

 **総合実力テスト**

● 時　間 60 分　　● 得　点
● 合格点 75 点　　　　　　　点

解答▶別冊21ページ

1 ホノルルが中心にある次の正距方位図法（せいきょほういずほう）を見て，あとの問いに答えなさい。

（4点×3－12点）

(1) 下の表は地図中の⊙で示した**A**〜**D**のいずれかの国の首都のおよその緯度（いど）と経度を示したものである。地図中の**A**国にあたるものを**ア**〜**エ**から選び，記号で答えなさい。

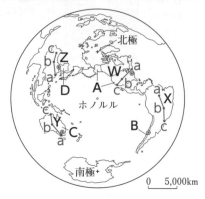

	緯度	経度
ア	北緯38度	西経77度
イ	南緯33度	西経70度
ウ	北緯39度	東経116度
エ	南緯35度	東経149度

(2) 下の雨温図は地図中の**W**〜**Z**で示したいずれかの線上にある**a**〜**c**の都市の雨温図である。下の**a**〜**c**の気候にあてはまる都市を含む線を**W**〜**Z**から選び，記号で答えなさい。

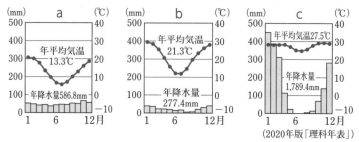

（2020年版「理科年表」）

(3) 地図中の**A**〜**D**の国について下の I は1980年と2019年における日本への輸出額及（およ）び日本への輸出品の上位3位の品目と輸出額に占（し）める割合を，また，II は1980年と2019年における日本からの輸入額及び日本からの輸入品の上位3位の品目と輸入額に占める割合を示したものである。次の文章で述べている国は，地図中の**A**〜**D**のどの国のものか，記号で答えなさい。

○2019年のこの国とわが国の貿易は，この国の黒字となっている。

○この国は，1980〜2019年の期間に工業化が一層進み，輸出品，輸入品ともに多様化している。

I

	日本への輸出額 （百万円） （上段は1980年 下段は2019年）	日本への輸出品の 上位3位の品目と輸出額に占める割合（％） （上段は1980年，下段2019年）		
		1位	2位	3位
A	5,558,112 8,640,165	木材　　　（9.0） 機械類　（26.3）	石炭　　　（6.4） 航空機類　（5.8）	とうもろこし（6.0） 医薬品　　（5.6）
B	147,428 725,303	鉄鉱石　（38.1） 銅鉱　　（48.0）	非鉄金属鉱（23.9） 魚介類　（21.4）	非鉄金属（15.7） モリブデン鉱（6.1）
C	1,585,183 4,957,595	石炭　　（24.7） 液化天然ガス（35.4）	鉄鉱石　（19.7） 石炭　　（30.0）	羊毛　　　（7.4） 鉄鉱石　（12.4）
D	977,794 18,453,731	原油　　（45.0） 機械類　（47.0）	せん維品　（12.4） 衣類　　　（9.7）	石油製品　（7.2） 金属製品　（3.7）

II

	日本からの輸入額 （百万円） （上段は1980年 下段は2019年）	日本からの輸入品の 上位3位の品目と輸入額に占める割合（％） （上段は1980年，下段2019年）		
		1位	2位	3位
A	7,118,068 15,254,513	自動車　（32.3） 機械類　（36.8）	鉄鋼　　　（8.6） 自動車　（28.1）	科学光学機器（4.6） 自動車部品（5.5）
B	103,450 223,338	自動車　（41.1） 自動車　（36.3）	鉄鋼　　　（6.9） 石油製品（34.7）	ラジオ受信機（6.3） 機械類　　（8.7）
C	761,727 1,579,821	自動車　（22.0） 自動車　（44.6）	鉄鉱石　　（6.7） 石油製品（21.0）	事務用機器（3.0） 機械類　（13.3）
D	1,140,787 14,681,945	鉄鋼　　（27.0） 機械類　（43.8）	船舶　　　（5.5） プラスチック（5.6）	金属製品　（5.1） 自動車　　（5.4）

（2020/21年版「日本国勢図会」など）

(1)	(2)	(3)

〔東　京〕

2 次の資料を見て，あとの問いに答えなさい。

(4点×3－12点)

(1) 下のⅠの雨温図は地図中のA～Dで示したいずれか
のものであり，Ⅱの雨温図は東京のものである。ま
た，文章**ア**～**エ**は地図中のA～Dで示した都市の気
候及び都市が所属する道県のようすを述べたもので
ある。Ⅰの雨温図で示した都市が所属する道県につ
いて述べているものを1つ選び，記号で答えなさい。

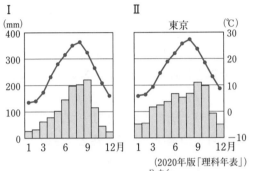

(2020年版「理科年表」)

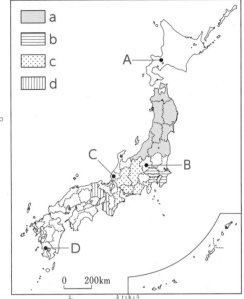

ア この都市は，東京と比較すると年降水量は多く，北西から吹く風の影響で1月の降水量が
多くなり，年平均気温は東京よりも低い。この地域の沖合いには暖流が流れ，沿岸部には，
リアス海岸が発達し，大都市への電力を供給する発電所が立地している。

イ この都市は，東京と比較すると年降水量は多く，6月の降水量が最も多くなり，年平均気
温は東京よりも高い。この地域には，現在も噴煙を上げる火山が見られる。火山灰の堆積
物におおわれた土地が広がり，また，農業や養殖業が盛んである。

ウ この都市は，東京と比較すると，梅雨の影響を受けないため年降水量は少なく，8月の平
均気温は東京よりも低い。この地域には，湖や湿原があり，北東部の沿岸に流氷が接岸し，
また，広大な土地を利用した農業や酪農などが行われている。

エ この都市は，東京と比較すると冬季の降水量は少なく，各月の平均気温のうち最低気温と
最高気温の差が東京よりも大きい。この地域には，乾燥した風に備えるために北側に防風
林を設けた家屋が見られ，各地でわき出る温泉を利用した観光産業が見られる。

(2) 右下の資料の**ア**～**エ**は，地図中のa～dで示したいずれかの地域について，2016年における人
口，水使用量，耕地面積，工業出荷額を示したものである。cの地域は，資料中の**ア**～**エ**のう
ちどれにあたるか，記号で答えなさい。

(3) わが国の漁獲量上位5県は，1位北海
道，2位長崎県，3位茨城県，4位静
岡県，5位X県である(2018年)。Xに
あたる県は地図中のaの地域における
地方中枢都市をもつ県である。この県
名を答えなさい。

資料

	人口 (千人)	水使用量 (取水量ベース，億m³/年)			耕地面積 (千ha)		工業 出荷額 (兆円)
		生活用水	工業用水	農業用水	水田	畑	
ア	36,294	41	11	25	124	113	49
イ	17,113	21	21	49	214	166	83
ウ	15,307	18	8	21	91	35	34
エ	8,915	13	13	156	777	268	17

(令和元年版「日本の水資源」など)

(1)	(2)	(3)

〔東　京〕

3 次の3つの地図を見て，あとの問いに答えなさい。 （4点×8＝32点）

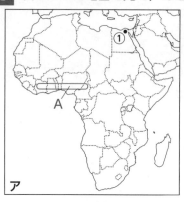  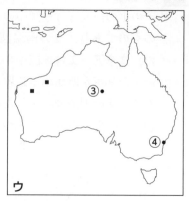

(1) 地図中にＡで示した地域での生産が世界全体の半分以上になる農作物を，次の**ア～オ**から1つ選び，記号で答えなさい。

ア コーヒー **イ** 綿花 **ウ** カカオ **エ** バナナ **オ** オリーブ

(2) 地図中の■で産出される地下資源を，次の**ア～オ**から1つ選び，記号で答えなさい。

ア 鉄鉱石 **イ** 銅 **ウ** 石油 **エ** 金 **オ** ボーキサイト

(3) 地図中のＢの国について説明した文として誤っているものを，次の**ア～エ**から1つ選び，記号で答えなさい。

ア この国では，さとうきびからつくられたエタノールを燃料とする自動車が普及している。

イ この国は航空機産業が盛んで，世界で4番目の生産国になっている。

ウ この国では都市化が進んでおり，人口の4分の3以上が都市に住んでいる。

エ この国はかつてスペインの植民地であったため，スペイン語が公用語となっている。

(4) 地図中にＣで示した地域の名称と植物のようすの組み合わせとして正しいものを，次の**ア～エ**から1つ選び，記号で答えなさい。

ア セルバ・熱帯雨林 **イ** セルバ・草原

ウ パンパ・熱帯雨林 **エ** パンパ・草原

(5) 地図**ア～ウ**のうち，1つだけ赤道が通らないものがある。その地図を1つ選び，記号で答えなさい。

(6) 右の雨温図は，地図中の①～④のいずれかの都市のものである。その都市を選び，番号で答えなさい。

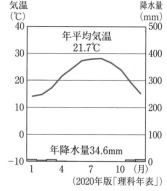

(2020年版「理科年表」)

(7) 日本の石炭産業は，1960年代ごろから他のエネルギー資源に代替し衰退したが，現在も火力発電用の燃料として石炭を多用している。右のグラフは，日本の石炭の輸入先を表し，グラフ中の※は，上の地図中にある国である。※にあてはまる国名を答えなさい。

(8) (7)で答えた国では，地表を直接削ることによって大規模で効率よく石炭が採掘されている。その採掘方法を何というか，答えなさい。

日本の石炭輸入先

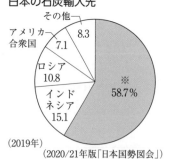

(2019年)

(2020/21年版「日本国勢図会」)

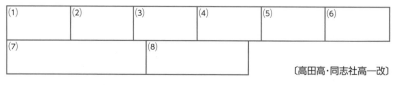

〔高田高・同志社高一改〕

118

4 次の問いに答えなさい。

(4点×6−24点)

(1) 右の表中のＡ〜Ｄは米・小麦・茶(2019年)，みかん(2018年)のいずれかの生産上位5都道府県を示したものである。あとえにあてはまるものを次から1つずつ選び，記号で答えなさい。

ア　静岡県　　イ　新潟県
ウ　北海道　　エ　和歌山県

	A	B	C	D
1位	あ	い	う	え
2位	い	鹿児島	え	福岡
3位	愛媛	三重	秋田	佐賀
4位	熊本	宮崎	山形	群馬
5位	長崎	京都	宮城	愛知

(2020/21年版「日本国勢図会」など)

(2) 太平洋ベルトに位置する工業都市についての説明として正しいものを，次のア〜エから1つ選び，記号で答えなさい。

ア　堺市は，鉄鋼業が盛んであった。現在では，鉄鋼関連の工場規模を小さくし，跡地には液晶パネルの大規模な工場などがつくられている。

イ　鈴鹿市は，輸送用機械工業が盛んで，特にオートバイの生産が多い。またピアノの生産も全国最大となっている。

ウ　千葉市は，輸入資源を用いた石油化学工業が盛んである。海岸部に関連企業が集まり，大規模なコンビナートが形成されている。

エ　四国中央市は，海上交通の要所であったことから造船業が盛んである。また，せんい工業も盛んで，特にタオルが全国的に知られている。

(3) 右の表は，東京特別区(23区)，横浜市，銚子市，日立市のいずれかの人口増減率，産業別就業者割合を示したものである。銚子市にあたるものを，表のア〜エから1つ選び，記号で答えなさい。

	人口増減率(%)	産業別就業者割合(%)		
		第1次産業	第2次産業	第3次産業
ア	−1.14	1.5	37.3	61.2
イ	0.96	0.2	16.6	83.2
ウ	0.21	0.5	20.7	78.8
エ	−2.18	10.9	29.3	59.8

(2015年)　(2020年版「データでみる県勢」)

(4) 日本各地の自然について説明した文として正しいものを，次のア〜エから1つ選び，記号で答えなさい。

ア　知床では，集めた寄付金で開発の危機にあった土地を買い上げ，生態系の再生をめざした森づくりが行われている。

イ　石垣島の周囲に形成されたさんご礁は，近年の海水温の上昇にともない，さらに拡大している。

ウ　世界自然遺産に登録された富士山では，高山植物の保護だけでなく，地域の文化も残そうとする取り組みが見られる。

エ　天橋立では，周辺の沿岸部で防波堤が築かれたことで，供給される砂が増加し，地形が変化している。

(5) 現在，わが国は多くの農作物や魚介類を輸入している。食料輸入量に輸送距離をかけて計算された数値で，値が大きいほど地球環境に負荷をかけるとされているものを何というか，カタカナで答えなさい。

	あ	え	(2)	(3)	(4)	(5)
(1)						

〔洛南高一改〕

119

5 次の問いに答えなさい。

（4点×5—20点）

(1) 中部地方について，右のグラフ1は中部地方の
日本海側の県，内陸の県，太平洋側の県に分け
たときの工業の業種別出荷額割合を示したもの
である。各地域の組み合わせとして正しいもの
を下の**ア～カ**から1つ選び，記号で答えなさい。

グラフ1

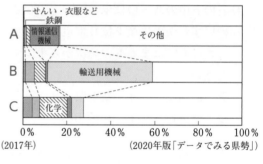

	ア	イ	ウ	エ	オ	カ
日本海側の県	A	A	B	B	C	C
内陸の県	B	C	A	C	A	B
太平洋側の県	C	B	C	A	B	A

(2) 右のグラフ2は山陰地方の島根県・鳥取県，山
陽地方の岡山県・広島県，四国地方の高知県・
徳島県の各2県における果実，米，畜産，野菜
の産出額の合計を示したものである。グラフ中
のⅠにあたる地方，Aにあてはまる農畜産物の
組み合わせとして正しいものを次の**ア～エ**から
1つ選び，記号で答えなさい。

グラフ2

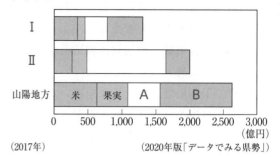

	ア	イ	ウ	エ
Ⅰ	四国地方	四国地方	山陰地方	山陰地方
A	畜産	野菜	畜産	野菜

(3) 次の表は，ヨーロッパ連合(EU)に加盟するスウェーデン，イタリア，ドイツ，フランスの自
動車の生産台数，鉄鋼の生産量，木材の生産量，ぶどうの生産量，豚の飼育頭数について，現
在EUに加盟している27か国全体を100としたとき，各国が占める割合(%)を示したものである。
下の文が説明している国にあてはまるものを表中の**ア～エ**から1つ選び，記号で答えなさい。

　　　　この国は人口が約1,010万人（2020年）で，面積は約44
万km²である。EU（ヨーロッパ連合）には，1995年に加
盟した。2020年現在もEUに加盟しているものの，「ユー
ロ」紙幣や硬貨は国内で流通していない。

	自動車	鉄鋼*	木材	ぶどう	豚
ア	32.9	27.4	11.7	4.3	19.3
イ	13.0	10.0	11.1	24.9	41.5
ウ	1.3	3.0	16.2	0.0	0.1
エ	6.6	16.1	2.8	30.2	6.0

(2017年，＊は2018年)
(2020年版「データブック　オブ・ザ・ワールド」)

(4) 右のグラフは，日本とASEAN，日本とアメリカ合衆国，
日本と中国の貿易において，日本から見たときの輸出
額と輸入額の推移を示したものである。同一国は同じ
形の記号を用いて表し，輸出と輸入は黒色か赤色のい
ずれかで統一して示している。中国からの輸入にあて
はまるものをグラフ中の**ア～カ**から1つ選び，記号で
答えなさい。

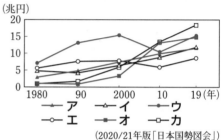

(2020/21版「日本国勢図会」)

(5) 生産拠点が海外に進出することによって，海外での現
地生産が進み，国内の製造業が衰退する現象を何というか，「産業の」に続けて答えなさい。

(1)	(2)	(3)	(4)	(5) 産業の

〔東大寺学園高一改〕

ハイクラステスト

中学 地理

解 答 編

第1章　世界と日本の地域構成

1 | 世界の地域構成

Step A　解答　本冊▶p.2〜p.3

① 子午　② 緯　③ 経　④ 北　⑤ 赤道　⑥ 北
⑦ 南　⑧ 西　⑨ 東　⑩ ユーラシア
⑪ アフリカ　⑫ インド　⑬ オーストラリア
⑭ 太平　⑮ 赤道　⑯ 北アメリカ　⑰ 南アメリカ
⑱ グリーンランド　⑲ ヨーロッパ
⑳ 南アメリカ　㉑ チリ　㉒ ロシア(ロシア連邦)
㉓ アジア　㉔ オーストラリア　㉕ オセアニア
㉖ 赤道　㉗ 90　㉘ 緯線　㉙ 本初子午線
㉚ 180　㉛ 経線　㉜ 3：7　㉝ ユーラシア
㉞ アフリカ　㉟ オーストラリア　㊱ 太平洋
㊲ インド洋　㊳ 面積　㊴ 方位　㊵ 角度
㊶ ロシア(ロシア連邦)　㊷ バチカン市国
㊸ インド　㊹ オセアニア　㊺ 東南アジア
㊻ 西アジア

解説

① 十二支のうち「子(ねずみ)」は北,「午(うま)」は南を表す。子と午を結ぶ線であるから子午線という。
⑩ ユーラシアとは「ヨーロッパ」と「アジア」を合わせた語である。
㉚ 東経180度と西経180度は同じ経線で表される。
㊵ メルカトル図法の地図では南北を示す経線がすべて縦の直線になっているので,その線に対する角度が正しく表わされる。
㊷ イタリアのローマ市内にある。カトリックの総本山である**サン・ピエトロ大聖堂**がある。

Step B　解答　本冊▶p.4〜p.5

1 (1) 東　(2) ロンドン・カイロ
　(3) 記号—B　名称—赤道　(4) ヨーロッパ(州)
2 (1) ウ　(2) B
3 (1) オセアニア(州)
　(2) 大陸—アフリカ大陸　海洋—大西洋
　(3) ウ
4 (1) ア　(2) インド洋　(3) イ

(4) 大陸—アフリカ大陸　特徴—例緯線や経線などを利用して直線的に引かれている。

解説

1 (1) **正距方位図法**の地図では中心からの方位が正しく表されるから,上は北,右は東になる。
(2) 中心からの直線距離を測れば,実際の距離がわかる。
(3) 赤道は,アフリカのギニア湾岸の少し南,インドネシアのスマトラ島やカリマンタン島,南アメリカのアマゾン川河口付近などを通過する。
2 (2) 北緯31度33分,東経130度33分の地点の反対側の位置は,南緯31度33分,西経49度27分になる。

> **⚠ ここに注意**　(2) ある地点の地球上の裏側の位置を求めるときは,緯度は北緯↔南緯と変更し数値はそのまま。経度は東経↔西経と変更し,数値は〈180−その地点の経度の数値〉となる。例えば　北緯35度,東経135度の地点の反対側は,南緯35度,西経45度の地点となる。

3 (2) Xは南緯0〜20度,西経160〜180度の範囲であるから,その反対側は北緯0〜20度,東経0〜20度の範囲となる。
(3) 緯線はすべて等間隔で引かれているが,経線はすべて北極点と南極点に向かって引かれているから,緯度が高くなるほど間隔が狭くなる。したがって,実際の面積はXが最も大きく,Zが最も小さい。
4 (3) 本州はおよそ北緯33〜42度,東経131〜142度の範囲に位置する。
(4) アフリカ大陸は18〜19世紀に大部分がヨーロッパ諸国の植民地となり,ヨーロッパの人々により人為的に国境線が引かれた。

2 | 日本の地域構成

Step A　解答　本冊▶p.6〜p.7

① 竹島　② 択捉島　③ 北方領土　④ 南鳥島
⑤ 東シナ　⑥ 与那国島　⑦ 沖ノ鳥島　⑧ 領空
⑨ 領土　⑩ 領海　⑪ 200　⑫ 公海　⑬ 12

⑭ 本初子午　⑮ 東経135　⑯ 日付変更
⑰ 北海道　⑱ 中部　⑲ 関東　⑳ ユーラシア
㉑ 択捉　㉒ 南鳥　㉓ 与那国　㉔ 沖ノ鳥
㉕ 竹　㉖ 尖閣　㉗ 12　㉘ 200　㉙ 排他的経済
㉚ 本初子午　㉛ 135　㉜ 1　㉝ 遅ら
㉞ 京都府　㉟ 九州　㊱ 近畿　㊲ 東北

解説

㉗〜㉙ **領海**は外国船の航行が制限される。**排他的経済水域**は，船の航行は自由であるが，水域内の水産資源や鉱産資源（地下資源を含む）については沿岸国に権利がある。

㉚〜㉜ **本初子午線**（０度の経線）が通るロンドン（イギリス）と，東経135度の経線を標準時子午線とする日本との経度差は135度。経度15度で１時間の時差が生じるから，135÷15＝9 より，ロンドンと日本の時差は９時間。地球は西から東に自転しており，東に位置する日本の方が時刻が先行するから，例えばロンドンが午前６時のとき，6＋9＝15 より，日本は同じ日の15時（午後３時）ということになる。

Step B　解答　本冊▶p.8〜p.9

1 (1) ユーラシア大陸
(2) B―ロシア（ロシア連邦）
　　C―大韓民国（韓国）　(3) 台湾　(4) 択捉島
(5) 東経135度　(6) イ

2 (1) イ　(2) イ　(3) ウ　(4) ア

3 (1) ７時間　(2) 11月６日午前４時
(3) 排他的経済水域　(4) 北方領土

4 (1)

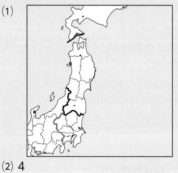

(2) 4

解説

1 (6) 秋田県の八郎潟では，東経140度の経線と北緯40度の緯線が交差している。北緯40度の緯線は，ヨーロッパではマドリード（スペイン）付近やイタリア南部などを通過している。

2 (1) 東京〜鹿児島間が約1,000kmであることが理解できていれば判断できる。

(2) 東京はおよそ北緯35度40分，宗谷岬はおよそ北緯45度30分に位置している。

(3) 与那国島はおよそ東経123度，南鳥島はおよそ東経154度に位置しているから，経度差は約30度。したがって，両地点では南中時刻や日の出，日没の時刻に約２時間の差が生じることになる。

(4) アは沖ノ鳥島，イは南鳥島，エは小笠原諸島の父島にあてはまる。

3 (1) 東京とカイロの経度差は105度。105÷15＝7 より，両地点間の時差は７時間となる。

(2) 11月５日午後９時の14時間後，日本では11月６日午前11時になっている。カイロはそれより７時間前であるから，11月６日午前４時ということになる。

> **❗ ここに注意**　(3) それぞれの水域の違いをおさえる。
> ・領海…外国船の航行にも沿岸国の許可が必要。
> ・排他的経済水域…航行は自由であるが，水産資源や地下資源を管理する権利は沿岸国が持つ。
> ・公海…航行や漁船の操業は自由。

4 (2) それぞれの県の県庁所在地は，宮城県が仙台市，福島県が福島市，茨城県が水戸市，千葉県が千葉市，埼玉県がさいたま市，神奈川県が横浜市，静岡県が静岡市である。したがって，福島・千葉・埼玉・神奈川の４県があてはまる。

Step C-①　解答　本冊▶p.10〜p.11

1 (1) ③①④②　(2) ア　(3) 記号―B
　国名―ブラジル　(4) 標準時

2 (1) ヨーロッパ(州)・北アメリカ(州)
(2) 北半球　(3) 14時間

3 (1) ア　(2) ①―×　②―×　③―○　④―×

解説

1 (2) 首都① はアメリカ合衆国の首都ワシントンD.C.であり，東京と結んだXの線はアメリカ合衆国のアラスカ州を通っていることから判断できる。

(3) 資料Ⅰのdは，人口と１人あたりの国民総所得などからアメリカ合衆国でC国，bは人口と牛肉，鶏肉生産量からブラジルとわかり，B国となる。aは南アフリカ共和国でD国，cはオーストラリアでA国。

2 (3) ロンドン(イギリス)を通る本初子午線から左に数えて5本目の線にあたることから，Aは西経75度の経線であることがわかる。

3 (1) リマはカイロから見てほぼ西の方向に位置しているが，緯度と経度は大きく異なる。カイロとキエフは，経度がほぼ同じである。

(2) ② ロンドンを本初子午線が通っているため，イギリスは東経・西経に二分される。③ 表の中で日本より人口が多い国は，中国とアメリカ合衆国である。

Step C-② 解答　本冊▶p.12〜p.13

1 (1) ウ　(2) インド洋　(3) イ　(4) a

2 (1) 呼び名―地球儀　記号―イ
(2) 3月9日午後2時
(3) 距離―イ　方位―キ

3 (1) 20度　(2) ウ　(3) カ
(4) 例(沖ノ鳥島周辺の)沿岸から200海里以内の排他的経済水域内の天然資源に関する権利を失うことになる。(40字)

解説

1 (3) Bは赤道。アフリカ最大の湖であるビクトリア湖は，赤道直下に位置している。

(4) aは日本，bはオーストラリア，cはカナダ。日本やニュージーランドのような島国は，周辺に広い排他的経済水域を持つことになる。ニュージーランドの場合，国土面積が小さい海洋国であるため，特にその面積が大きくなる。

2 (1) 地球は地軸＝自転軸が23.4度傾いており，太陽のまわりを回っている(公転)。

(2) 日本とホノルルの経度差は135+150 より285度。時差は285÷15 より19時間。日本の方が時刻が先行するから，前日の午後2時になる。

3 (1) 東京付近を通過している経線が東経140度であることを考えれば判断できる。

(2) 写真Ⅰはモンゴルのゲル。

第2章　世界の諸地域

3│世界の人々の生活と環境

Step A 解答　本冊▶p.14〜p.15

① 熱帯　② 温帯　③ チマ・チョゴリ
④ サリー　⑤ 日干しれんが　⑥ 高床　⑦ 小麦
⑧ 米　⑨ タロいも(いも類)　⑩ とうもろこし

⑪ ヒンドゥー　⑫ キリスト　⑬ イスラム　⑭ 仏
⑮ 熱帯雨林　⑯ サバナ　⑰ 砂漠　⑱ ステップ
⑲ 西岸海洋性　⑳ 地中海性　㉑ タイガ
㉒ ツンドラ　㉓ イヌイット　㉔ 永久凍土
㉕ 高床　㉖ いも　㉗ オアシス　㉘ 日干しれんが
㉙ 遊牧　㉚ アルパカ　㉛ メッカ　㉜ インド

解説

③ 韓国の女性の民族衣装。チョゴリと呼ばれる上着とチマと呼ばれるスカート状の服を組み合わせて着る。

④ 薄い綿布でできた衣服で，体に巻きつけるように着る。強い日ざしから身を守ることができる。

⑤ 枠に流し込んだどろを干し，できたれんがを積み上げてつくる。乾燥帯で木材が手に入りにくい地域に多く見られる。

⑥ 床を高くして湿気を防ぎ，通風をよくしている。

㉓ かつては季節ごとに移動し，狩猟や漁を行う生活が中心であったが，近年は定住し，商業や観光業などに従事する人々も増えてきた。

㉔ 短い夏の間だけ，表面がとける。

㉗ オアシスの周辺で，乾燥に強い小麦やなつめやしなどを，かんがいにより栽培してきた。

㉙ 家畜とともに移動しながら行う牧畜。

㉛ サウジアラビアにあるイスラム教の聖地。

Step B 解答　本冊▶p.16〜p.17

1 (1) Ⅰ―イ　Ⅱ―ア　(2) エ　(3) ウ
(4) 例 1年中高温で雨も多いため，床を高くして風通しをよくし，暑さや湿気を防ぐようにくふうされている。

2 (1) 記号―イ　国―C　(2) X―ウ　Y―ア

3 (1) 緯度―南緯30度　経度―東経60度
(2) Ⅰ　衣服―イ　説明文―C
Ⅱ　衣服―ウ　説明文―A
Ⅲ　衣服―ア　説明文―B

解説

1 (2) 太平洋の島々では，タロいもなどのいも類を主食とする地域が多い。

2 (1) 図1のアはキリスト教，ウはヒンドゥー教，エは仏教である。図2のCはサウジアラビア。イスラム教の聖地であるメッカは開祖ムハンマド(マホメット)の生誕の地で，カーバ神殿には世界中から信徒が礼拝のために訪れる。

3 (1) 赤道が0度の緯線，本初子午線が0度の経線であることから判断する。

(2) Ⅰは寒冷地のシベリア地方，Ⅱは砂漠が広がるサウジアラビア，Ⅲはペルーのアンデス山中である。

Step C-①　解答　　　　　　　本冊▶p.18〜p.19

1 (1) A—ウ　B—イ　C—ア　(2) イ　(3) ウ
(4) 例台風による雨や風の被害から家を守る
(5) 遊牧　(6) ① 熱帯雨林　② スコール

2 (1) ① D—ユダヤ　E—イスラム
F—キリスト
② 記号—エ　都市名—エルサレム
③ 記号—Y　海峡名—ホルムズ海峡　(2) エ
(3) イ

解説

1 (2) 九州地方西部を東経130度の経線が，秋田県の八郎潟を東経140度の経線が通過していることが理解できていれば，経度10度分の間隔をつかむことができる。

(3) Zは北緯50度の緯線である。

2 (1) ① 主要輸出品の航空機からBはフランス，石油製品からCはアラブ首長国連邦とわかる。③「日本へは専用船で運ばれ」の出題文からGは石油と判断できる。Xはボスポラス海峡，Zはマンダブ海峡。

(2) マレーシアで最も信者教が多いのはイスラム教。仏教徒が多く，出家して僧侶としての経験を積む男性が多い国は，タイである。

(3) 原料はイの小麦。フランスが上位に入っている点に着目する。アは茶，ウはじゃがいも，エは米である。

ここに注意　(2) イスラム教では豚肉を食べることや酒を飲むことが禁じられている。牛肉を食べないのはヒンドゥー教。

4 アジア

Step A　解答　　　　　　　本冊▶p.20〜p.21

① ヒマラヤ　② ペルシャ　③ アラビア
④ メッカ　⑤ インダス　⑥ デカン　⑦ ガンジス
⑧ 黄河　⑨ 長江　⑩ アッサム　⑪ スマトラ
⑫ 米　⑬ 綿花　⑭ 季節風　⑮ 乾燥　⑯ 14

⑰ 一人っ子　⑱ 稲　⑲ 畑　⑳ 経済特区
㉑ 世界の工場　㉒ NIES (ニーズ)　㉓ ハイテク
㉔ 東南アジア諸国連合　㉕ 華人(華僑)
㉖ プランテーション　㉗ スラム　㉘ ヒンドゥー
㉙ イスラム　㉚ 茶　㉛ 情報通信
㉜ バンガロール　㉝ イスラム
㉞ OPEC (オペック)　㉟ レアメタル

解説

④ イスラム教の開祖ムハンマド(マホメット)の生誕の地。世界中のイスラム教徒は1日5回，この地に向かって祈りをささげる。⑩ 茶は高温多湿で水はけのよい土地に向いており，南アジアでは，インドのアッサム地方やスリランカで盛んに栽培されている。⑭ 季節風は別名モンスーンといい，夏と冬で大陸と海洋間に吹く風の向きが逆になっている。夏は海から大陸にむかって吹き，冬は大陸から海にむかって吹く。⑰ 子どもを2人以上もつことを制限する政策。人口増加を抑えるために行われてきたが，少子化が予想以上のペースで進んできたことから，2015年に廃止された。2016年以降は子どもを2人まで産んでよいとされた。⑲ 畑作地帯はホワンホー(黄河)を中心とした華北と，さらに北に位置する東北区に分けられる。㉒「新興工業経済地域」の略称。韓国，台湾，ホンコン(香港)，シンガポールは特にアジアNIESと呼ばれる。㉓ 台湾のハイテク産業の発展のきっかけは，アメリカ合衆国に渡り働いていた人達が台湾でおこした新しい企業である。台湾には，大規模な半導体の工場が集まり，世界各地から注文が集まっている。㉖ 植民地時代にヨーロッパ諸国の資本により開発された。現在は多くが現地の資本で経営され，茶やコーヒー，綿花，天然ゴムなどの工芸作物を生産している。

Step B　解答　　　　　　　本冊▶p.22〜p.23

1 (1) ウ　(2) チベット(高原)　(3) 経済特区　(4) ア
(5) エ　(6) ア

2 (1) エ　(2) ① イ　② ウ　③ エ　④ ア　(3) イ
(4) ウ

解説

1 (1) Cはデカン高原で，安定した台地状の地形が広がる。
(4) 羊は乾燥に強い家畜であるため，内陸の乾燥地帯で

も多く飼われる。

(5) ①はブラジル，②はパキスタン，③はケニアやスリランカがポイントとなる。

2 (1) 赤道はインドネシアのスマトラ島やカリマンタン島などを通過する。

(3) 日本の標準時は世界標準時より9時間ずれているから，日本より2時間遅いことになる。

> **⚠ ここに注意**　(1) 赤道が通過する地域
> ・アフリカ…ギニア湾岸の少し南。
> ・東南アジア…インドネシアのスマトラ島やカリマンタン島。
> ・南アメリカ…アマゾン川の河口付近。

5 ヨーロッパ ①

Step A　解答　　本冊▶p.24～p.25

① デンマーク　② オランダ　③ ドイツ
④ ベルギー　⑤ スペイン　⑥ フランス
⑦ ノルウェー　⑧ スウェーデン
⑨ フィンランド　⑩ ゲルマン　⑪ スラブ
⑫ ラテン　⑬ ルール　⑭ ライン　⑮ ドナウ
⑯ 北海　⑰ 鉄鉱石　⑱ 西岸海洋性　⑲ 北大西洋
⑳ 偏西　㉑ 地中海性　㉒ スカンディナビア
㉓ カトリック　㉔ プロテスタント　㉕ ゲルマン
㉖ ラテン　㉗ 混合　㉘ 地中海　㉙ 酪農
㉚ ルール　㉛ EC　㉜ ブリュッセル
㉝ イギリス　㉞ 関税　㉟ ユーロ　㊱ 経済格差
㊲ 失業　㊳ パークアンドライド

解説

⑭⑮ ともに多くの国を流れる**国際河川**。多くの運河とつながることで，水上交通の大動脈となっている。㉗ 小麦や飼育作物の栽培と肉牛・豚などの家畜の飼育を組み合わせた農業で，ヨーロッパで広く行われている。㉞ EUの加盟国間では，ヒト（労働力）・モノ（商品）・カネ（資本）の移動が自由とされる。㊱ 1人あたりの国民総所得（GNI）は，EU内で最大で10倍以上の格差がある。特に2004年以降にEUに加盟した東ヨーロッパと，西ヨーロッパの国々の格差が目立つ。㊳ ドイツのフライブルクなどで実施されている環境対策の1つ。自動車を都市部の入り口の駐車場に置いて（パーク），鉄道，路面電車，バスなどの公共機関に乗り換

えて（ライド）都市部へ入るシステム。

Step B　解答　　本冊▶p.26～p.27

1 (1) ① アルプス　② フィヨルド　(2) 国際河川
(3) b—イ　c—ウ　(4) エ　(5) イ　(6) ア
(7) ウ
2 (1) ア　(2) イ　(3) エ

解説

1 (4) ドイツの首都ベルリンは北緯53度付近に位置している。

(5) イギリスはアイルランドと国境を接している。

(6) フランスの小麦輸出量はEU諸国の中で最大であるが，世界1位ではない。

(7) トゥールーズはフランスの都市，ボーイング社はアメリカの航空機メーカーである。

> **⚠ ここに注意**　(1) フィヨルドは氷河に侵食された谷に海水が入ってできた海岸地形。リアス海岸は山地が海にしずんでできた海岸地形。それぞれの違いを理解しておこう。

2 (1) Aはアイルランドの首都ダブリン。典型的な西岸海洋性気候である。

(2) 穀類の割合が高い**ア**はフランス，果実類の割合が高い**イ**はイタリア，牛乳・乳製品の割合が高い**エ**はオランダ，残る**ウ**はイギリスである。

> **⚠ ここに注意**　(2) ヨーロッパで盛んな農業。
> ・混合農業…小麦などの穀物や飼料作物の栽培と肉牛や豚などの飼育を行う。フランスやドイツなどで盛ん。
> ・酪農…乳牛を飼育し，牛乳や乳製品を生産。オランダやデンマークなどで盛ん。
> ・地中海式農業…夏に果樹，冬に小麦などの穀物を栽培。イタリアやスペイン南部などで盛ん。

6 ヨーロッパ②，アフリカ

Step A　解答　　本冊▶p.28～p.29

① 黒土　② ウラル　③ タイガ　④ チュメニ
⑤ カスピ　⑥ 綿花　⑦ リベリア
⑧ コートジボワール　⑨ ガーナ

⑩ ナイジェリア　⑪ エジプト　⑫ エチオピア
⑬ 南アフリカ共和国　⑭ ケニア　⑮ サハラ
⑯ サヘル　⑰ ニジェール　⑱ 石油　⑲ ナイル
⑳ エチオピア　㉑ コンゴ　㉒ ウラル　㉓ 45
㉔ タイガ　㉕ パイプライン　㉖ 北方領土
㉗ エチオピア　㉘ サハラ　㉙ サヘル　㉚ サバナ
㉛ ステップ　㉜ プランテーション　㉝ カカオ
㉞ 遊牧　㉟ 石油　㊱ レアメタル　㊲ 奴隷
㊳ AU　㊴ アパルトヘイト　㊵ モノカルチャー

解説
⑲ ナイル川の下流は肥沃な三角州を形成しており，綿花や小麦の栽培が行われている。㉕ ロシアは世界有数の石油と天然ガスの産出・輸出国となっている。㉝ ココアやチョコレートの原料となる。

Step B　解答　本冊▶p.30〜p.31

1 (1) ウ　(2)① エ　② 名称—モノカルチャー経済
　問題点—輸出する鉱産資源や農作物の価格の変動に国の財政が大きな影響を受ける。
　(3) エ
　(4) 例植民地時代に，民族の分布と関係なく境界線が引かれたから。
2 (1) D　(2) エ
3 (1)① サヘル　② イスラム教　③ イ
　(2)① タイガ　② ツンドラ

解説
1 (1) a はカイロ(エジプト)で，砂漠気候に属している。
(2)① A はアルジェリア，C はナイジェリア，D はザンビアである。
(4) 植民地時代の境界線が独立後も国境とされていることが多いため，1 つの国の中に複数の民族が住んでいたり，同じ民族が複数の国にまたがって住んでいたりすることも多く，対立の原因の 1 つとなっている。
2 (1) ハバロフスクは，ロシア連邦の極東地方にある都市。
(2) ロシア連邦では，ヨーロッパに近い西部地方でじゃがいもが多くつくられている。

Step C-②　解答　本冊▶p.32〜p.33

1 (1) イ　(2) アトラス山脈　(3) ナイル川　(4) オ
　(5) エ　(6) ベルギー　(7) リベリア

2 (1) 中国—ア　インド—キ
　(2)① —イ　② —イ　③ —エ

解説
1 (4) 北半球に位置するカイロは，6 月〜9 月に気温が上昇するので，D。赤道付近のダルエスサラームは一年中，気温が高く，C となる。ケープタウンは南半球に位置し，夏の降水量が少ない地中海性気候で，E となる。
(5) 原油から F はナイジェリア。茶から G はケニアとなる。ケニアは中国・インドに続いて茶の生産量が世界で 3 位である(2018年)。
(7) 国名は，自由を表す「リバティ」に由来している。1822年にアメリカから移住した黒人解放奴隷によって建国され，1847年に独立した。
2 (2)② 中国の黄河流域やインドのデカン高原は，綿花の大産地として知られる。
③ ア はスリランカ，ウ はエクアドルが 5 位以内に入っていることから，それぞれ茶，バナナと判断できる。ブラジルが 1 位である イ はさとうきびで，近年はバイオ燃料としての需要も高まっていることから，生産量が急増している。

Step C-③　解答　本冊▶p.34〜p.35

1 (1) 本初子午線　(2) 白夜
　(3) 気候名—地中海性気候
　特徴—例夏は高温で乾燥し，冬は温和で降水が見られる。
　(4) エ　(5)① ユーロ
　② 例加盟国間での経済格差が大きい。
2 (1) A—ウ　B—エ　C—オ　D—カ　E—ケ
　(2) ウ　(3)① —エ　② —ウ　(4) 地中海式農業
　(5) トゥールーズ

解説
1 (1) イギリスの首都ロンドンを通過している。
(4) c はフランス。EU 最大の農業国で，特に小麦の輸出量が多いことで知られることから，エ と判断できる。a のイギリスは ア，b のオランダは ウ，d のスペインは イ に，それぞれあてはまる。
2 (1) A はドイツ，B はイギリス，C はオランダ，D はフランス，E はイタリアである。なお，オランダの正式国名は「ネーデルラント王国」であり，ベルギー，ネーデルラント，ルクセンブルクの 3 国でベ

ネルクス三国と呼ばれる。

(2) スペイン語はラテン語系言語である。

(3) ② **ウ**は貿易風ではなく，**偏西風**が正しい。貿易風は赤道付近など低緯度地方で一年を通して吹く風である。

(5) 航空機の部品は，下の図のようにヨーロッパ各国で**分業生産**し，フランスのトゥールーズで組み立てしている。

イギリス
エンジン，主翼など

ドイツ
前方機体，後方機体など

スペイン
水平尾翼など

フランス
コックピット，中央胴体など

フランスのトゥールーズで最終組立
※国名は主な部品の製造国を示す。

7│北アメリカ

Step A　解答　本冊▶p.36～p.37

① ロッキー　② グレートプレーンズ
③ プレーリー　④ ミシシッピ　⑤ 五大湖
⑥ アパラチア　⑦ メキシコ湾(北大西洋海)
⑧ フロリダ　⑨ 春小麦　⑩ 冬小麦
⑪ とうもろこし　⑫ 酪農　⑬ 地中海式農業
⑭ 近郊農業　⑮ サンノゼ　⑯ メサビ
⑰ デトロイト　⑱ ピッツバーグ　⑲ サンベルト
⑳ アパラチア　㉑ ロッキー
㉒ アパラチア　㉓ ミシシッピ　㉔ プレーリー
㉕ グレートプレーンズ　㉖ ハリケーン
㉗ ネイティブ・アメリカン　㉘ ヒスパニック
㉙ 適地適作　㉚ 小麦　㉛ センターピボット
㉜ フィードロット　㉝ 綿花　㉞ 鉄鉱石
㉟ シェールガス　㊱ ピッツバーグ
㊲ デトロイト　㊳ サンベルト
㊴ シリコンバレー　㊵ 多国籍　㊶ USMCA

解説

⑨ ⑩ 春小麦とは春に種をまき秋に収穫する小麦。冬小麦とは秋に種をまき春に収穫する小麦のことをいう。一般に気候の冷涼な地域では春小麦が，温暖な地域では冬小麦が栽培されている。㉟ シェールと呼ばれる頁岩の層に埋蔵している天然ガス。地中深くにあるため採掘が難しかったが，技術の進歩により採掘が可能となり，産出量が大きく増えている。㊱ ㊲ 五大湖周辺の工業地域は，資源と水運に恵まれアメリカ合衆国の製造業の中心だったが，老朽化や外国との競争激化など

により工場が多く閉鎖された。この地域は，**ラストベルト(赤さび地帯)** と呼ばれ，雇用の確保と都市の荒廃が問題となっている。ただ，ピッツバーグは最近，ICT(情報通信)産業などの新しい産業の発展が見られる。

Step B　解答　本冊▶p.38～p.39

1 (1) イ　(2) ハリケーン
(3) カナダ―イ　日本―ウ
(4) ① ヒスパニック　② d　③ サンベルト
(4) 例 地下水をくみあげ，大型のアーム式スプリンクラーで水をまいていく。
2 (1) 記号―A　都市名―アンカレジ　(2) イ
(3) X―ラブラドル半島・エ
Y―フロリダ半島・イ
(4) ウ　(5) 穀物メジャー
(6) ① アパラチア　② ピッツバーグ　③ 37

解説

1 (2) ハリケーンとは，北大西洋などで発生し，発達した熱帯低気圧のことで，性質は台風と同じ。熱帯低気圧のうち，最大風速が毎秒33m以上のものをいう。

(3) **ア**はアメリカ，**エ**はメキシコである。人口と穀物自給率から判断できる。小麦の輸出国であるカナダは，穀物自給率がきわめて高くなっている。

(4) ④ **センターピボット方式**は，グレートプレーンズなどの乾燥地域で多く見られる農法である。

2 (1) Aはアラスカ州のアンカレジ。かつては航空路の中継地として栄えたが，近年は航空機の飛行時間が伸びたことから，燃料補給のための中継地としての役割が小さくなった。

(2) アメリカ合衆国とメキシコの国境に位置する川で，標識は「不法移民の飛び出し注意」の意味。

(3) カナダの**ラブラドル半島**は多くの鉄鉱山がある。アメリカの**フロリダ半島**にはロケットの発射基地がある。

(4) 「人種のるつぼ」と呼ばれるのは混血が進む中南米諸国。アメリカ合衆国には多くの人種や民族が住むが，それぞれの人種や民族がコミュニティ(地域共同体)を形成することが多く，混血はそれほど進んでいないことから，「**人種のサラダボウル**」などと呼ばれる。

(5) 農業において，農産物の生産から加工・運搬・販売などの農業に関連する産業を**アグリビジネス**という。

アメリカ合衆国などでは，**穀物メジャー**と呼ばれる多国籍穀物商社がアグリビジネスを支配しており，小麦や大豆，とうもろこしなどの農産物の価格の決定に大きな力をもっている。

8 | 南アメリカ，オセアニア

Step A　解答

本冊▶p.40〜p.41

① セルバ　② アンデス　③ ペルー
④ アルゼンチン　⑤ パンパ　⑥ ベネズエラ
⑦ アマゾン　⑧ ブラジル　⑨ ブラジル
⑩ ラプラタ　⑪ ポンチョ　⑫ アルパカ
⑬ リャマ　⑭ 牧牛　⑮ グレートアーテジアン
（大鑽井）　⑯ 牧羊　⑰ 小麦　⑱ キャンベラ
⑲ シドニー　⑳ ニュージーランド　㉑ アンデス
㉒ アマゾン　㉓ 高山　㉔ スペイン　㉕ 日系人
㉖ コーヒー　㉗ パンパ　㉘ 鉄鉱石　㉙ 銅
㉚ ポリネシア　㉛ アボリジニー　㉜ マオリ
㉝ 牧羊　㉞ 石炭　㉟ 白豪　㊱ 多文化

解説

⑤ ラプラタ川河口に広がる温帯草原で，小麦・とうもろこしの栽培や牛・羊の飼育が盛んである。㉓ エクアドルの首都キトは赤道直下に位置しているが，アンデス山中にあるため，高山気候となっている。㉔ ブラジルはかつてポルトガルの植民地であったため，現在もポルトガル語が公用語とされているが，他の中南米諸国の多くはスペインの植民地であったことから，現在もスペイン語が公用語とされている。

Step B　解答

本冊▶p.42〜p.43

1 (1) B　(2) アンデス山脈　(3) アマゾン川
(4) 焼畑農業　(5) エ
(6) 位置―ウ　首都名―ブラジリア
(7) 囫ガソリンに代わる燃料であるバイオ燃料（バイオエタノール）としての需要が高まっているから。
2 (1) カ　(2) インドネシア　(3) ア　(4) 聖地―ウルル（エアーズロック）　先住民族―アボリジニー
(5) エ　(6) X―中国　A―羊毛　B―機械類

解説

1 (1) 赤道はアマゾン川の河口付近を通過している。
(6) **ブラジリア**は内陸部開発の拠点として計画的に建設

された都市であり，1960年にリオデジャネイロに代わりブラジルの首都とされた。
(7) バイオ燃料（バイオエタノール）の原料としては，アメリカ合衆国では主にとうもろこしが，ブラジルでは主にさとうきびが利用されている。

> 🛡 **ここに注意**　(6) 首都として計画的につくられた都市としては，アメリカ合衆国のワシントンD.C.，ブラジルのブラジリア，オーストラリアのキャンベラなどがある。経済や文化の面では，それぞれニューヨーク，リオデジャネイロ，シドニーが中心となっている。

2 (2) aはニューギニア島。東部はオセアニアの国パプア・ニューギニアとなっているが，西部はインドネシアの領土となっている。
(3) Yはパース。周辺は地中海性気候であり，夏に乾燥する。なお，ウはブエノスアイレスにあてはまる。

> ⚠ **ここに注意**　(6) オーストラリアはイギリス連邦の一員として，20世紀初頭はイギリスとの結びつきが強かったが，現在は太平洋を取り巻く日本や中国といった国との結びつきが強くなっている。

Step C-④　解答

本冊▶p.44〜p.45

1 (1) 40　(2) 2月8日4時　(3) 地中海性気候
(4) ミシシッピ川　(5) d
(6) グレートバリアリーフ　(7) ① ヒスパニック
② 白豪主義　(8) か―カナダ　き―中国
2 (1) 囫建物から出る熱が永久凍土をとかし，建物が傾いてしまうのを防ぐため高床式の建物となっている。
(2) ウ　(3) 鉄鉱石　(4) エ　(5) ア　(6) エ

解説

1 (2) ニューオーリンズとパースの経度差は90+120より210度。経度15度で1時間の時差が生じるから，210÷15=14 より，時差は14時間。地球は西から東に自転するので，パースの方が時刻が先行する。したがって，14+14−24=4 より，ニューオーリンズが14時のとき，パースは翌日の4時ということになる。
(5) aはシアトル，bはロサンゼルス，cはシカゴ，eはピッツバーグである。

(8) アメリカ合衆国は隣国にあたるカナダとメキシコが主な貿易相手国であったが，近年は中国との貿易額が急増。特に輸入額が大きく伸びたため，中国に対して巨額の貿易赤字となっている。オーストラリアは，1970年代ごろまではイギリスやアメリカ合衆国が主な貿易相手国であり，その後，日本が最大の貿易相手国となったが，近年は輸出額・輸入額とも中国が1位となっている。

2 (2) シンガポールは**華人**と呼ばれる中国系住民が中心となってつくった国で，1965年にマレーシアから分離独立した。

(6) 日本とロシアの間では，今だに平和条約は結ばれておらず，北方領土の問題は未解決のままである。

Step C-⑤ | 解答　　本冊▶p.46〜p.47

1 (1) ① C　② A　③ D
(2) メキシコ　(3) エ　(4) アマゾン
(5) 南アフリカ共和国
2 (1) Ⅱ　(2) ウ　(3) ア　(4) とうもろこし
(5) キリマンジャロ(山)　(6) パナマ運河　(7) ア
(8) ① エ　② イ　(9) い→ろ→は

解説

1 (1) Aはインド，Bはロシア，Cはカナダ，Dはブラジルである。

(2) **USMCA** (米国・メキシコ・カナダ協定)は，前身の**NAFTA** (北米自由貿易協定)の再交渉の結果，2020年7月に発効した。

(3) アメリカ合衆国の中央部を西経105度の経線，インドの西部を東経75度の経線が通っており，両地域の経度差は180度，つまり時差は12時間ということになる。これにより，たとえばアメリカ合衆国の企業がインドにコールセンターを設けることで，客からの電話に24時間対応するといったことが可能になる。

2 (1) 日本の標準時子午線である東経135度の経線は，オーストラリアのほぼ中央を通る。

(2) モンゴルは中国の北側にある。

(3) Aはサウジアラビア，Bはインドネシア，Cはメキシコである。

(6) **パナマ運河**は，太平洋とカリブ海をつなぐ運河。

(7) **ギニア湾**沿岸は世界的な**カカオ**の産地で，生産量世界第1位のコートジボワール，第2位のガーナなどの国がある。

---

(8)・(9) **い**はブラジル，**ろ**はタイ，**は**はオーストラリア。ブラジルの人口は世界第6位(2019年)である。

第3章　地域調査と日本の地域的特色 ───────

9 | 地域調査

Step A | 解答　　本冊▶p.48〜p.49

① 果樹園　② 警察署　③ 工場　④ 図書館
⑤ 風車　⑥ 三角点　⑦ 50 m　⑧ 20 m
⑨ ゆるやか　⑩ 計曲線　⑪ 40　⑫ 広葉樹林
⑬ 田(水田)　⑭ 水準　⑮ 扇状地　⑯ 茶畑
⑰ 40　⑱ 建物の密集地　⑲ 国土交通
⑳ 国土地理　㉑ 広　㉒ 分母　㉓ 500　㉔ 1,000
㉕ 北　㉖ 南　㉗ 東　㉘ 西　㉙ 海面　㉚ 急
㉛ ゆるやか　㉜ 尾根　㉝ 谷　㉞ 10　㉟ 20
㊱ 5　㊲ 50　㊳ 100　㊴ 高さ　㊵ 仮説
㊶ フィールドワーク　㊷ ルートマップ

解説

⑥ 実測図をつくる際の位置の基準となる点。山頂など見通しのよい場所に設置される。⑮ **扇状地**は，川が山地から平地に流れ出るところにできる，ゆるやかな傾斜地。上から見ると，谷の出口を頂点として扇のように広がっている。㉙ **等高線**は土地の起伏や傾斜を表現する方法の1つであり，**水準点**を基準に決定される。㉜ **尾根**は，谷と谷にはさまれた山地で，峰が連なっているところ。㉝ **谷**は，山地に見られる細長いくぼ地。㊴ ㊶ ㊷ 地域調査の準備としては，テーマの文献調査，調査地域の地図収集，**ルートマップ**(地域調査の歩く道すじを示す地図)の作成など。調査方法には，現地を訪ね，地域の人や専門としている人に詳しい話を聞く**インタビュー調査**，図書館や博物館などで，書籍・資料を見て調べる**文献調査**，現地，実際に現地におもむき，写真・ビデオ撮影を行い調べる**野外調査(フィールドワーク)**などがある。

Step B | 解答　　本冊▶p.50〜p.51

1 (1) イ　(2) エ　(3) エ　(4) イ　(5) イ
2 (1) イ　(2) 2,000(m)

解説

1 (1) 2万5千分の1地形図であるから，主曲線の間隔は10mである。A地点は1,610m，B地点は1,880mと読み取れるので，その差は270mである。

(2) **ア.** 北東ではなく，北西である。**イ.** 実際の距離＝地図上の距離×縮尺の分母 で求める。縮小した地図上の長さの３cmは，縮小していない原図では 3÷0.8≒3.8cm なので，実際の距離は 3.8×25,000＝95,000（cm）＝950（m）。**ウ.** 果樹園ではなく，針葉樹林である。

(4) 等高線の間隔が広いところは傾斜がゆるやかで，せまいところは傾斜が急である。地図Ⅱを見ると，Bに近づくにつれて等高線の間隔がせまくなっているので，傾斜がゆるやか→急となっている断面図を選ぶ。

(5) 表はみかんの生産量を示しているため，果樹園のある地図を選ぶ。

2 (1) Aの地図記号は「博物館・美術館」。

(2) 地図の縮尺は２万５千分の１であるから，実際の距離は 8cm×25,000＝200,000cm＝2,000m となる。

10│日本の自然環境

① 信濃　② 日高　③ 石狩　④ 中国　⑤ 筑紫
⑥ 筑後　⑦ 津軽　⑧ 北上　⑨ 奥羽　⑩ 利根
⑪ 飛驒　⑫ 四国　⑬ 紀伊　⑭ 木曽　⑮ 北西
⑯ 対馬　⑰ 日本　⑱ 太平洋側　⑲ 千島
⑳ 中央高地　㉑ 南東　㉒ 瀬戸内　㉓ 扇状地
㉔ 三角州　㉕ アルプス・ヒマラヤ　㉖ 環太平洋
㉗ 火山　㉘ 飛驒　㉙ フォッサマグナ　㉚ 信濃
㉛ 利根　㉜ 扇状地　㉝ 三角州　㉞ リアス
㉟ 大陸棚　㊱ 黒潮　㊲ 親潮　㊳ 潮目（潮境）
㊴ 対馬海流　㊵ 季節風　㊶ 太平洋　㊷ 日本海
㊸ 瀬戸内　㊹ 北海道　㊺ 地震
㊻ ハザードマップ

解説

㉕ アルプス山脈やヒマラヤ山脈，インドネシアの島々などが含まれる。㉖ アンデス山脈やロッキー山脈，アリューシャン列島，日本列島，フィリピン，ニューギニア島，ニュージーランドなどが含まれる。㉞ 山がちな地形が沈降し，谷間に海水が入り込んでできた複雑な海岸地形である。

1 (1) エ　(2) ア　(3) 環太平洋造山帯
　(4) ア・エ・オ
2 (1) 埼玉（県）　(2) イ
　(3) c—濃尾　d—ヒートアイランド現象
　　e—フェーン現象　f—沖縄（県）
　(4) g—ウ，ケ　h—エ，キ　i—イ，ク
　(5) イ　(6) ウ　(7) エ

解説

1 (1) **ア.** 日本の国土面積は約38万km²。領海と排他的経済水域を合わせた面積は約448万km²である。
　イ. フォッサマグナは本州中央部を南北に縦断する。
　ウ. 日本は国土面積の約61％を山地が占めている。
2 (2) 旧暦（太陰暦）で１年を24の季節に分けたものを二十四節気という。「大暑」もその１つである。

11│日本の人口

① 富士山　② つりがね　③ つぼ　④ 発展途上
⑤ 先進　⑥ フランス　⑦ 中華人民共和国（中国）
⑧ オーストラリア　⑨ 大韓民国（韓国）
⑩ ロシア連邦　⑪ インド　⑫ 高齢
⑬ 少子　⑭ 東京　⑮ 大阪　⑯ 名古屋　⑰ 77億
⑱ 97億　⑲ 人口　⑳ 一人っ子　㉑ インド
㉒ アメリカ合衆国　㉓ インドネシア
㉔ 富士山　㉕ つりがね　㉖ つぼ
㉗ ベビーブーム　㉘ 高齢　㉙ 少子　㉚ 東京
㉛ 大阪　㉜ 名古屋（㉚～㉜順不同）
㉝ 太平洋ベルト　㉞ 過密　㉟ 過疎（過疎化）
㊱ 限界　㊲ Ｕターン

解説

①②③ 年齢別・男女別に人口構成を表したグラフを人口ピラミッドという。一般に，経済や社会が発展するのにともない，その形は富士山型からつりがね型へと変化していく。さらに，少子高齢化が進む日本やヨーロッパ諸国などでは，つぼ型が多く見られる。㉗ 日本では，第二次世界大戦直後の1940年後半に子どもの出生数が大きく増え，（第一次）ベビーブームと呼ばれた。さらに，1970年代半ばには第二次ベビーブームがおきている。

1 (1) イ　(2) 太平洋ベルト　(3) エ
　(4)① ア　② 京都　(5) ウ
2 (1) ウ　(2) ウ
3 ウ

解説

1 (3) **ドーナツ化現象**とは，地価の上昇や環境の悪化などの原因で大都市の中心部の人口が減少し，郊外の人口が増加するもの。東京でも1970〜80年代に見られたが，近年は都心部の再開発が進み，超高層マンションなども多くつくられたため，都心部の人口は再び増加傾向にある。

(4) 東京大都市圏の場合，周囲の県から通勤・通学のために多くの人が集まる東京都の昼夜間人口の比率が100を超え，神奈川・埼玉・千葉の3県の数値が特に低くなっている。関西（大阪）大都市圏では，大阪府と京都の昼夜間人口比率が100を超えている。

(5) **政令指定都市**は，行政上，道府県並みの権限をもつことが認められた都市で，現在は人口50万人以上であることが要件となっている。多くは人口が増加傾向にあるが，北九州市や静岡市のように人口が減少している都市もある。

> **🛡 ここに注意**　(5) 政令指定都市は，道府県並みの権限が認められた人口50万人以上の都市。2020年までに札幌，仙台，さいたま，千葉，横浜，川崎，相模原，新潟，静岡，浜松，名古屋，京都，大阪，堺，神戸，岡山，広島，北九州，福岡，熊本の20都市が指定されている

2 (1) 年少人口が男性・女性とも4％くらいで，年齢が高くなるほど人口も減っているので，つりがね型である。

(2) 表1がアルゼンチン，表2が日本，表3がエチオピア。年少人口が最も高いのは表3，老年人口が最も高いのは表2，少子化が最も進んでいるのも表2である。

3 65歳以上の高齢者の割合が多く，高齢化の最も進んでいる**ウ**が高知県，15歳未満の年少人口の割合が多い**エ**が沖縄県，20〜30歳代の割合が多い**イ**が東京都である。

1 (1)① 火砕流　② 高潮　③ ハザードマップ（防災マップ）　④ 南海トラフ
　(2) 例アスファルトで舗装されたりしている
　(3) 日本（海溝）
　(4) 例温泉などの観光資源，地熱発電
　(5) 梅雨（つゆ）
　(6) X—○　Y—×
　(7) 例低湿地で洪水から家や耕作地を守るため，集落のまわりを堤防で囲んだ。
2 (1) ウ　(2) 記号—イ　内容—例原料や製品を輸送しやすい

解説

1 (1)① 火砕流とは，火山の砕屑物が一団となり，秒速10〜40mの超高速で，山麓方向へ噴出される噴火現象のこと。発生すると死者が出ることもある。

(2) 都市では道路がアスファルトにおおわれているため，雨が地中にしみこまず，水害がおこりやすくなる。

(7) 堤防に輪のように囲まれたこの土地を輪中という。輪中は今では排水設備も充実し，水害は減った。

2 (1) 地図の縮尺は2万5千分の1であるから，実際の距離は，8.4cm×25,000＝210,000cm＝2,100mとなる。

1 (1)① A—イ　B—ア　C—ウ　② イ
　(2) 大陸プレート—ユーラシアプレート
　海洋プレート—フィリピン海プレート
　(3)① ハザードマップ　② 高潮
2 (1) a—インド　b—中国
　(2) 例人口そのものが多いうえに人口増加をもたらす出生率を依然として維持しているから。
　(3) 一人っ子政策
　(4)① 例医師や病院の不足（鉄道やバス路線の廃止，など）　② 例新たな観光資源を開発する（移住希望者を積極的に受け入れる，など）　③ エ

解説

1 (1)① 毎年，多くの犠牲者を出しているAは風水害，発生する年が限られているBは火山，近年，犠牲者の数が増えているCは雪害である。2014年に火山の犠牲者が多いのは，御嶽山（長野県・岐阜県）の噴火

による事故が発生したから。近年，雪害による犠牲者の数が増えているのは，雪降ろしの際に屋根から転落して命を落とす人が多いためと考えられる。

② 四国地方に活火山はない。

2 (1) 出生率の高い順に，インド，中国，日本となる。

(2) インドの人口は世界第2位の約13億7,000万人(2019年)。

(3) 都会は地方に比べて専業主婦の割合が高いので，**エ**が誤りである。

12 日本の資源・エネルギーと産業

Step A 解答

本冊▶p.64～p.65

① 原油　② 石炭　③ 液化天然ガス(LNG)
④ 水力　⑤ 火力　⑥ 京浜　⑦ 中京　⑧ 阪神
⑨ 北九州　⑩ 北関東　⑪ 瀬戸内　⑫ 東海
⑬ 京葉　⑭ 石油(原油)　⑮ オーストラリア
⑯ 水力　⑰ 火力　⑱ 原子力　⑲ 再生可能
⑳ レアメタル　㉑ 電気　㉒ 東北　㉓ 近郊
㉔ 促成　㉕ 抑制　㉖ 自給率　㉗ 遠洋　㉘ 栽培
㉙ 重化学　㉚ 太平洋ベルト　㉛ 中京　㉜ 瀬戸内
㉝ 空洞化　㉞ 3　㉟ 一極集中
㊱ インターネット

解説

①② オーストラリアとインドネシアからの輸入が多いのは石炭，西アジアからの輸入が多いのは原油である。⑳資源を含んだパソコンや携帯電話などの電子機器の廃棄物は，人口が集中する都市に多く存在するため，「都市鉱山」と呼ばれている。㉘人工的にふ化させた稚魚や稚貝を育て，川や海に放流し，大きくしてからとる漁業。いけすなどで育てて出荷する養殖業との違いに注意すること。㉞農林水産業を第1次産業，工業や建設業を第2次産業，商業やサービス業などを第3次産業という。

Step B 解答

本冊▶p.66～p.67

1 (1)① Ⅰ—米　Ⅱ—りんご　Ⅲ—みかん
② 促成　(2) **エ**　(3) 例さとうきびを原料としてバイオエタノールは生成できるが，そのための耕地や肥料・農薬が必要となる。

2 (1) **イ**　(2) B—**ア**　E—**ウ**
(3) 京浜工業地帯—**ウ**　京葉工業地域—**ア**

解説

1 (2) 人口密度が低く，農業産出額と漁業生産量が最も多い**ア**は北海道，工業出荷額が最も多い**イ**は静岡県，漁業生産量が最も少ない**ウ**は内陸県である長野県，第1次産業の就業者の割合が4つの中で最も高い**エ**は青森県である。

2 (1) エネルギー自給率が1970年度以降，10～20％前後で推移しているのは，石油，石炭，天然ガスなどの資源を海外から輸入に頼るようになったことによる。また，2018年度に自給率が大きく下がっているのは，2011年におきた東日本大震災による原子力発電所の事故を受け，全国の原子力発電所がいったん操業停止に追い込まれたことによるもので，それを補うために各地の火力発電所がフル稼働する事態となり，燃料である天然ガスなどの輸入が急増した。

(2) Aは**イ**，Bは**ア**，Cは**エ**，Dは**カ**，Eは**ウ**，Fは**オ**である。

> **⚠ ここに注意**　(2) 再生可能エネルギー(風力，太陽光，地熱など)による発電の利点と欠点
> ・利点…資源が枯渇する心配がなく，発電時に二酸化炭素などを排出しない。
> ・欠点…発電が自然条件に左右されることが多く，発電コストも現在のところ比較的割高である。

13 日本の交通・通信・貿易

Step A 解答

本冊▶p.68～p.69

① オーストラリア　② 中国　③ マレーシア
④ 山陽　⑤ 北陸　⑥ 上越　⑦ 秋田　⑧ 東北
⑨ 山形　⑩ 東海道　⑪ 九州　⑫ 福岡　⑬ 札幌
⑭ 那覇　⑮ 鉄道　⑯ 自動車　⑰ 貨物
⑱ タンカー　⑲ コンテナ　⑳ ハブ　㉑ 高速道路
㉒ 新幹線　㉓ 携帯電話　㉔ 光ファイバー
㉕ インターネット　㉖ 格差　㉗ 加工貿易
㉘ 摩擦　㉙ アジア　㉚ 石油　㉛ 天然ガス
㉜ 自動車　㉝ アメリカ合衆国　㉞ 中国

解説

⑳ハブとは自転車などの車輪の車軸のこと。多くの国際線や国内線が乗り入れる空港の路線図を描くと，空港がハブ(車軸)に，そこから放射状に伸びる路線が車輪のスポークのように見えることから，そう呼ばれる

ようになった。㉗1970年代ごろまでは日本の貿易の特徴であったが，近年は工業製品の輸入が増えたことから，その特色は薄れてきている。

Step B 解答
本冊▶p.70～p.71

1 (1)①ウ ③イ (2)B―ア D―エ

2 (1)A―横浜 B―神戸
(2)X―石油 記号―エ
(3)Y―魚介類 Z―肉類
国名―アメリカ合衆国
(4)例小さく軽量なので，輸送費の負担割合が小さくてすむから。
(5)オーストラリア (6)ドイツ (7)エ
(8)品目―自動車 国名―アメリカ合衆国
(9)太平洋ベルト
(10)札幌市(または仙台市)
(11)例重さのわりに高額である。

解説

1 (1)①は鉄道。かつては旅客輸送で大きな割合を占めていたが，現在はその地位が低下している。②は自動車。貨物輸送・旅客輸送ともに中心的存在となっている。③は船舶。貨物輸送で大きな割合を占めている。④は航空機。割合は小さいが，貨物輸送・旅客輸送とも輸送量を伸ばしている。
(2)Bは1位が東京なのでアとわかる。Cは北海道が1位なのでウ，残るイとエで，Dは東京が47位なのでエとわかる。

2 (2)日本の石油の主要輸入先は，サウジアラビアやアラブ首長国連邦である。

> **⚠ ここに注意** (2)主な資源の上位輸入先
> ・石油…サウジアラビア，アラブ首長国連邦。
> ・石炭…オーストラリア，インドネシア。
> ・鉄鉱石…オーストラリア，ブラジル。
> ・液化天然ガス…オーストラリア，マレーシア，カタールなど。

Step C-③ 解答
本冊▶p.72～p.73

1 (1)成田国際空港
(2)例小型・軽量で金額が高い。

2 (1)ウ (2)エ→ア

3 (1)A―イ B―エ (2)エ
(3)①例中京・京浜など大規模工場が集まっているところ。原料の輸入に便利な臨海部。
②地熱
(4)b―イ d―エ

解説

1 (2)航空機は重量の重い貨物の輸送には適さず，運賃が高いという欠点もあるが，半導体などの電子機器や科学光学機器などは，小型・軽量であるので航空機でも輸送でき，高価であるため採算もとれる。

2 (2)指標aのねぎの収穫量は，東京都の周辺県での近郊農業が盛んという理由でエ，指標bの輸送用機械器具の出荷額は，中京工業地帯の自動車の出荷額が大きいことからウ。指標cは，東京にソフトウェア業を営む企業が集中していることから，ア。指標dは，コンビニエンスストアは，都心に集中するという訳ではなく，日本全国に出店されるためイとなる。

3 (1)水力発電の多いAはノルウェー，原子力発電の多いBはフランス，火力発電が多く，原子力発電がないDはオーストラリア。
(2)石油は，1960年代から火力発電の主流となっていたが，1970年代におこった2度の石油危機をきっかけとして，他の燃料への転換が進められたことからGである。LNGと石炭では，二酸化炭素排出量の少ないLNGが，現在多く利用されている。
(3)京浜工業地帯や中京工業地帯など，工場が多い地域に分布しているウが火力とわかる。若狭湾に多いアは原子力，東北や九州の温泉地近くにあるエは地熱，北海道や東北地方の海岸近くなどに分布しているオは風力，内陸部に分布しているイは水力。
(4)4か国中，2000年まで消費量が最も多いaはアメリカ合衆国，最も少ないdはブラジル。bはアメリカ合衆国に次いで消費量が多かったが，2011年に世界1位となった中国。

Step C-④ 解答
本冊▶p.74～p.75

1 (1)エ (2)例就労人口の減少(高齢化) (3)ア
(4)環境―例路面電車は自動車や路線バスと比べて一度に多くの人を運べるのでエネルギー効率がよく，二酸化炭素排出量も少ないので，環境にやさしい交通手段であると言える。

高齢化―例60代以上の人々には車を自由に使えない人が多いが，路面電車はそうした人々の足として利用されることが期待される。

2 (1) X―ウ Z―ア (2) ウ (3) イ

(4) 記号―イ・ウ 理由―例原料の輸入と製品の輸出に便利だから。(18字)

(5) 政策の理由―例食事の西洋化が進み，米の消費が減少し，政府の在庫米が急増したため。廃止の理由―例貿易の自由化に備え，日本の稲作の競争力を高めるため。

解説

1 (3) 円高になれば，輸入材の価格は下がるはずであるからアは不適切。

(4) 路面電車は環境にやさしい交通機関であり，特に自動車を自由に利用できない高齢者に利用してもらうことが期待されている。

2 (2) フランスは発電量に占める原子力発電の割合が高いことで知られている。なお，アはブラジル，イはアメリカ合衆国，エは中国で，特に中国では石炭を燃料とする火力発電が大きな割合を占めている。

第4章 日本の諸地域

14 九州地方

Step A 解答

本冊▶p.76〜p.77

① 筑紫 ② 阿蘇 ③ 筑紫 ④ 九州 ⑤ 屋久
⑥ 筑後 ⑦ 宮崎 ⑧ 笠野原 ⑨ シラス
⑩ 種子 ⑪ シャンハイ ⑫ ソウル ⑬ 福岡
⑭ 窯 ⑮ 長崎 ⑯ 水俣 ⑰ IC（集積回路）
⑱ 北九州工業 ⑲ 大分 ⑳ 延岡 ㉑ カルデラ
㉒ 地熱 ㉓ 筑後 ㉔ 有明 ㉕ 南西 ㉖ 筑紫
㉗ 宮崎 ㉘ 促成栽培 ㉙ 鹿児島 ㉚ 宮崎
㉛ 八代 ㉜ いぐさ ㉝ 八幡 ㉞ 筑豊 ㉟ IC
㊱ 水俣 ㊲ 環境モデル ㊳ 琉球 ㊴ アメリカ
㊵ さとうきび ㊶ 観光

解説

⑧ 大隅半島に位置する**笠野原**は茶の産地で，鹿児島県は静岡県に次いで全国第2位の生産量である(2019年)。「かごしま茶」は，静岡茶や宇治茶とならぶ茶の地域ブランドとなっている。⑪ ⑫ 福岡からは，東京とシ

ャンハイがほぼ同じ距離で，韓国の首都ソウルへは東京よりも近い。㉒ このほか，太陽光発電やバイオマス発電など，再生可能エネルギーを利用した発電も盛ん。特に九州地方では日照時間の長さを利用した，太陽光発電が盛んで，鹿児島の七ツ島メガソーラー発電所など大規模な発電所が数多く建設されている。住宅用太陽光発電の普及率も高い。㉕ 南西諸島は，鹿児島県側の薩南諸島と沖縄県側の琉球諸島を合わせた地域をいう。㉝ 北九州工業地域(帯)は鉄鋼業を中心として発達したが，現在は機械工業の割合が伸びている。㊴ 沖縄は第二次世界大戦末期に戦場となり，住民に多くの犠牲者が出た。戦後はアメリカの統治下におかれ，1972年に日本に復帰したが，現在も広大なアメリカ軍基地がある。

Step B 解答

本冊▶p.78〜p.79

1 (1) シラス台地 (2) エ (3) 例離島が多い
(4) ア

2 (1) 黒潮(日本海流) (2) 記号―エ
県名―鹿児島 (3) リアス海岸 (4) エ (5) イ
(6) シリコンアイランド (7) エ
(8) 例 IC は小型・軽量で高価なため。

解説

1 (1) 水もちが悪いことから農業には適さず，開発が遅れていたが，近年は用水路がつくられるなど土地改良が進み，畑作や畜産業が盛んになっている。

(2) 畜産の割合が高いエが宮崎県。米の割合が高いアは新潟県，野菜の割合が高いイは埼玉県，果実の割合が高いウは青森県である。

(3) 長崎県には対馬，壱岐，五島列島など多くの離島がある。離島でも人が住み，集落ができていれば必ず小学校はつくられるが，そうした学校は規模が小さいことが考えられる。長崎県は小学生の数がそれほど多くないのに小学校が多いのは，以上のような事情があるからである。

(4) 宿泊旅行者の人数から，グラフⅡのあが福岡県，いが宮崎県，うが沖縄県である。また文のXが福岡県，Yが宮崎県，Zが沖縄県である。

2 (2) 畜産の産出額が多いことと，海面漁業漁獲量が比較的多いことから，Aは鹿児島県と判断できる。なお，人口が最も多いBは福岡県，海面漁業漁獲量が最も多いCは長崎県，野菜と畜産の産出額が多いDは熊本県である。

(4) 近年の北九州工業地域(帯)は，食料品工業の割合が比較的高くなっている。なお，機械工業が60％を超えている**ア**は中京工業地帯，化学工業の割合が高い**イ**は瀬戸内工業地域，残る**ウ**は阪神工業地帯である。

(7) 熟練労働者ではなく，賃金が安くすむ非熟練労働力である。

> **⚠ ここに注意**　(4) 主な工業地帯・工業地域の工業別出荷額のグラフの見分け方
>
> ・三大工業地帯など…機械が60％以上→中京，機械が50％前後で化学が15％以上→京浜，金属が20％以上→阪神，食料品が15％以上→北九州。
>
> ・工業地域…化学が1位→京葉，機械が1位で化学が20％以上→瀬戸内，機械が50％以上→東海，機械が50％前後で化学は10％未満→北関東。

15 中国・四国地方

Step A　解答　　　本冊▶p.80〜p.81

① 岡山　② 出雲　③ 中国　④ 関門　⑤ 吉野
⑥ 鳥取　⑦ 讃岐　⑧ 小豆　⑨ 四万十　⑩ 四国
⑪ 瀬戸内　⑫ 境港　⑬ 福山　⑭ 広島　⑮ 周南
⑯ みかん　⑰ 今治　⑱ 倉敷　⑲ 瀬戸　⑳ 高知
㉑ 瀬戸内しまなみ　㉒ 中国　㉓ 瀬戸内海
㉔ 四国　㉕ 季節　㉖ 台風　㉗ 鳥取　㉘ 愛媛
㉙ 香川　㉚ 高知　㉛ 促成　㉜ かき　㉝ 栽培
㉞ 倉敷　㉟ 周南　㊱ セメント　㊲ 本州四国
㊳ 大鳴門　㊴ 瀬戸大　㊵ しまなみ　㊶ 過疎
㊷ 地産地消　㊸ 6次産業

解説

⑦ 降水量が少ない**讃岐平野**では，農業用水を得るために，かつて多くの**ため池**がつくられた。香川用水の完成により，ため池は水田化しつつある。㊲ **本州四国連絡橋**の3つのルートは，兵庫県と徳島県，岡山県と香川県，広島県と愛媛県の瀬戸内海をはさむ6つの県にそれぞれつくられている。㊸ **6次産業**の数字の「6」は，農林水産業の1次産業だけでなく，2次産業(工業・製造業)・3次産業(販売業・サービス業)を取りこむことから，1次産業の「1」×2次産業の「2」×3次産業の「3」のかけ算で出てくる「6」を意味している。

Step B　解答　　　本冊▶p.82〜p.83

1 (1) 記号—B　県庁所在地—松江(市)，
記号—F　県庁所在地—松山(市)
(2) 記号—イ　理由—例夏の降水量が他の都市に比べて多いから。
(3) ① **ウ**
② あ—ため池の水　い—農業用水(水田)
③ 例工場の進出により，働く場所が増える。
(4) **イ**　(5) X—**ウ**　Y—**ア**

2 (1) ① 広島　② 原爆ドーム　③ 呉　④ 水島
⑤ コンビナート　⑥ 本州四国連絡橋　⑦ 松山
⑧ みかん　**ア**　(3) **エ**
(4) a—タオル　b—ジーンズ

解説

1 (2) G県の県庁所在地の高知市は太平洋側の気候なので，夏に降水量が多くなる。**ア**は年間を通じて降水量の少ない岡山市，**ウ**は冬に降水量が多くなる鳥取市の雨温図。

(3) ①・②瀬戸内地方は年間を通じて降水量が少ないので，農業用水が不足しがちな香川県の讃岐平野では，ため池をつくってかんがい用水を確保してきた。現在は香川用水ができたため，ため池の役割は低下している。

(4) 野菜の産出額が多い**イ**が高知県である。なお，果実が多い**ウ**は愛媛県，畜産が多い**エ**は広島県，農業産出額が少ない**ア**は島根県である。

(5) Dの広島県では広島市で自動車工業が，Eの岡山県では倉敷市で石油化学工業が盛んである。

2 (1) ② 原爆ドームは広島県の「産業奨励館」という建物であった。原爆投下の際，爆心地のすぐ近くにあったが，付近一帯が壊滅状態となる中で倒壊をまぬがれたことから，原爆の惨禍を後世に伝えるため，そのままの姿で保存されることとなった。③ 鉄鋼国内最大大手の会社の呉製鉄所は2023年9月末までに閉鎖されることになった。

(4) 愛媛県今治市はタオル，岡山県は学生服やジーンズの一大産地になっている。今治市は，中国などから安い輸入タオルが増えたことで生産が落ち込んだが，高い技術を生かして「今治タオル」という高級タオルの地域ブランドをつくり，収益をあげている。

16 近畿地方

Step A　解答　　本冊▶p.84〜p.85

① 琵琶　② 若狭　③ 丹波　④ 播磨　⑤ 紀ノ
⑥ 有田　⑦ 近江　⑧ 伊勢　⑨ 紀伊　⑩ 志摩
⑪ 阪神　⑫ 明石　⑬ 明石海峡大橋
⑭ 神戸空港　⑮ 関西国際空港　⑯ 東大阪
⑰ 原子力発電所　⑱ 関西文化学術研究都市
⑲ 飛鳥　⑳ 新宮　㉑ 紀伊　㉒ 琵琶湖　㉓ 淀川
㉔ リアス　㉕ 黒潮(日本海流)　㉖ 近郊　㉗ 近江
㉘ 有田　㉙ 志摩　㉚ 真珠　㉛ 地盤沈下
㉜ 中小　㉝ 西陣　㉞ 卸売　㉟ 再開発
㊱ ポートアイランド　㊲ 世界文化遺産
㊳ ニュータウン

解説

⑮ 大阪府泉佐野市の沖合いにつくられた。⑰ 原子力
発電所は，国内では福井県や新潟県に多く建設されて
いる。地球温暖化の原因となる二酸化炭素を排出しな
いという利点があるが，一方で安全性の問題が課題と
して残る。㉖ 近郊農業の利点として，輸送時間が短く
輸送費が安いことがある。㊱ 六甲山地をけずって得た
土を利用して埋め立てた土地につくられた。コンテナ
埠頭のほか，マンションや商業施設なども設けられて
いる。

Step B　解答　　本冊▶p.86〜p.87

1 (1) 府県名―和歌山県　記号―エ
(2)① Y―奈良県　Z―京都府
② 例他府県に居住しYに通勤・通学する人の
数よりも，Yに居住し他府県に通勤・通学する
人のほうが多い

2 (1) ウ
(2) a―リアス　b―ア
(3) あ―イ　い―ウ　う―ア
(4) 和歌山県―D　三重県―B
(5) 例避難場所を確保するために，公園の数を
増やし，面積を増やした(緊急車両の通行を確
保するために，道路の道幅を広げた)。

解説

1 (1) 第1次産業の人口が5％以上10％未満となって
いるのは，近畿2府4県では和歌山県だけである。
和歌山県はみかんの日本一の産地で，県の北部の紀
ノ川，有田川流域で多く栽培されている。
(2)① 大阪府に隣接しているのは，京都府，兵庫県，
奈良県，和歌山県。第1次産業人口の就業者数の割
合から和歌山県が，第2次産業人口の就業者数の割
合から兵庫県がそれぞれのぞかれる。県庁所在地の
南北の位置からYが奈良県，Zが京都府となる。
② 昼間人口指数でYが100より小さいのは，大阪府
へ通勤・通学する人数が多いため。
2 (4) 商品販売額が多いAは京都府，製造品出荷額等
と海面漁業漁獲量が多いBは三重県，海面漁業漁獲
量が数値なしのCは滋賀県，農業生産額が多いDが
和歌山県である。
(5) 震災後の地図では，公園の数や面積が増え，道幅が
広くなっている。

Step C-①　解答　　本冊▶p.88〜p.89

1 (1) X―対馬　Y―カルデラ
(2) Ⅰ―イ　Ⅱ―ア　Ⅲ―ウ　(3) ウ
2 (1)① X―いぐさ　Y―天下の台所
② A―ア　B―ウ　C―イ
③ 例野菜を少ない輸送費で，新鮮なうちに市
場に出荷できること。
(2)① 長崎県　② X　(3) 宮崎県―イ
広島県―ア

解説

1 (3) 人口の少ないアは鳥取県，工業出荷額が多いイ
は大分県，畜産の数値が高いウは鹿児島県，第3次
産業の就業者人口割合が80％以上となっているエは
沖縄県である。
2 (1) アは球磨川。下流域に広がる八代平野では，水
田の裏作としていぐさの栽培が盛んである。

🛡 ここに注意　　(3) 特色ある農業の利点

・近郊農業…少ない輸送費で，野菜などを新鮮な
うちに大消費地に出荷できる。

・促成栽培と抑制栽培…他の産地のものが出回ら
ない時期に出荷することで高い値段で販売する
ことができ，輸送費がかかっても採算が合う。

Step C-② 　解答　　本冊▶p.90～p.91

1 (1) ロ　(2) トラフ　(3) ロ　(4) ① ニ　② ●―オ
　△―ウ　③ ウ　(5) ニ

解説

1 (1) Aは広島県と愛媛県，Bは岡山県と香川県，C
は兵庫県と徳島県を結んでいる。

(2) 南海トラフは，近い将来，東南海地震と呼ばれる巨
大地震がおきるのではないかと警戒されている。

(3) 果実の産出額が多いAは愛媛県，野菜の産出額が多
いCは高知県，残るBは徳島県である。

(4) ① すべての工業地帯・地域で割合が最も高いBは
機械工業，割合がきわめて小さくなったCは繊維工
業，残るAは金属工業である。
③ 瀬戸内工業地域では，明治時代以降，綿工業や
造船業などがおこった。

17 中 部 地 方

Step A 　解答　　本冊▶p.92～p.93

① 高原　② 甲府　③ 能登　④ 飛驒　⑤ 濃尾
⑥ 知多　⑦ 太平洋側　⑧ 信濃　⑨ 越後
⑩ 赤石　⑪ 中央高地(内陸性)　⑫ 輪島　⑬ 金沢
⑭ 諏訪　⑮ 中京　⑯ 浜松　⑰ 豊田　⑱ 燕
⑲ 瀬戸　⑳ 焼津　㉑ 富士　㉒ 飛驒　㉓ 赤石
㉔ 信濃川　㉕ 富士川　㉖ 天竜川　㉗ 内陸
㉘ 単作　㉙ 甲府　㉚ 長野　㉛ 抑制　㉜ 濃尾
㉝ 輪中　㉞ 愛知用水　㉟ 豊川用水　㊱ 茶
㊲ 自動車　㊳ ファインセラミックス　㊴ 浜松
㊵ 輪島　㊶ 諏訪　㊷ 原子力　㊸ 水力

解説

⑤ 濃尾平野西部の木曽川，長良川，揖斐川下流域は低
湿地となっている。これらの川にはさまれた地域には，
水害を防ぐための輪中が見られる。㉙ 盆地の周囲に多

くの扇状地があり，ぶどうやももの栽培が盛んである。
㉛ いわゆる「おそづくり」のこと。高原の夏でも涼し
い気候を利用してキャベツやレタスなどの野菜を栽培
し，他の産地のものがあまり出回らない7・8月を中
心に出荷する。㊳ セラミックスは土からつくった陶器
や磁器のこと。ファインセラミックスは土ではなく新
素材でできているが，陶磁器づくりの技術を生かして
つくられた製品であることから，「ファインセラミッ
クス」と呼ばれる。㊷ 若狭湾は，人口がそれほど多く
ないこと，地盤が安定していること，電気の供給先で
ある大阪大都市圏に近いことなどから，多くの原子力
発電所がつくられることとなった。

Step B 　解答　　本冊▶p.94～p.95

1 (1) 記号―ウ　都市名―前橋(市)　(2) エ
(3) ウ

2 (1) C・F・H
(2) 記号―エ　名称―フォッサマグナ
(3) 例 豪雪地帯にあるため，雪が積もらないよ
うに屋根のこう配を急にしている。
(4) 野菜―イ　果実―ア　(5) ア

解説

1 (3) 「山，高原，海」が多いことから，ウが長野県と
判断できる。アは東京都，イは京都府，エは沖縄県
である。

🛡 ここに注意　　(1) 長野県は全都道府県中，
最も多い8つの県と接している。なお，海に囲ま
れている北海道と沖縄県は，他の都道府県と接し
ていない。長崎県は佐賀県とだけ接している。

2 (1) 石川県金沢市，愛知県名古屋市，山梨県甲府市
があてはまる。

(3) 写真は合掌造りと呼ばれるもの。豪雪地帯に見られ
る伝統住居の建築様式である。

(4) Aの新潟県が多いウは米，愛知県と長野県が多いイ
は野菜，山梨県と長野県が多いアは果実，残るエは
畜産である。

18 関東地方

① 関東　② 越後　③ 高原　④ 多摩　⑤ 三浦
⑥ 東京　⑦ 霞ヶ浦　⑧ 利根　⑨ 下総
⑩ 九十九里　⑪ 東海　⑫ 前橋　⑬ さいたま
⑭ 東京　⑮ 横浜　⑯ 京浜工業　⑰ 北関東工業
⑱ 筑波　⑲ 鹿島臨海工業　⑳ 京葉工業　㉑ 越後
㉒ 関東ローム　㉓ 利根　㉔ からっ風
㉕ ヒートアイランド　㉖ こんにゃく
㉗ らっかせい　㉘ キャベツ　㉙ 機械　㉚ 市原
㉛ 掘り込み式　㉜ 群馬　㉝ 都心　㉞ 副都心
㉟ 夜間　㊱ 昼間　㊲ みなとみらい(21)
㊳ 東京国際　㊴ 成田国際　㊵ 茨城

解説

⑧ **利根川**は，流域面積は日本最大，長さは信濃川に次いで日本第2位である。㉒ **関東ローム**では，畑作が盛んである。㉕ ヒートは「熱」，アイランドは「島」のこと。気温の分布を地図で示した場合，都心の気温の高い地域が等温線で島のような形で示されることから，ついた名称である。㉖・㉗ 工芸作物とは，加工して使用したり，工業原料にしたりするために栽培される作物のこと。㉛ **掘り込み式の港**は，砂浜海岸を陸地内部まで掘り込み，大型船も入港できるよう水路や岸壁を設けてつくられた人工港である。㉝ 東京の都心は地価や家賃が高く，生活環境も悪いため，人々は郊外に住むようになった。しかし，いぜんとして都心は政治と経済の中心になっているため，八王子市などがベッドタウンとして発達し，東京都の人口は多いままである。

1 (1)① 関東ローム　② A
　③ 幕張新都心　④ イ
　(2) ウ　(3) 記号―え　県名―千葉県
2 (1) イ　(2) X―高く　Y―例ビルの壁面や屋上に植物を育てること
　(3) 例東京23区には，周辺地域から鉄道などを利用して多く人が通勤・通学しているから。

解説

1 (1)② **からっ風**は北西から吹く冬の季節風のこと。
　④ **ア**は大阪湾沿岸，**ウ**は北九州工業地域，**エ**は北

海道である。
(2) キャベツの方がねぎよりも生産量がずっと多いので，茨城県の生産量は，ねぎよりキャベツのほうが多いことになる。
(3) **ウ**は石油化学工業が盛んなので**え**の千葉県である。**イ**は昼の人口が夜の人口より少ないことから，**い**の埼玉県である。主要工業の種類から，**ア**は**あ**の群馬県，**エ**は**う**の茨城県と判断できる。

2 (1) 日本の川は，長さは信濃川・利根川・石狩川の順で，流域面積は利根川・石狩川・信濃川の順である。
(2) **ヒートアイランド現象**の原因としては，ビルの冷暖房や自動車の廃熱，それにコンクリートやアスファルトが熱をため込むことなどが挙げられる。対策の1つとして，ビルの屋上や壁面で植物を育て，熱をため込まないようにすることが行われている。

19 東北地方

① 津軽　② 八郎潟(大潟村)　③ 水田単作
④ 山形　⑤ 奥羽　⑥ 北上　⑦ 福島　⑧ 北上
⑨ 陸奥　⑩ 三陸　⑪ 青函　⑫ 白神　⑬ 新庄
⑭ 山形　⑮ 阿賀野(阿賀)　⑯ 盛岡　⑰ 仙台
⑱ 六ヶ所　⑲ 石巻　⑳ 宮古　㉑ 奥羽
㉒ 北上　㉓ 仙台　㉔ 最上　㉕ 下北　㉖ 陸奥
㉗ やませ　㉘ 冷害　㉙ 4　㉚ 銘柄
㉛ りんご　㉜ 山形　㉝ 三陸　㉞ 潮目(潮境)
㉟ 八戸　㊱ ほたて貝　㊲ IC　㊳ 南部　㊴ 東北
㊵ 山形　㊶ ねぶた　㊷ 津波

解説

⑪ **青函トンネル**は，青森県の津軽半島と北海道の松前半島を結んでいる。⑬ **山形新幹線**は，秋田新幹線と同じく在来線を走るミニ新幹線である。㉗ **やませ**が吹くと気温が十分に上がらず，日照時間も減るため，稲などの農作物に大きな被害(冷害)が出ることがある。
㊷ 東日本大震災の津波で被害を受けた宮城県女川町では，災害の記憶を後世の人々に伝承するため，中学生が中心となって「いのちの石碑プロジェクト」が進められ，町内の各地の津波到達点に石碑が建てられている。

捉島・国後島・色丹島・歯舞群島を北方領土といい，現在ロシア連邦の管理下にあり，日本は固有の領土として返還を要求している。⑧ オホーツク海沿岸では，冬に流氷が押し寄せ，春まで港が閉ざされる。㊳ アイヌの人々はかつて，北海道を中心に千島列島や樺太(サハリン)南部，本州北端に住んでいた。アイヌとは，アイヌ語で「人間」という意味。㊵ 知床は2005年に世界自然遺産に登録された。

Step B　解答　本冊▶p.102〜p.103

1 (1) 地熱発電所—b　核燃料サイクル施設—a
(2) E・F　(3) エ
(4) 白神山地

2 (1) U　(2) エ　(3) エ　(4) ア

解説

1 (1) a．青森県の下北半島南部の六ヶ所村に核燃料サイクル施設が設置されている。b．岩手県八幡平市に日本最初の松川地熱発電所がある。
(2) ① は岩手県(C)の釜石市，② は秋田県(B)の鹿角市，③ は山形県(D)の天童市，④ は青森県(A)のおいらせ町，E は宮城県，F は福島県。
(3) エ．中央の低地は北上盆地である。
(4) 1993年に世界自然遺産に登録された。

> **ここに注意**　(3) X—Y の断面図に出てくる地形は，日本海側から秋田平野，出羽山地，田沢湖，奥羽山脈，北上盆地，北上高地となっている。東北地方は中央に高い奥羽山脈があることを押さえ，周囲にある盆地や平野の位置を正しく理解しておく。

2 (1) 果実の産出額が多いB は青森県，畜産の産出額が多いD は岩手県と判断できる。残る2つでは，小売業年間商品販売額の多いC が宮城県で，少ない方のA が秋田県である。

20 北海道地方

Step A　解答　本冊▶p.104〜p.105

① サロマ　② 上川　③ 石狩　④ 洞爺　⑤ 有珠
⑥ 択捉　⑦ 日高　⑧ オホーツク　⑨ 知床
⑩ 根釧　⑪ 北見　⑫ 稚内　⑬ 旭川　⑭ 札幌
⑮ 室蘭　⑯ 函館　⑰ 根室　⑱ 釧路
⑲ 苫小牧　⑳ 帯広　㉑ 日高　㉒ 石狩　㉓ 上川
㉔ 十勝　㉕ オホーツク　㉖ カルデラ　㉗ 梅雨
㉘ 根釧　㉙ 客土　㉚ 十勝　㉛ 輪作　㉜ 酪農
㉝ 北洋　㉞ 釧路　㉟ サロマ　㊱ 苫小牧
㊲ 蝦夷地　㊳ アイヌ　㊴ 屯田兵　㊵ 知床
㊶ エコツーリズム

解説

③ 低湿の泥炭地が広がっていたが，大規模な客土と排水工事，肥料の投入によって水田地帯とされた。⑥ 択

Step B　解答　本冊▶p.106〜p.107

1 (1) C　(2)① ア　② イ　③ 375,000m²　(3) ウ
(4) カルデラ　(5) 例北海道の農家は，一戸あたりの耕地面積が広い。　(6) 例(北海道を訪れた海外からの観光客は，)東アジアから来た人が多いが，特に1〜3月にはそれ以外の国や地域からの客も多い。

2 (1) A—アイヌ　B—酪農　C—養殖　D—栽培　E—知床　(2) 例北海道の防衛と警備
(3) 母川国　(4) カ

解説

1 (2)① 明治時代に碁盤の目の形の道路を持つ都市が計画的につくられた。
③ 実際の面積は，〈地図上の面積×縮尺の分母×縮尺の分母〉で求められるから，2×3=6(cm²)，
6×25,000×25,000=3,750,000,000(cm²)
=375,000(m²) となる。
(6) 近年，北海道にはオーストラリアなどからスキー客が多く訪れるようになっている。
2 (3) 母川国主義は，さけ，ますが戻って産卵する川がある国に最優先的に漁獲する権利を認めるもので，排他的経済水域の設定と合わせて，漁場が制限されて北洋漁業は衰退した。
(4)夏に取扱量が多くなるC が北海道で，冬に取扱量が多くなるA が沖縄県である。

Step C-③　解答　本冊▶p.108〜p.109

1 (1) A—名古屋　C—福井　(2) ア
(3)① イ　② ウ
(4) 例高原の夏でも涼しい気候を利用して栽培された群馬県のキャベツは，他の産地のものが出回らない7〜9月を中心に出荷されている。

19

る。残る2つのうち，県内総生産額が多いAは宮城県，少ないCは青森県である。したがって，秋田県で約50%を占める①は米，岩手県で割合が大きい②が畜産，青森県で割合が大きい③が果実と判断できる。

---

2 (1)① **ウ**　②例自然保護(環境保全)と観光
(2)① 野菜—**イ**　畜産—**ア**
② 例1haあたりの米の収穫量は増えているから。

解説

1 (1) 8月に高温で降水量が多いAは名古屋，降水量が少なく，1月の気温が低いBは松本，1月の降水量が多いCは福井である。
(2) 山地面積が少なく，野菜産出額の多い**ア**が茨城県。なお，**イ**は静岡県，**ウ**は山梨県，**エ**は岐阜県である。
(3)① 等高線の間隔がせまいほど傾斜は急である。
② 縮尺は2万5千分の1であるから，等高線は10mごとに引かれている。

Step C-④　解答　本冊▶p.110~p.111

1 (1) 少ない　(2) ウ→イ→ア　(3) エ
(4) ア　(5) ア
2 (1) エ
(2) 例やませという冷たい北東風が吹く(15字)

解説

1 (1) Aの◎は，埼玉県のさいたま市にある駅。さいたま市は東京の住宅衛星都市としての性格が強い。
(2) Bの旅行経路は静岡県(静岡)→山梨県(甲府)→長野県(長野)。
(3) 出発地は愛知県(名古屋)で，**豊田市**を中心として**自動車工業**が盛んである。終着地は富山県(富山)で，化学，アルミ，紙・パルプ工業が中心である。
(4) 終着駅のある県は石川県。シベリアから吹く北西の季節風が，日本海の対馬海流から湿気をもらい，山地にぶつかって多量の雪を降らせる。そして，山地をこえると季節風は乾燥し，からっ風となって**関東平野**に強く吹きつける。
(5) それぞれの経路は，Aは埼玉県(さいたま)→群馬(前橋)→新潟(新潟)，Cは愛知(名古屋)→岐阜(岐阜)→富山(富山)，Dは滋賀(大津)→福井(福井)→石川(金沢)。AとDは「県名と県庁所在都市名が同じ県の数」が1県なので，どちらかが**ア**か**ウ**となる。AとDの出発地である埼玉県，滋賀県のうち，人口が多いのは埼玉県だから，**ア**がAとなる。そのほかはBが**イ**，Cが**エ**，Dが**ウ**。
2 (1) 面積から表中のBが岩手県，Dが秋田県とわか

地　図

解答　本冊▶p.112~p.113

1 (1) オーストラリア(大陸)
(2) D
2 (1) エ　(2) イ　(3) ウ
3 (1) エ　(2) イ

解説

1 (1) 東経135度は日本の標準時子午線であり，オーストラリア大陸のほぼ中央を通る。南緯30度はオーストラリア大陸の南部を通る。
(2) A国はイタリアで首都はローマ，B国はアメリカ合衆国で首都はワシントンD.C.，C国はブラジルで首都はブラジリア，D国はインドで首都はデリーである。地図の中心点からの距離と方位が正しい正距方位図法で考えると，東京からの実際の最短距離は，ワシントンD.C.は約10,900km，ローマは約10,000km，ブラジリアは約18,000km，デリーは約5,900kmである。
2 (1) **ア**. 岩手県は盛岡市，宮城県は仙台市。**イ**. 山梨県は甲府市，愛知県は名古屋市，石川県は金沢市。**ウ**. 三重県は津市，滋賀県は大津市，兵庫県は神戸市。**エ**. 島根県は松江市，愛媛県は松山市で正しいが，香川県の県庁所在地は高松市である。
(2) 答え①と答え②は図3を，答え③は図2を用いるのが正しい。図2では，2地点が同緯度かどうかわかり，図3では地図の中心点からの距離と方位とがわかる。
(3) 海洋と陸地の表面積の比率は約7：3である。したがって，海洋はA~Cで，Aは太平洋，Bは大西洋，Cはインド洋である。陸地については，最も広いDがユーラシア大陸，Eがアフリカ大陸，Fが北アメリカ大陸となる。
3 (1) 方位記号がない場合は，地図の上が北，下が南，右が東，左が西である。神社から見て寺院は左下に

ある。

(2) 2万5千分の1の地形図であるから，計曲線は50m ごとに引かれている。それぞれの標高は**ア**が250m， **イ**が200m，**ウ**が250m，**エ**が250m。

た。2度の石油危機でエネルギーを多く消費する金属工業が打撃を受け，せんい工業では安価な輸入製品の増大で国内のせんい工場が減少した。

(4) 資料4より，2019年の北アメリカの自動車生産台数は1,700万台である。資料5で2019年の自動車生産台数が1,700万台なのは**ウ**である。

統計・資料・グラフ

解答　　　　　　　　　　本冊▶p.114〜p.115

1 (1) 例夏の降水量が少なく，冬の気温が高い。

　(2) A—アメリカ合衆国　　B—ドイツ
　　　C—フィリピン　　D—メキシコ

2 (1) **ア**　(2) **ウ**　(3) **エ**　(4) **ウ**

解説

1 (1) バルセロナは，夏に高温で乾燥し，冬にやや降水量が多く温暖な，地中海性気候である。

(2) Aは輸出額の1位と輸入額の3位にカナダがあることから，北アメリカの国であることがわかる。Bは，Aと中国，イギリス以外はEUの国なので，ドイツであることがわかる。Cは，A以外は東アジアや東南アジアの国々なのでフィリピンだとわかる。Dは，Aやカナダが入っており，輸出総額や輸入総額がAより少ないので，メキシコであり，Aがアメリカ合衆国だとわかる。また，輸出総額と輸入総額の多さから，Aがアメリカ合衆国，Bがドイツである。

> **⚠ ここに注意**　(1) 温帯の気候は，年間降水量が多い温暖（温帯）湿潤気候。1年を通して平均して降水量がある西岸海洋性気候，夏は乾燥し冬にやや降水のある地中海性気候に分かれる。

2 (1) アメリカ合衆国は広大な国土なので，ほかの2国に比べて，旅客輸送に占める航空の割合が高い。

(2) **ア**．道路実延長の距離が示されているだけであり，そこから面積はわからない。**イ**．販売農家の減少戸数は大阪府の方が多い。**エ**．港区では第3次産業人口の割合が高いことから，第3次産業が盛んであることがわかる。

(3) 資料2では，京浜・阪神・中京工業地帯が占める割合が少ないBが，資料3では金属とせんいの割合が少ないbが2017年のものである。工業用地を確保しやすい地方へ工場が進出したことなどで，全国に占める三大工業地帯の工場製品出荷額の割合が低下し

総合実力テスト

解答　　　　　　　　　　本冊▶p.116〜p.120

1 (1) **ア**　(2) **Y**　(3) **D**

2 (1) **エ**　(2) **イ**　(3) 宮城県

3 (1) **ウ**　(2) **ア**　(3) **エ**　(4) **エ**　(5) **ウ**　(6) ①
　(7) オーストラリア　(8) 露天掘り

4 (1) あ—**エ**　え—**ウ**　(2) **ア**　(3) **エ**　(4) **ア**
　(5) フードマイレージ

5 (1) **オ**　(2) **エ**　(3) **ウ**　(4) **カ**
　(5) （産業の）空洞化

解説

1 (1) Aはアメリカ合衆国で，首都はワシントンD.C.。北半球にあるので**ア**か**ウ**となるが，ワシントンD.C.は西経内に位置しているので**ア**が正しい。

(2) 3つの雨温図を見ると，すべて6月の気温が低く，1月と12月の気温が高いので，南半球に位置する**Y**のオーストラリアか**X**のブラジルのいずれかになる。雨温図**a**は1年を通して平均した一定の降水量があり，年平均気温が15℃程度であることから温帯に属する。雨温図**b**は降水量が少ないことから乾燥帯に属する。これらの気候は，オーストラリアの気候と一致する。

(3) 「この国の黒字」ということは，「日本への輸出額」のほうが「日本からの輸入額」よりも多いということを意味するため，2017年の額についてⅠがⅡを上回っている国を選べばよい。Aのアメリカ合衆国は，日本の方が黒字となっているため違う。残るB〜Dのうち，「輸出品，輸入品ともに多様化」しているのはDの中国である。

2 (1) **Ⅰ**は，東京と比較すると冬季の降水量は少なく，各月の平均気温のうち最低気温と最高気温の差が東京よりも大きいことから**エ**が正しい。**ア**．「リアス海岸が発達」「発電所が立地」より，若狭湾のある福井県である。**イ**．「東京と比較すると年降水量は多い」ので太平洋側にあり，「年平均気温は東京よ

21

りも高い」ので東京よりも南側に位置することがわかる。「火山灰の堆積物」より，**シラス台地**のある鹿児島県である。**ウ**．「梅雨の影響を受けない」「流氷が接岸」より，北海道である。**エ**．「乾燥した風」「防風林」より，**からっ風**が吹く関東地方の群馬県である。

(2) **ア**．人口が最も多いので東京都や神奈川県を含む**b**である。**イ**．工業出荷額が最も多いので，中京工業地帯と東海工業地域を含む**c**である。**ウ**．水田や畑の耕地面積が最も少ないので**d**である。**エ**．人口が最も少なく，水田が最も多いので**a**である。

(3) 東北地方の地方中枢都市は仙台市で，宮城県の県庁所在地である。

3 (1) ギニア湾岸を示しており，ここはチョコレートの原料となるカカオの大産地である。カカオの原産地はラテンアメリカであるが，プランテーションによって世界的な大産地となった。カカオの世界1位の産地はコートジボワール，世界2位がガーナ，世界4位がナイジェリア(2018年)である。

(2) オーストラリアの地下資源の産地は，太平洋側で石炭，インド洋側で鉄鉱石である。鉄鉱石は主に日本に輸出されている。

(3) 地図中の**B**はブラジルでかつてポルトガルの植民地であり，公用語はポルトガル語である。ブラジルは，自動車や航空機の生産が盛んである。

(4) 地図中の**C**はアルゼンチンの温帯草原のパンパで，広大な大農場が開かれ，ヨーロッパの食料庫として発展した。セルバはブラジル・アマゾン川流域の熱帯雨林。

(5) 赤道はアフリカ大陸の中央，南アメリカ大陸の北部を通っているが，オーストラリア大陸は通っていない。

(6) 降水量が極端に少ないので，乾燥帯の雨温図である。また，6・7月は気温が高く，12・1月に低いので北半球にあてはまる。エジプトの首都カイロである。

(7) 日本は，オーストラリアから石炭を大量に輸入している。

(8) 地表から直接石炭などの地下資源を採掘する方法を**露天掘り**といい，鉱床が地表に露出しているか浅部にある場合に行われる。

4 (1) **A**がみかん，**B**が茶，**C**が米，**D**が小麦の生産量を表し，**あ**が和歌山県，**い**が静岡県，**う**が新潟県，**え**が北海道である。

(2) **ア**．堺市の製鉄所の跡地などに液晶パネルや太陽電池などの工場がつくられた。
イ．静岡県浜松市のこと，**ウ**．千葉県市原市のこと，**エ**．愛媛県今治市のこと。

(3) 銚子市は水産業が盛んなので，第1次産業の比率が高い。

(4) **イ**．さんご礁はリゾート開発で被害が大きくなっている。**ウ**．富士山は世界文化遺産。**エ**．天橋立は海水面の上昇などで砂が減少している。

(5) 食料の量(t)に生産地から消費地までの距離(km)をかけて求める。生産地と消費地が遠くなるほど数値が大きくなる。

5 (1) 輸送用機械が最も多い**B**は太平洋側の県，せんい・衣服などと化学が多い**C**は日本海側，情報通信機械が多い**A**は内陸の県である。

(2) 四国地方には野菜の**促成栽培**が盛んな高知県が入っていることから，Ⅱが四国地方で，**A**が野菜となる。

(3) ユーロを使用しておらず(2020年現在)，1995年にEUに加盟した国はスウェーデン。表の**ア**はドイツ，**イ**はフランス，**エ**はイタリア。

(4) グラフの丸印がアメリカ合衆国，四角印が中国，三角印が**ASEAN**との貿易を示している。